DIX ANS

DE LA

VIE D'UNE FEMME

PENDANT L'ÉMIGRATION

DU MÊME AUTEUR, A LA MÊME LIBRAIRIE

La France sous l'ancien régime. *Le Gouvernement et les Institutions.* Un volume in-8°. Prix.................... 7 fr. 50

La France sous l'ancien régime (2ᵉ partie). *Les usages et les mœurs.* Un volume in-8°. Prix.................... 7 fr. 50

(*Couronné par l'Académie française, second prix Gobert.*)

La France pendant la Révolution. Deux volumes in-8°. (Traduit en russe.) Prix................... .... 15 fr.

SOUS PRESSE :

Un évêque de l'ancien régime sous la Révolution. *M. de Maillé La Tour Landry.*

PARIS. — TYP. DE E. PLON, NOURRIT ET Cⁱᵉ, RUE GARANCIÈRE, 8.

Adélaïde de Kerjean

MARQUISE DE FALAISEAU

DIX ANS

DE LA

VIE D'UNE FEMME

PENDANT L'ÉMIGRATION

ADÉLAÏDE DE KERJEAN
MARQUISE DE FALAISEAU

D'APRÈS DES LETTRES INÉDITES ET DES SOUVENIRS DE FAMILLE

PAR

LE VICOMTE DE BROC

Portrait en héliogravure

DEUXIÈME ÉDITION

PARIS

LIBRAIRIE PLON

E. PLON, NOURRIT ET Cie, IMPRIMEURS-ÉDITEURS

RUE GARANCIÈRE, 10

—

1894

Tous droits réservés

AVERTISSEMENT

DE LA SECONDE ÉDITION

L'intérêt qui s'attache aux souvenirs de famille et à l'ancienne société française a signalé ce volume, dont la première édition a été rapidement épuisée.

Une revision de l'ouvrage a permis de le compléter sur divers points par des additions qui feront mieux connaître encore et comprendre l'émigration.

Nous présentons donc de nouveau ce livre au public, près duquel, nous l'espérons, il continuera d'obtenir l'accueil favorable qu'il a déjà reçu.

AVANT-PROPOS

Quelle époque fut jamais plus émouvante que celle où, sur une terre couverte de sang et de ruines, on vit s'écrouler un trône antique et glorieux, où les regards sont tour à tour épouvantés par le crime et fascinés par les combats, épopée grandiose et terrible dans laquelle se montrent à la fois des figures touchantes et sinistres?

Tel est le spectacle que présente la Révolution française. Le secret de l'intérêt qu'elle excite n'est pas seulement dans les événements : il est dans les idées qu'elle soulève, dans les caractères qui se révèlent alors avec une saisissante réalité.

Pendant que sous des factions diverses règne la puissance révolutionnaire, les uns restent en France, en attendant l'heure où ils seront livrés au bourreau. D'autres ont été sur la terre étrangère pour y chercher un appui contre l'oppression, ou pour y trouver la sécurité qui leur est refusée dans leur pays. C'est cette France appelée au dehors par l'espoir de la résistance ou chassée par la terreur et la proscription que l'on retrouve d'abord dans l'armée des princes, sous l'étendard de Condé, puis sur tous les chemins de l'exil.

On a jugé sévèrement le monde de l'émigration que les premiers orages de la Révolution avaient jeté hors de la patrie, et que bercèrent les illusions du retour. On n'ose plus guère lui reprocher ses erreurs, quand on voit comment il les expia et quelles épreuves suivirent la défaite.

L'émigration a porté le poids d'assez de maux et de douleurs pour fléchir la rigueur des arrêts rendus contre elle. On a souvent rappelé ses fautes. Il est juste de se souvenir de ses malheurs. Sous son manteau troué par la misère ont battu de nobles cœurs. De hautes vertus ont honoré ces proscrits restés si Français, et fait honorer en eux notre pays par la grandeur morale, tandis que nos armées rehaussaient son prestige par l'éclat de leurs victoires.

Ces représentants de l'ancienne France, en supportant noblement la pauvreté, ont su prouver qu'ils étaient supérieurs à la mauvaise fortune. Ils s'élevèrent par la résignation et le courage au-dessus de ceux qui s'enrichissaient de leurs dépouilles. L'adversité les frappa sans les humilier, car s'ils avaient tout perdu, ils gardaient le patrimoine de l'honneur

et l'auréole des vaincus, et c'était plutôt alors à la
richesse à rougir d'elle-même.

Le travail secourut cette société jadis si brillante,
en la relevant à ses propres yeux. Elle se régénéra
par la souffrance et les durs labeurs, et se montra
digne des biens qu'elle avait perdus.

Grand spectacle et précieux enseignements! Il
n'est pas inutile de les rappeler à une époque où l'on
s'incline si volontiers devant la puissance de l'or.

Chacune des pages de cette douloureuse histoire
de l'émigration porte la trace des larmes. Le livre
d'une de ces existences brisées par la tempête qui
bouleversa la France entière, m'a paru digne d'intérêt. Je l'ai trouvé dans les récits d'un témoin,
parmi des lettres écrites sous la dictée des événements, souvenirs recueillis par la piété filiale, transmis dans la famille qui est devenue la mienne, et
qui m'a confié le dépôt dont elle a reçu l'héritage.

Adélaïde de Kerjean, marquise de Falaiseau, avait
retracé sa vie dans des pages qui m'ont aidé à la
raconter. Une partie seulement de ce manuscrit a
été conservée. D'autres documents, empruntés aux
mêmes archives, m'ont permis de le compléter. Ils
m'ont transporté au milieu de ces jours pleins d'angoisses. Grâce à eux, j'ai connu ceux dont je par-

lerai. En les lisant, j'ai cru les voir et les entendre.

J'ai rencontré en Mme de Falaiseau la femme douce et forte qui puisa dans sa foi religieuse et dans son amour pour tous les siens le courage et l'espérance. Ses enfants, devenus vieillards, aimaient à évoquer, sur le bord de la tombe, le souvenir de celle dont ils n'avaient oublié ni les tendres sollicitudes, ni les enseignements. J'ai vu s'éteindre cette robuste génération dans la demeure où s'écoulèrent ses derniers jours, et où j'espère finir les miens.

Formée à la rude école du malheur, elle lui devait cette énergie que ne donne pas la prospérité. Elle nous apprenait par son exemple de quelles résistances étaient douées des âmes armées de bonne heure pour les luttes de la vie. Reflet d'un temps que nous n'avons pas connu, image d'une société à jamais disparue, elle avait conservé, en retrouvant la fortune, le souvenir des revers et le goût de la simplicité. La leçon donnée au siècle dernier, et qu'on est près d'oublier, avait été recueillie par ces survivants d'un autre âge dont le cœur ne s'était pas refroidi au souffle glacé des hivers, et pour lesquels la mort fut la visiteuse attendue, la messagère d'un Dieu de consolation et de miséricorde.

L'émigration, dont ils avaient entendu se prolonger

les échos, leur apparaissait sous les traits de la mère qui en avait traversé les phases les plus poignantes.

En essayant aujourd'hui de ressusciter sa mémoire, je laisserai se dérouler le cours d'une existence peinte par elle-même. C'est le feuillet d'une histoire trop souvent travestie par les passions et les préjugés. La réalité s'y montrera tout entière, et sa seule éloquence sera dans la profondeur des souffrances, dans la sincérité des accents.

Plus forts que les révolutions, plus durables que les institutions humaines, apparaîtront les sentiments de la famille, de ce foyer des affections dont la flamme continuait de briller pour ceux qui n'avaient plus ni demeure, ni patrie.

L'époque à laquelle appartient ce récit est affligeante pour nos regards; mais elle offre aussi des vertus, des âmes, des caractères.

Si ce livre contribue à les faire connaître, si, exempt d'ambition, il obtient le facile suffrage des amitiés fidèles, il aura rempli sa destinée.

DIX ANS

DE LA

VIE D'UNE FEMME

PENDANT L'ÉMIGRATION

CHAPITRE PREMIER

I. NAISSANCE ET JEUNESSE D'ADÉLAÏDE DE KERJEAN.

II. SON MARIAGE AVEC LE MARQUIS DE FALAISEAU.

III. PREMIÈRES ÉPREUVES.

1760-1790

I

Si l'on avait pu prévoir, vers la fin du règne de Louis XV, les événements qui menaçaient le royaume, et vers lesquels courait avec tant de légèreté ce monde frivole et charmant du dix-huitième siècle, les mères auraient pleuré sur les berceaux où s'agitait la frêle existence de leurs nouveau-nés. Mais qui songeait à ces lointaines catastrophes à Paris, en 1760? Adélaïde de Kerjean naissait alors dans le somptueux hôtel que le célèbre Dupleix s'était fait bâtir, rue des Capucines, au coin du boulevard, et qu'il habitait avec tous les siens.

Jacques Desnos de Kerjean, le père d'Adélaïde, était fils d'une sœur de ce Dupleix, qui expia par une cruelle disgrâce le rêve qu'il avait fait, aux Indes, de doter son pays de l'empire dont s'enorgueillit aujourd'hui l'Angleterre. L'histoire de cet homme de génie, ses exploits, ses malheurs, sont connus de tout le monde. On lui a rendu après sa mort la tardive justice qu'il ne put obtenir pendant sa vie. Les louanges de ses compatriotes, les souvenirs qu'il a laissés dans les contrées où il posséda le rang et les attributions d'un véritable souverain, le bronze des monuments consacrés à sa mémoire (1) redisent ses services longtemps méconnus.

Proclamé nabab héréditaire de Valdaour, comblé d'honneurs et de richesses, il atteignit les sommets gravis rapidement par son caractère aventureux et sa merveilleuse intelligence. Il avait vite deviné les ressources que promettait à la France la possession des

____

(1) Une statue lui a été élevée récemment à Landrecies, sa ville natale. Il existe aussi à Pondichéry une statue de Dupleix, érigée en 1870. Les Anglais en ont fait placer une dans la cour d'honneur du palais du gouverneur du Bengale, rendant ainsi hommage à celui dont ils avaient adopté le système au profit de leur pays.

provinces où sa domination préparait celle de sa patrie, et où accouraient les parents qu'il associait à sa gloire comme à sa fortune. Il y avait attiré Jacques de Kerjean, son neveu, et celui-ci, heureux et fier de le seconder dans ses vastes projets, avait épousé Jeanne de Carvalho (1), dont la famille, une des premières de Pondichéry, a été illustrée en Portugal par un ministre fameux, le marquis de Pombal.

Kerjean se signala, sous les ordres de Bussy, à la prise de Gengi. « Le plus beau titre de gloire aux yeux des Indous, écrivait-il alors, c'est d'être Français. »

Chargé du commandement de Pondichéry, il mérita par sa valeur d'être fait chevalier de Saint-Louis à dix-sept ans. Dupleix s'acquit un tel honneur par l'énergie et les talents qu'il déploya pendant le siège soutenu victorieusement contre les Anglais, que le Roi le décora du grand cordon de Saint-Louis, « honneur, dit Voltaire, qu'on n'avait jamais fait à aucun homme hors du service militaire (2) ».

Nos armes s'illustraient par des exploits presque fabuleux. Tel fut celui où M. de la Touche, à la tête de

---

(1) Elle avait deux sœurs : l'une épousa un Anglais, M. Floyer, dont il sera question dans ce récit; l'autre, M. Jean Law de Lauriston, maréchal de camp, père du marquis de Lauriston, maréchal de France, chevalier du Saint-Esprit, dont la descendance se continue aujourd'hui, ainsi qu'une autre branche, celle de Lauriston-Boubers, issue d'un frère cadet du maréchal.

(2) *Siècle de Louis XV*, 2ᵉ part., ch. XXIX.

trois cents Français, défit une armée de quatre-vingt mille hommes qui menaçait Pondichéry, et tua douze cents soldats sans en perdre plus de deux. Aux succès militaires se joignait l'appât d'immenses richesses, dont la vision éblouissante encouragea de téméraires entreprises. Les rêves de gloire, d'ambition et de fortune s'évanouirent rapidement. Les revers furent aussi désastreux que les victoires avaient été brillantes. Écrasé sous le poids de ses défaites, Dupleix perdit le fruit des conquêtes pour lesquelles tant d'or avait été prodigué. Du faîte de la puissance et de la prospérité, il devait tomber dans un abîme de misère et de douleur. Sa vie est un roman où se rencontrent toutes les extrémités de la fortune. Dans ce fils d'un fermier général il y avait l'audace du conquérant, plus encore que le génie des affaires. Entre l'homme entreprenant, avide de la grandeur de son pays, et la Compagnie commerciale des Indes, entre les calculs du négoce et les vues hardies du colonisateur, l'entente ne pouvait être durable.

Les revers de Dupleix n'abattirent pas son courage et n'auraient pas vaincu sa ténacité; mais les actionnaires songeaient à leurs intérêts plus qu'à ceux de la France. Les intrigues s'ourdissaient à Versailles autour d'un monarque dont le pouvoir tombait aux mains d'une favorite.

Dupleix succomba sous les coups de ses ennemis coalisés. On s'afflige de trouver parmi eux des Français ; mais on n'est pas surpris d'y voir figurer l'Angleterre. Elle était trop intéressée à sa chute pour ne pas multiplier des efforts qui devaient lui assurer une si riche conquête. C'est en suivant les desseins de Dupleix et en exécutant ses plans qu'elle s'est rendue maîtresse des Indes et qu'elle est parvenue à y fonder sa puissance.

L'ordre qui contenait le rappel de Dupleix fut confié à Godeheu, son ami, chargé de l'arrêter, s'il opposait quelque résistance. La disgrâce le frappa ainsi doublement, dans ses rêves de gloire et dans son cœur trahi. A l'ordre qui ruinait les plus chères ambitions de sa vie, il répondit par le cri de : « Vive le Roi ! »

Il partit, le 12 octobre 1754, avec sa femme (1), l'auxiliaire intelligente et dévouée de l'œuvre qu'il ne lui était pas permis d'achever, avec Kerjean, son neveu ; regretté des princes et des peuples, dont l'admiration et la sympathie lui formaient un magnifique cortège, n'ayant plus comme fortune que les treize millions qu'il avait avancés au gouvernement de son pays, et qui ne lui furent jamais payés.

L'accueil enthousiaste qu'il reçut des populations, à

____

(1) Veuve de Jacques Vincent, membre du conseil supérieur de Chandernagor, et dont elle eut une fille qui épousa le marquis de Montlezun, maréchal de camp, elle s'appelait Jeanne Albert de Castro. De son mariage avec Dupleix naquit un fils, mort au berceau en 1742.

son retour en France, apporta quelque adoucissement à son chagrin.

« Croiriez-vous, écrivait-il, que, sur la route de Lorient à Paris, j'étais obligé de fermer les stores de ma chaise de poste pour pouvoir m'échapper de la foule? Dans tous les endroits où nous changions de chevaux, j'entendais des propos qui auraient lieu de flatter le plus présomptueux, mais dont, grâce à Dieu, je me suis garanti autant qu'il a dépendu de moi. Ma femme a été dans le même cas. Elle et moi, nous n'osions paraître dans Lorient par l'affluence du peuple qui voulait nous voir et nous bénir. Ce sont de vraies satisfactions pour ceux qui savent tout reporter à Dieu (1). »

Arrivé à Paris, Dupleix, trop confiant dans la fortune dont il essaya d'obtenir la restitution au moyen de procès qui achevèrent sa ruine, s'était installé dans son hôtel de la rue des Capucines, où Adélaïde de Kerjean vint au monde, où trois ans auparavant était née sa sœur Joséphine, et où son frère Joseph avait annoncé par ses premiers vagissements l'héritier de la race bretonne (2).

(1) *Un essai d'empire français dans l'Inde au dix-huitième siècle. Dupleix,* par Tiballe HAMONT, p. 311.

(2) Colonel en 1790, puis maréchal de camp et gouverneur des possessions françaises dans les Indes en 1814, Joseph-Jacques-Xavier de Kerjean eut un fils, mort aspirant de marine, et une fille, mariée à M. Law de Clapernoux, morte sans postérité.

Réfugié dans la vie de famille, Dupleix jouissait de l'affection des nombreux parents qui s'étaient fixés dans sa demeure et consolaient sa disgrâce, après avoir suivi sa fortune. M. et Mme de Kerjean et leurs enfants se groupaient autour de lui avec ses autres neveux, M. Dupleix de Bacquencourt (1), MM. Dupleix de Pernan et du Perle, et ses cousins, MM. d'Auteuil et d'Éprémenil. Mais la mort lui avait enlevé, en 1756, la courageuse compagne des jours de gloire, la fidèle amie des mauvais jours.

Peu de temps avant sa mort, elle écrivait à M. de Moras, contrôleur général :

« Les chagrins dont je suis dévorée m'ont conduite au tombeau ; je suis à la veille d'y descendre... La cause de ma maladie n'est point mortelle, quoi qu'on en dise, puisque je ne meurs que de chagrin. Je suis réduite à un état digne de compassion et d'autant plus cruel, que je me vois à la veille de me séparer pour jamais d'un mari estimable, qui n'est malheureux que parce qu'il est trop zélé sujet du Roi et trop bon citoyen (2). »

Mme Dupleix, avant d'expirer, recommanda à son

(1) Conseiller d'État et intendant de province, il eut de son mariage avec Mlle de Nogué une fille unique, la vicomtesse Henry de Montesquiou.

(2) *Dupleix, ou Les Français dans les Indes orientales*, par A. Clarin de La Rive. Lille, 1888, p. 196.

mari de continuer la lutte entreprise pour recouvrer le patrimoine, riche seulement désormais d'espérances qui encourageaient la vie opulente dont les habitudes, rapportées des Indes, se continuaient à Paris sous les lambris de l'hôtel où s'abritaient plusieurs générations.

Dupleix se remaria en 1758. Mlle de Châtenay-Lanty, qu'il épousa, avait plus de naissance que de fortune.

La Compagnie des Indes, contre laquelle il plaidait depuis plusieurs années, se défendait avec toutes les ressources du crédit et de la chicane. La ruine se montrait imminente, implacable, arrachant ce cri de détresse à Dupleix, désespéré :

« Mes créanciers m'écrasent dans l'Inde et à Paris. Je meurs de faim au milieu d'une fortune considérable, acquise par un patrimoine honnête, et augmentée par trente-quatre ans de services les plus brillants, fortune que j'ai sacrifiée avec la plus grande générosité pour faire des acquisitions immenses à la Compagnie, qui peuvent, si l'on sait suivre mes idées et ce que j'avais commencé, mettre dans l'Inde la Compagnie en état de subsister par elle-même (1). »

Une lette écrite par Kerjean peint d'une manière poignante l'extrémité à laquelle était réduit celui qui avait

____

(1) *Dupleix*, par Tibulle Hamont, p. 314.

vu à ses pieds les richesses de l'Inde et avait figuré parmi les princes souverains du pays :

« M. Dupleix est dans la position la plus affreuse. Les gens qui ont mis sa maison à bail judiciaire, et auxquels elle a été adjugée pour douze cents francs, viennent de lui signifier par le défaut de payement, ainsi qu'à sa femme, de vider la maison... M. Chandelier, de Paris, peut et doit faire vendre les meubles. Nous avons garnison chez nous pour la capitation; si bien que par le défaut de mille francs, nous sommes tous au moment de crouler. M. et Mme Dupleix sont bien véritablement sans la première ressource, et cela dans le moment où il a besoin de toute sa tête pour repousser les injures et les assertions captieuses que la Compagnie lui a faites si indécemment dans son mémoire, et dont nous pouvons dire à l'avance qu'il triomphera. »

Dupleix devait triompher, en effet, dans l'opinion publique; mais il était vaincu par l'injustice et par la maladie. Il eut encore la force d'écrire ces lignes, les dernières qu'il ait tracées pour sa défense :

« J'ai sacrifié ma jeunesse, ma fortune, ma vie, pour enrichir ma nation en Asie. D'infortunés amis, de trop faibles parents consacrèrent leurs biens aux succès de mes projets. Ils sont maintenant dans la misère et le besoin. Je me suis soumis à toutes les formes judiciaires; j'ai demandé, comme le dernier des créanciers, ce qui m'est dû. Mes services sont traités de fables; ma demande est dénoncée comme ridicule; je suis traité comme l'être le plus vil du genre humain. Je suis dans la plus déplorable indigence; la petite propriété qui me restait vient d'être saisie. Je suis contraint de demander une sentence de délai pour éviter d'être traîné en prison (1). »

Le 11 novembre 1763, la mort lui apportait la délivrance. L'arrêt de quelques juges a été cassé par la postérité.

Rien de plus navrant dans sa simplicité que le procès-verbal dressé par un homme de loi, dans l'hôtel de la rue des Capucines, devenu la proie des créanciers, et où il aperçut, « étendu sur un lit à bas piliers, un corps mort masculin, qu'on lui dit être celui de Dupleix ».

Ce fut toute l'oraison funèbre prononcée par un commissaire du Châtelet (2). Mais la justice de l'histoire a vengé le grand homme malheureux. Les Anglais, en s'appropriant les conquêtes que Dupleix ambitionnait pour la France, ont prouvé combien il travaillait à sa

____

(1) *Dupleix*, par Tibulle Hamont.

(2) La *Gazette de France* du 19 décembre lui consacre seulement quelques lignes, et mentionne sa mort tardivement, avec une erreur de date : « *On a oublié d'annoncer dans le temps* que le marquis Dupleix, commandeur de l'ordre royal et militaire de Saint-Louis, chevalier de l'ordre du Roi, ci-devant commandant général des établissements français dans l'Inde et gouverneur des ville et forts de Pondichéry, est mort en cette ville (Paris) le 10 décembre dernier. »

puissance coloniale, et ce qu'il a tenté de faire reste son titre à l'admiration et à la reconnaissance de sa patrie.

A la mort de Dupleix commença la dispersion de toute la famille qui l'avait entouré de respect et d'affection. La marquise Dupleix, sa veuve, s'ensevelit dans la retraite (1). Elle choisit, rue Basse du Rempart, un appartement modeste où elle alla loger avec sa fille, devenue, en 1779, la marquise de Valori (2). Celle-ci reçut en dot cent mille francs du roi Louis XVI, qui voulut rendre hommage à la mémoire de Dupleix et reconnaître la dette dont le payement ne pouvait plus profiter qu'à des créanciers.

M. de Kerjean avait engagé plus d'un million dans la cause de Dupleix. Songeant à l'avenir de ses enfants, il se proposa de reconquérir son patrimoine dans l'Inde, où le nom de son oncle et la considération personnelle dont il jouissait lui promettaient de puissants appuis. Il partit pour ces pays lointains, qui semblaient sourire à ses nouveaux projets. Atteint de la fièvre au Bengale,

(1) Elle mourut en 1799, à Brunswick, pendant l'émigration.

(2) Elle épousa Jean-Charles-Marie, marquis de Valori de Lacé, mestre de camp au régiment de Bourbon, chevalier de Saint-Louis, petit-fils du marquis de Valori, ambassadeur à Berlin en 1739, et frère de M. de Valori, officier aux gardes du corps de Marie-Antoinette, qui accompagna la famille royale à Varennes. Elle mourut en 1795 et laissa deux filles : la marquise du Puy-Montbrun et la comtesse d'In freville.

les blessures qu'il avait reçues en combattant autrefois dans les Indes se rouvrirent, et la mort vint l'arrêter sur le chemin où il espérait rencontrer la fortune.

Mme de Kerjean, jeune encore, avec trois enfants, joignant à un revenu modique la pension de quinze mille livres que le Roi lui avait accordée, en souvenir des services de son mari, se trouvait dans une situation dont la médiocrité contrastait avec son ancienne opulence. Elle confia sa fille aînée à Mme de Kerjean, sa belle-mère, qui habitait Brest, mit son fils au collège, et, retirée au couvent, sous ses longs voiles de veuve, elle se consacra à l'éducation de sa fille Adélaïde.

Ayant gardé de l'Inde, où elle avait vécu, les goûts de la richesse et une certaine indolence de nature et d'éducation, tout en Mme de Kerjean trahissait une origine étrangère. Ses traits, fins et réguliers, avaient une expression un peu dure où se lisait un caractère impérieux.

« Ma mère, a écrit Adélaïde de Kerjean, était sensible, mais sévère. Elle ne m'a jamais accordé ces caresses qui font naître la confiance dans le cœur des enfants. »

« Son cœur, dit à son tour son autre fille, était tendre, mais elle voulait commander, dominer. »

Mme de Kerjean aimait ses enfants, sans vouloir le laisser paraître. Elle appartenait, du reste, à une époque où l'on connaissait plus les droits de la maternité que ses jouissances. Tandis que l'autorité paternelle gouvernait souverainement la famille, le visage des mères montrait plus de reproches que de sourires, et le sentiment filial s'inspirait moins de l'affection que de la crainte.

Élevée avec sévérité, Adélaïde de Kerjean n'avait pas même auprès d'elle son frère et sa sœur pour égayer son enfance. Son unique compagne, Mlle de Saint-Janvier, mariée depuis au comte de Saint-Aulaire, n'avait ni son caractère, ni ses aspirations, ni ses goûts. Vive, étourdie, frivole, elle aimait les plaisirs et le tourbillon du monde. Adélaïde, au contraire, était sérieuse et réfléchie. Les adversités qui avaient frappé sa famille étendaient sur elle un voile mélancolique ; elles avaient mûri prématurément son esprit, lui apprenant à chercher le bonheur dans l'accomplissement du devoir et la pratique des vertus.

La fraîcheur de son teint, l'éclat de ses yeux, qui annonçaient la vivacité de l'intelligence, donnaient à son visage un charme particulier. Le rire entr'ouvrait volontiers sa bouche en laissant voir de belles dents.

La sûreté de son jugement ôtait à son caractère l'indécision. La gaieté de sa nature laissait deviner les graves pensées de la vie. Les portraits qui la représentent à l'âge heureux, où elle goûtait, avec les jouissances de la fortune, les joies de la femme et de

la mère, révèlent cependant une indéfinissable tristesse (1).

Il est des âmes que le bonheur traverse sans s'y arrêter, et qui se savent marquées d'avance pour l'épreuve
et pour la souffrance.

Mme de Kerjean ne se résignait à la médiocrité qu'a-
vec d'ambitieuses espérances, qu'elle aimait à nourrir
chez sa fille. Elle ne négligeait rien pour lui donner
une brillante éducation digne du rang qu'elle devait, lui
disait-elle, occuper un jour dans le monde. Les meilleurs
maîtres lui enseignèrent les arts d'agrément. Elle y fit
de rapides progrès, et quand les cordes de sa harpe
vibraient sous ses doigts, elle recueillait les applaudissements du cercle où commençait à s'épanouir sa jeunesse.

L'existence qu'elle menait au couvent, avec sa mère,
s'écoulait avec une assez triste monotonie. Des voyages
à Saint-Germain en Laye, où des relations de parenté
attiraient Mme de Kerjean; des séjours à Bacquencourt,
chez son oncle, qui avait pour elle la prédilection d'un
parrain et lui témoignait des bontés paternelles, telles
étaient les seules diversions qui venaient interrompre
le cours paisible et régulier des années de la jeune fille.

(1) La gravure placée en tête de ce volume est la reproduction d'un
portrait conservé au château d'Escriguelles. Il représente Mme de Falaiseau tenant dans ses bras son fils Alexis.

La fête de Mme de Kerjean était l'occasion d'ingénieuses surprises, et Adélaïde se trouvait récompensée de ses efforts à lui plaire, lorsqu'elle avait obtenu une de ses légères marques de satisfaction dont sa mère ne se montrait jamais prodigue.

Cependant, des vues d'avenir élargissaient l'étroit horizon du couvent. Mme de Kerjean faisait part à ses amies de ses préoccupations maternelles. Le nom de M. de Falaiseau, souvent prononcé, fit naître un projet dont l'accomplissement décida de la destinée d'Adélaïde, en lui donnant des affections qui furent ses fidèles soutiens dans les épreuves, et n'eurent pas d'autre terme que celui de sa vie.

II

Étienne-Odile-Alexandre, marquis de Falaiseau, que Mlle de Kerjean épousa en 1787, appartenait à une famille originaire de Touraine, où elle était connue au quinzième siècle, et dont un membre, ministre de France en Suède, signa un traité de paix avec la reine Christine. Elle était attachée au protestantisme, et une de ses branches s'établit en Hollande, après la révocation de l'édit de Nantes.

Étienne de Falaiseau dut à sa mère d'être élevé dans la religion catholique, qui devint celle de ses enfants. Le mariage de ses parents avait eu le caractère d'un roman. Non loin du château de la Revaudière (1), habité par la famille de Falaiseau, vivait Mlle de la Chauvinière, au château d'Escrignelles (2). Le voisinage favorisa chez les deux jeunes gens un sentiment contre lequel vint aussitôt se dresser un obstacle. Mlle de la Chauvinière était fervente catholique, et M. de Falaiseau ne put, pour cette raison, obtenir le consentement paternel. Le mariage, célébré en secret, resta ignoré d'un père inflexible.

Étienne, issu de cette union, fut mis en nourrice et reçut dans une humble chaumière les visites mystérieuses de ceux qui lui avaient donné le jour. Sa naissance ne fut connue qu'à la mort de son aïeul.

Son éducation fut confiée à des précepteurs; l'un d'eux s'appelait Marat. M. et Mme de Falaiseau étaient loin de prévoir que cet homme deviendait un jour le démagogue abject et sanguinaire qui s'est rendu si fameux; mais ils ne tardèrent pas à s'apercevoir du peu de confiance qu'il méritait, et, l'ayant reconnu coupable d'un vol, ils le chassèrent de leur maison.

Évoquant plus tard ses souvenirs d'enfance et de jeu-

(1) Situé en Orléanais, près de Châtillon-sur-Loing.
(2) Près de Briare et d'Ouzouer-sur-Trézée.

nesse, le marquis de Falaiseau rappelait qu'il avait reçu des leçons du farouche rédacteur de l'*Ami du peuple.*

Il entra aux mousquetaires, où avait servi son père, et obtint en 1786 un brevet de capitaine au régiment de Boufflers. Il avait atteint sa trentième année sans avoir voulu s'enchaîner par le mariage. Un de ses amis, M. de Fontenay (1), combattait son goût pour l'indépendance. Imbu des doctrines de l'*École des femmes,* qu'il devait mettre lui-même en pratique avec plus de bonheur qu'Arnolphe, il engageait M. de Falaiseau à se choisir pour compagne une Agnès dont la jeunesse se plierait docilement à ses idées et à ses goûts. C'est à ses théories que répond cette lettre, écrite, le 25 septembre 1786, par M. de Falaiseau :

« Vous êtes de l'avis de bien connaître l'objet qu'on a en vue avant de l'épouser. En outre, vous conseillez à un homme de trente à trente-trois ans une jeune personne de dix-sept ans préférablement à une de vingt. Permettez-moi de répondre sur ces deux points. Premièrement, Monsieur, pour bien connaître l'objet en question, il faut du temps ; et le moyen de prendre ce temps dans le siècle où nous vivons ? Un père et une mère, en mariant leur fille, ne regardent que la convenance ? Et quel genre

(1) Claude-Pierre-Gabriel de Fontenay, page de Louis XV, capitaine de cavalerie, d'une ancienne maison de Normandie fixée depuis plusieurs siècles dans le Perche.

de convenance? Ce n'est pas celui de l'âge et du caractère, mais seulement celui de la fortune. Ils se dépê-
chent de s'en débarrasser (c'est le terme technique),
surtout lorsqu'il y a des frères, et un malheureux jeune
homme se voit forcé de se dépêcher, car s'il veut se
donner le temps d'étudier le caractère de la personne
sur laquelle il a des vues, les parents, impatients, se
hâtent de trouver un autre galant, et le jeune homme
reste là. On se dépêche donc, on se lie pour la vie,
souvent avec des goûts absolument opposés. On se con-
trarie, on se picote, la froideur arrive, ensuite la haine.
Jugez de la suite. Avouez donc que le hasard fait les
trois quarts des mariages.

« D'après cela, croyez-vous qu'on ait tort de comparer une femme à un billet de loterie? Certainement,
cette idée est bien capable de refroidir. Passons au
second point. Vous conseillez à trente ans une femme
de dix-sept, parce qu'on la forme à sa fantaisie. Mais,
Monsieur, croyez-vous qu'une pareille éducation ne soit
pas embarrassante? Tout le monde a-t-il ce talent nécessaire? Je considère une très jeune femme comme un
jeune homme qui sort du collège pour entrer au service. Il est flatté d'avoir un uniforme, parce qu'il croit
que, dès ce moment, il aura plus de liberté. Le titre de
dame fait pour la demoiselle le même effet que l'uniforme pour le jeune homme. Alors, elle veut agir en

maîtresse ; elle ne reçoit pas les représentations avec cette douceur qu'on admirait lorsqu'elle était jeune fille. Ce mari, qu'elle croyait un être tout complaisant, lui semble un tyran, surtout lorsqu'il l'avertit de ses défauts. Dans la société, on ne lui parle que de plaisirs. Et le moyen de les refuser à une jeune personne de dix-sept ans ?

« Enfin, cette aimable et douce créature qui, sous les yeux et aux côtés de la mère, n'avait point de volontés à elle, se trouve tout à coup mutine, récalcitrante, prononce un *je veux* avec une fermeté qui étonne.

« Il faut bien connaître le cœur humain pour *redresser* une femme. Et quelle prudence ne faut-il pas ? Je craindrais d'en manquer. Adieu donc l'avantage des dix-sept ans, et loin de former pour moi, je me trouverais dans la nécessité de me déformer pour un autre.

« Oh ! convenez, Monsieur, qu'il y a, dans tous les cas, bien des risques à courir lorsqu'il s'agit de se marier. Cependant personne ne connaît plus que moi le bonheur qu'on doit goûter lorsqu'on se convient. Ces doux épanchements de l'âme et du cœur ne peuvent s'apprécier, et s'il existe un paradis, c'est dans un mariage bien uni.

« Je suis né sensible. Oh ! comme je chérirais une aimable compagne qui me payerait d'un peu de retour !

Je conçois que l'égoïsme que donne le célibat ne peut se comparer au bonheur d'être aimé. Non seulement je lirais avec bien du plaisir des vers de Racine à ma compagne, mais je crois encore que je deviendrais poète. Ce serait un grand miracle, car personne n'y a moins de dispositions que moi. Vous voyez donc que je ne suis pas un célibataire fanatique, que tout amateur que je suis de la liberté, j'avoue qu'on peut la perdre avec plaisir, surtout entre des bras de dix-sept ans. Mais je crains d'être malheureux. »

Nous connaissons déjà par cette lettre M. de Falaiseau. Il avait, comme on le voit, sur le mariage, des idées qui n'étaient généralement pas celles de son temps. Il y cherchait autre chose que l'alliance de deux noms et de deux fortunes. Il voulait l'union des cœurs, et il attendait moins le vrai bonheur de la jeunesse que de la raison mûrie par l'expérience. La manière dont il plaide la cause des célibataires prouve qu'il était assez disposé à se convertir à celle du mariage. Adélaïde de Kerjean n'eut pas de peine à décider sa conversion. Elle réalisait l'idéal qu'il s'était formé de la femme à laquelle il associerait sa destinée. Elle avait vingt-sept ans, ce qui, aux yeux de M. de Falaiseau, valait mieux que les dix-sept ans vantés avec tant d'éloquence par M. de Fontenay. Cet âge n'ôtait rien aux charmes de sa personne et ajoutait à ceux de son esprit.

Le mariage fut célébré à Paris. Aucun récit ne nous renseigne sur l'éclat de la cérémonie ; mais on peut en avoir une idée par les dépenses dont elle fut l'occasion. En ouvrant le livre de comptes de M. de Falaiseau, à la date du mois d'août 1787, nous y trouvons le détail suivant :

Au bijoutier.	10.590 livres.
A la marchande de modes, pour la corbeille.	948 —
Pour la bourse de la corbeille.	2.400 —
A Fleury, tailleur, à compte.	3.000 —
Au chapelier	24 —
Au tapissier, à compte sur 2,528 livres	1.924 —
Pour une paire de chevaux noirs.	1.450 —
Aux domestiques	511 —
Au rôtisseur	81 —
Aux tambours.	48 —
Frais divers.	495 —
	21.471 livres.

Ne nous arrêtons pas à ces chiffres, dont la précision n'est cependant pas sans intérêt pour l'histoire d'une époque, et revenons bien vite aux sentiments qui devaient occuper tout entier M. de Falaiseau. Il n'eut qu'à se féliciter du bonheur qu'il avait craint de ne pas rencontrer dans le mariage. Si l'on n'eût été à la veille de la Révolution, dont les sourds grondements se faisaient entendre, sa vie semblait vouée au calme et à la félicité du foyer. Mari d'une femme qu'il aimait, et dont l'intelligence, la grâce, les vertus avaient vite exercé sur lui leur ascendant, un fils, nommé Alexis, leur était né en 1788.

Les cinquante mille livres de rente dont ils jouissaient leur permettaient une large et facile existence. Nous savons quel en était l'emploi par l'état des dépenses de M. de Falaiseau, et cette page, empruntée à son livre de comptes, peut faire connaître le budget d'un jeune ménage sous Louis XVI, un an avant la Révolution :

Dépenses de table.	5.108 livres.
Mon entretien.	552 —
Menus plaisirs, jeu, spectacles.	171 —
Entretien de Mme de Falaiseau et argent de poche	3.600 —
Deuil de mon père (1) pour toute ma maison à Paris et dans mes terres	2.564 —
Frais de l'accoucheur, de la garde et de baptème pour la naissance de mon premier enfant . . .	1.083 —
Blanchissage	600 —
Ports de lettres.	125 —
Dépenses diverses pour la maison.	687 —
Gages de Paris. Trois domestiques, chacun 216 livres..	648 —
Une cuisinière.	240 —
Une femme de chambre.	440 —
Une bonne d'enfant	150 —
Une portière	100 —
Une femme de charge.	520 —
Un cocher.	300 —
Nourriture de cinq chevaux à Paris	1.601 —
Achat de deux chevaux.	1.546 —
A reporter.	20.035 livres.

(1) Le marquis de Falaiseau était mort en 1788, trois ans après sa femme, Anne-Marthe Nicou de la Chauvinière.

Report.	20.035	livres.
Achat d'une voiture et réparations diverses . . .	4.600	—
Charités diverses	2.850	—
Voyage de Paris à la Revaudière pour deux maîtres, cinq domestiques et cinq chevaux	175	—
Gages de la Revaudière. Un homme d'affaires et un garde	500	—
Un jardinier et un garçon jardinier	340	—
Un postillon, une fille de cuisine et une de basse-cour	292	—
Construction d'une chapelle à la Revaudière et achats des ornements	2.148	—
Impôts, réparations et nourriture à la Revaudière.	5.820	—
Gages d'Escrignelles. Un homme d'affaires et deux gardes	836	—
Une femme de charge.	250	—
Impôts, réparations et nourriture à Escrignelles	3.400	—
	41.245	livres.

Lorsqu'ils occupaient à Paris leur maison de la rue du Doyenné, M. et Mme de Falaiseau se mêlaient volontiers au mouvement de la capitale. Ils aimaient à prendre part aux réunions mondaines et à visiter leurs amis. Revenus à la Revaudière, qu'ils habitaient de préférence à Escrignelles, ils y menaient une vie sérieuse et dépourvue des distractions du voisinage, car les châteaux de la contrée étaient éloignés les uns des autres. La correspondance, la lecture, les intérêts de la propriété remplissaient les journées, qui s'écoulaient paisiblement dans la demeure où l'arrivée de quelques hôtes était saluée comme un heureux événement, et que venait parfois animer de sa présence le comte de Changy (1).

(1) Il épousa en 1790 Mlle de la Maisonfort, fille du marquis de la Maisonfort, capitaine de vaisseau, chevalier de Saint-Louis, et de

Une affection ancienne et héréditaire avait créé entre les deux familles des liens qu'on avait fini par confondre avec ceux du sang. Cette parenté fictive, qui s'était acquis les droits de la réalité, avait commencé à la fin du seizième siècle par l'intimité d'un Changy et d'un Falaiseau, servant ensemble dans une compagnie de mousquetaires du Roi. Elle s'était continuée dans les générations suivantes, et née de la fraternité des armes, sous les étendards de la vieille monarchie, elle devait être scellée en émigration par la fraternité du malheur.

Les événements de la Révolution, qui retentissaient dans les campagnes, étaient tempérés par le caractère des populations et par les sentiments d'affection que leur inspiraient souvent leurs châtelains. M. de Falaiseau jouissait d'une popularité dont il reçut une preuve éclatante. La municipalité de la petite ville d'Ouzouer-sur-Trézée s'étant réunie, le 22 août 1790, pour élire les officiers de la garde nationale, « on allait procéder à la nomination d'un colonel par scrutin, lisons-nous dans sa délibération, lorsqu'un cri universel s'est fait entendre de tous les coins de l'assemblée, qui décernait ce titre

Mlle de Kergariou. La sœur aînée de Mme de Changy était la comtesse du Coëtlosquet, dont le fils fut lieutenant général et ministre de la guerre sous la Restauration. Le nom de Mme de Changy reviendra plus d'une fois dans ces pages, mêlé à celui de Mme de Falaiseau, son amie. Elle a laissé d'attachants *Souvenirs* inédits qu'a bien voulu me communiquer le comte de Changy, son arrière-petit-fils.

à M. de Falaiseau. Comme il était absent, il a été délibéré qu'on lui écrirait une lettre pour l'engager à accepter. »

Au mois de décembre suivant, Mme du Camper, cédant aux instances de son beau-frère et de sa sœur, s'achemina vers la Revaudière, où elle fut accueillie avec joie. Une tendre affection l'unissait à Mme de Falaiseau, malgré l'éducation très différente qu'elles avaient reçue, l'une à Paris, l'autre en province.

Joséphine de Kerjean, sœur aînée de Mme de Falaiseau, avait épousé à dix-huit ans un Breton, M. de Nourquer du Camper, lieutenant de vaisseau, chevalier de Saint-Louis, neveu du comte de Fouquet, chef d'escadre des armées navales. Un brillant avenir semblait réservé au jeune officier de marine, qui comptait déjà de nombreux services, lorsqu'en 1777, pendant la guerre d'Amérique, il fut atteint de la maladie dont il mourut l'année suivante, à l'âge de trente-cinq ans. Son mince héritage était consumé par des dettes. Lorsque, dans la petite ville de Josselin, on fit l'inventaire de la maison qu'il habitait, on n'y trouva qu'un chétif mobilier évalué 300 livres. Mais parmi les objets mentionnés figuraient une épée et une croix de Saint-Louis. C'était l'héritage d'honneur, le seul que beaucoup de gentilshommes de province laissaient à leurs enfants.

Mme du Camper restait veuve à vingt et un ans, avec

deux fils (1), après trois ans de mariage. Ame ardente, elle apportait dans toutes ses affections la chaleur de ses sentiments, et ne se lassait pas de secourir et d'obliger. Le dévouement était sa vocation, le besoin de sa nature active et compatissante. Dans le cours de sa longue existence, elle fut une seconde mère pour les dix-huit neveux et nièces qu'elle recueillit chez elle, et sur lesquels sa bonté prévoyante ne cessa de veiller. Nous la verrons exposer sa vie pour les siens.

« Il suffit de lui appartenir, à quelque titre que ce soit, pour que sa personne, sa maison, sa bourse et plus que tout cela, son amitié et ses conseils, vous soient dévolus entièrement... Du moment que vous réclamez son assistance, elle épouse votre cause comme la sienne propre... Cette sollicitude si tendre, ce n'est pas seulement à ses plus proches qu'elle la prodigue, mais à tout ce qui la touche. »

Tel est le témoignage que lui rend une de ces nièces (2) pour qui elle écrivit, à la fin de sa vie, des *Souvenirs* dont je détacherai plus d'une page.

Lorsque Mme du Camper vint à la Revaudière, la naissance d'un second fils, auquel on avait donné le nom

(1) Le second mourut jeune. L'aîné, Paul du Camper, officier de marine, émigra en 1791, rentra dans la marine en 1814, fut capitaine de vaisseau, chevalier de Saint-Louis, commandeur de la Légion d'honneur, gouverneur de Pondichéry, et mourut sans alliance en 1849.

(2) La comtesse Adèle de Falaiseau.

d'Auguste, réjouissait M. et Mme de Falaiseau. L'arrivée
de M. et de Mme de Changy, dont le mariage venait
d'avoir lieu récemment, fut l'occasion de fêtes brillantes
où, à la veille des plus cruelles épreuves, on aimait à
former encore des vœux de bonheur. Paul du Camper
et M. de Kerjean faisaient partie de cette réunion, que
ne tardèrent pas à troubler les inquiétudes causées par
la Révolution, de plus en plus menaçante.

Les discussions mêlaient leur aigreur aux causeries,
qui perdaient leur charme et leur abandon. L'émigration, encouragée par les uns, blâmée par les autres,
divisait les familles.

Restée à Paris, où elle voyait beaucoup de monde,
Mme de Kerjean se prononçait avec énergie contre les
émigrés, sans prévoir encore les proscriptions et les
mesures inexorables dont ils devaient être victimes. Les
opinions soutenues avec violence transformaient les
salons en véritables arènes, faisant oublier les égards et
l'urbanité qu'on aimait à trouver dans la société française, et qui l'avaient rendue si célèbre. Il arriva un jour
à Mme de Kerjean de soulever un de ces orages si fréquents alors dans le monde, où des questions irritantes
passionnaient tous les esprits, et l'emportement avec
lequel lui répondit un contradicteur lui causa une si vive
émotion qu'elle s'évanouit.

C'en est fait des spirituelles causeries et de la paix

des foyers. Le premier cri de la Révolution est un appel à la haine, et les voix discordantes qui s'élèvent au milieu des salons, vers lesquels montent les rugissements de la rue, préludent aux déchirements de la guerre civile.

III

Mme de Falaiseau versa bientôt les premières larmes qu'elle eût répandues depuis son mariage. Auguste, son second fils, mourut à l'âge de dix-huit mois, au château de la Revaudière, et lorsque les dalles de la chapelle se refermèrent sur le petit cercueil, le glas funèbre sonné par la douleur attrista la demeure d'où s'enfuyait en même temps la sécurité.

La démagogie, soulevée dans tous les villages par les excitations révolutionnaires, jetait des regards sinistres sur les châteaux dévastés par le pillage ou détruits par l'incendie.

Une bande hostile et menaçante se présenta un matin sous les fenêtres de la Revaudière, pendant que Mme de Falaiseau était à Montargis. Mme du Camper envoya en toute hâte un messager prévenir à Gien M. de Falaiseau.

Seule dans le château, avec quelques domestiques, elle
en fit ouvrir les portes aux révolutionnaires qui se pressaient armés dans la cour, mêlant leurs vociférations
au son fêlé d'un mauvais tambour. Elle les pria de s'assurer par eux-mêmes qu'il n'y avait pas d'armes cachées
par ceux qu'ils accusaient de préparer la « contre-révolution ».

Après avoir mis l'argenterie à l'abri, elle eut soin de
faire servir dans le vestibule un excellent repas. Les
émeutiers se laissèrent convaincre par cet argument.
On but peut-être à la santé des « aristocrates » voués
peu d'heures auparavant à la fureur populaire. Revenu
de Gien, M. de Falaiseau accueillit ses visiteurs, leur
fit parcourir lui-même ses appartements pour dissiper
leurs soupçons, et eut enfin le plaisir de les voir s'éloigner de sa demeure, où, grâce à la présence d'esprit de
Mme du Camper, ils n'avaient commis aucun dégât.

Les châteaux devenaient inhabitables même pour
ceux qu'auraient dû protéger leurs bienfaits. M. et
Mme de Falaiseau partirent pour Paris avec Alexis,
Mme du Camper et son fils. En quittant la Revaudière,
ils ne croyaient pas lui dire un éternel adieu. Si, en
montant dans leur chaise de poste et en voyant disparaître à leurs regards le toit héréditaire, ils éprou-
vèrent une invincible tristesse, ils emportèrent cependant l'espérance de revenir après les jours d'orage dans

le lieu rempli pour eux de ces souvenirs qui font partie de notre existence, et nous attachent par les joies comme par les deuils.

En partant, ils confiaient la Revaudière à leur régisseur, nommé Ciriaque. Escrignelles restait sous la garde d'un serviteur nommé Renard, et que nous retrouverons au milieu de périls que partagea son dévouement.

On était arrivé à Paris. Toute la famille s'y trouvait réunie, à la veille de la dispersion qu'on entrevoyait prochaine, et dont la perspective assombrissait tous les fronts.

M. de Kerjean allait se diriger vers l'Inde, restée pour les parents de Dupleix la terre promise où les abritait une mémoire glorieuse. Il désapprouvait l'émigration de la noblesse, et il était soutenu dans son opinion par son cousin, M. de Morassin(1), qui se prononçait contre un entraînement dont il prévoyait les résultats funestes.

L'opposition manifestée par Mme de Kerjean trouvait ainsi autour d'elle des champions résolus. Mais le point d'honneur parlait plus haut que tous les raisonnements. Le parti de l'émigration ne se contentait pas d'attirer par l'exemple, il lançait l'anathème ; il envoyait

(1) Par sa mère, Mlle de Kerjean, M. de Morassin était cousin germain de M. Kerjean et de Mme de Falaiseau.

par dérision des quenouilles à ceux qui tardaient à sortir de France.

Mme de Saint-Aulaire, qui avait franchi la frontière avec son mari, écrivait à Mme de Falaiseau, son amie d'enfance : « Arrivez donc; tout est prêt. Vous pleurerez des larmes de sang d'être venus trop tard. Dans trois mois, nous serons à Paris comme par le passé. »

Comment résister à des appels si pressants? Les maux qui depuis 1789 s'étaient abattus sur le royaume étaient trop violents pour qu'on pût ou qu'on voulût croire à leur durée. Le désir sème volontiers les illusions sur la route comme les fleurs qui cachent le précipice. On ne s'éloignerait de la France que pour y revenir bientôt. On aurait le bonheur et la gloire d'y rétablir l'ordre social si profondément troublé, d'y restaurer sur ses bases antiques la monarchie, dont l'existence semblait inséparable de la patrie, qu'elle avait faite si grande et si belle. On allait retrouver des parents, des amis sous les étendards qui promettaient une prochaine et facile victoire.

Voilà ce que répétaient des voix rendues persuasives par les accents de l'amitié, du devoir, de l'espérance, de la fidélité. M. de Falaiseau, après avoir hésité longtemps, finit par les écouter, et au mois d'août 1791, il prenait avec M. de Changy le chemin de Tournay.

Pour lui et pour les siens, qui s'apprêtaient à le suivre, c'était le premier pas dans la voie des malheurs sans trêve et des dures épreuves. C'était le commencement de la vie d'exil.

CHAPITRE III

1791-1792

I

L'émigration armée fut une faute, et comme toutes
les fautes, on l'a blâmée sans tenir compte de l'expérience que donnent les événements lorsqu'ils appartiennent au passé, au lieu de se dérouler dans le présent. Combien de fois les prévisions humaines n'ont-
elles pas été déconcertées par les tragédies de l'histoire !

Les illusions tant reprochées aux émigrés avaient
des excuses dans le trouble des esprits, dans le boule-
versement causé par la Révolution. Si ceux qui souffraient du mal étaient unanimes à le constater, ils
s'accordaient plus difficilement sur le remède.

Pour apprécier l'émigration, il ne suffit pas d'en voir
les conséquences ; il faut se souvenir de son origine.

3

Plus de trois cents émeutes avaient précédé la prise de la Bastille. Après le 14 juillet, le mouvement insurrectionnel éclata dans toute la France, et l'année 1789 fut marquée par des excès, des massacres qui faisaient déjà présager la Terreur. La rapidité du soulèvement révolutionnaire a mérité le nom d' « anarchie spontanée », que lui a donné M. Taine, et cette anarchie fut promptement suivie de ce que l'éminent historien appelle non moins justement « la conquête jacobine ».

Les jacqueries qui se succédèrent dans les provinces en 1789, 1790, 1791, l'incendie et le pillage des châteaux, montrèrent à la fois la puissance de l'attaque et la faiblesse de la défense. En butte aux menaces, aux violences, aux avanies, la noblesse, chassée de ses châteaux, ne parvenait pas à se faire oublier dans les villes où elle se réfugiait.

« Ramenez l'ordre et la justice, disait M. de Murinais; il n'y aura plus d'émigration (1). »

La justice restait impuissante devant le crime impuni. L'esprit révolutionnaire soufflait dans l'armée l'indiscipline et la révolte. M. de La Tour du Pin, ministre

______

(1) TOURZEL (duchesse DE), *Mémoires*, t. I, p. 160. — « L'étranger n'existait dans la pensée de personne durant les années 1789 et 1790, années des massacres les plus nombreux..... Chaque fait démontre que l'homme était contraint d'émigrer loin d'un pays sans loi où le meurtre restait sans châtiment. » (H. FORNERON, *Histoire générale des émigrés*, t. I, p. 119.)

de la guerre, déclare le 4 juin 1790 que l'insubordination est universelle. Elle chassait des régiments beaucoup d'officiers placés entre l'alternative de déserter leur poste ou d'y faillir à leur devoir. En deux mois et demi, du 15 septembre au 1er décembre 1791, plus de deux mille officiers avaient émigré (1), irrités ou découragés par l'effervescence qu'entretenaient dans les régiments les agents de la rébellion. N'avait-on pas vu les soldats, insurgés à Nancy et condamnés aux galères, arriver à Paris pour y recevoir une ovation triomphale?

Les municipalités s'élevaient au-dessus de l'armée, dont elles discutaient les ordres, et le pouvoir militaire, subordonné au pouvoir civil, était livré aux éléments révolutionnaires, intéressés à détruire toute résistance.

La constitution civile du clergé, décrétée le 12 juillet 1790 par l'Assemblée nationale, et sanctionnée le 26 décembre suivant par la faiblesse de Louis XVI, troublait les consciences, ouvrait l'ère d'un schisme, et jetait hors de France une foule de prêtres et d'évêques.

Ce qui aggravait les périls de la situation, en paralysant les énergies et les dévouements, c'était le caractère indécis du monarque, dont la volonté n'existait que pour empêcher d'agir, et que Mirabeau pei-

____

(1) A. Chuquet, *Les guerres de la Révolution. La première invasion prussienne,* p. 40.

gnait d'un mot expressif lorsque, ne pouvant lui faire adopter les plans qu'il avait conçus pour sauver la monarchie, il se plaignait avec amertume des « nolontés » du Roi.

Asservi par sa nature passive, Louis XVI était captif de la constitution de 1791, qui faisait de lui l'esclave de l'Assemblée, le sujet de la Révolution.

Lorsque le comte d'Artois quitta Paris avec ses fils, dans la nuit du 16 juillet 1789, il y fut déterminé par les menaces qui s'adressaient à sa vie. Le prince de Condé, le duc de Bourbon et le duc d'Enghien étaient partis bientôt après, suivis d'un assez grand nombre de familles de la Cour. C'était, comme on l'appelait alors, l'émigration de sûreté.

Chacun des départs qui se succédèrent depuis fit mesurer les progrès de l'état révolutionnaire. Quand Necker voulut, le 4 septembre 1790, quitter la France où il avait connu l'ivresse de la popularité, arrêté à Arcis-sur-Aube, il y fut l'objet d'une manifestation hostile. Il lui fallut attendre et obtenir, pour continuer sa route, un ordre de l'Assemblée nationale qui ne l'empêcha pas d'être encore inquiété à Lyon.

Mesdames, filles de Louis XV, forcées de s'enfuir, le 21 février 1791, devant l'émeute qui s'approchait de Bellevue, avaient été arrêtées à leur tour à Arnay-le-Duc, et n'auraient pas réussi à franchir la frontière sans le décret de l'Assemblée qui leur octroya la liberté.

Le comte de Provence, resté le dernier près du Roi, dut s'éloigner en secret, le 20 juin, et sa fuite précéda de peu d'heures celle de la famille royale pour Varennes.

Les premiers départs avaient eu un caractère joyeux, malgré les nuages si menaçants qui assombrissaient le ciel. C'était, on le croyait alors, le rapide voyage dont on saluait déjà le retour.

Les événements pressèrent et multiplièrent les départs. Après les journées des 5 et 6 octobre 1789, l'inquiétude grossit la foule des fugitifs.

« La route, dit un témoin, était couverte de chaises de poste, au point que nous fûmes obligés de courir deux relais avec des bœufs (1). »

Onze cents personnes se mirent en route, en apprenant à Paris le pillage de l'hôtel de Castries. On s'étouffait à l'Hôtel de ville pour avoir des passeports.

On voyait passer chaque jour soixante-quinze berlines (2), emportant ceux qu'alarmaient les progrès toujours croissants de l'anarchie.

L'émigration du point d'honneur déterminée au mois de juillet 1790 par l'invitation du comte d'Artois fut un appel aux armes, la véritable déclaration de guerre à la

____

(1) Verneuil-Puiraseau, *Souvenirs,* p. 122.
(2) Forneron, *Histoire des émigrés,* t. I, p. 199.

Révolution. Elle n'a rien de commun avec les émigra-
tions qui la précédèrent et la suivirent, inspirées par le
besoin d'une sécurité de plus en plus menacée.

Après l'arrestation du Roi à Varennes, après les massacres de septembre, l'émigration fut plus qu'une foule;
elle fut un torrent qui se répandait en Suisse, en Belgique, en Angleterre. On évaluait à 200,000 le nombre
de ceux qui avaient alors quitté la France (1).

Bruxelles et Londres réunissaient l'émigration élégante, Soleure et Fribourg l'émigration pauvre. Coblentz
fut, de septembre 1791 à la fin de la campagne de 1792,
la capitale de l'émigration militaire, qui résidait à
Worms et à Mayence.

Contre les émigrés les lois révolutionnaires se suc-
cèdent avec une implacable rigueur. Elles confisquent
leurs biens (22 décembre 1789), les condamnent à la
peine de mort (9 novembre 1791), les atteignent s'ils
reviennent en France (23 octobre 1792), et les punissent
également pour n'y être pas rentrés (23 mars 1793).
Ces lois n'épargnent ni les femmes ni les enfants
(15 août 1792), et s'exercent sur ceux-ci à partir de
l'âge de dix ans (23 octobre 1792). Elles poursuivent
les émigrés jusque dans leurs parents (7 décembre 1793),
brisent les liens de la famille en déclarant le mariage

_____

(1) E. DAUDET, *Coblentz*, p. 129.

dissous de plein droit par l'émigration (15 octobre 1794).

Non contentes de dépouiller les émigrés de leurs biens, elles affranchissent leurs débiteurs et frappent ceux-ci à leur tour s'ils s'acquittent (5 mars 1794). Des primes sont accordées aux dénonciateurs pour accélérer les captures (23 mars 1793), faisant de la délation une vertu civique, spéculant sur la vengeance et la cupidité.

« La vente des biens des émigrés, disait la loi du 25 juillet 1793, doit procurer des ressources immenses à la République. »

L'appât de l'or fut le principal mobile des animosités et des poursuites auxquelles furent en butte les émigrés. Tandis que l'on décrétait contre eux les plus terribles châtiments, on s'efforçait par tous les moyens possibles de les bannir de France pour s'emparer de leurs biens. On facilitait et l'on hâtait des départs dont on brûlait de recueillir le profit (1).

On allait jusqu'à considérer comme émigrés ceux qui n'étaient pas sortis de France. M. de Montyon, si connu par ses bienfaits, se vit porté sur la liste des émigrés, parce qu'il n'habitait pas Seine-et-Marne. On y inscrivit le duc de Brissac, massacré à Versailles, et dont la suc-

---

(1) « Quelquefois, le villageois porte l'empressement jusqu'à donner un passeport au propriétaire des bonnes terres : on le conduit de force loin du village, et de peur qu'il échappe en route et ne reste dans le pays, on le fait accompagner par un gendarme, avec ordre de le laisser à Genève. » (FORNERON, *Histoire des émigrés*, t. I, p. 188.)

cession fut enlevée ainsi à sa famille. Les lois contre l'émigration furent appliquées à des prisonniers auxquels on ôtait à la fois la fortune et la liberté ; à des commerçants que leurs affaires appelaient hors de France ; à des ouvriers embauchés à l'étranger ; à des soldats retenus sous les drapeaux et dont on convoitait les champs (1).

Le désir de s'emparer du bien d'autrui, la crainte d'avoir ensuite à le restituer, ont plus que tout autre

(1) « Les Jacobins ont porté sur la liste des milliers de personnes parce qu'elles avaient changé de résidence, et d'autres qui, n'ayant pas quitté leur domicile, s'étaient vu refuser les certificats exigés. — Émigré, le soldat prisonnier, s'il a des biens à prendre. Émigrés, les colporteurs et les commerçants ambulants. Émigré, le tanneur Paillot, de Condé, dont le juge de paix s'est approprié la maison et les meubles. Émigré, Fabre, receveur de district, parce qu'il est en fonction hors de chez lui à Châtillon-sur-Seine. Émigré, un paralytique qui n'est pas sorti de son lit depuis dix ans. Émigré, Marché, capitaine de génie en activité à l'armée, parce qu'en suivant l'armée il a franchi la frontière, comme si la France n'était pas partout où flotte son drapeau. — Les Jacobins inscrivent sur la liste non pas seulement les prêtres qui s'enfuient, mais ceux qu'on emprisonne, les riches, aussitôt que leur succession va s'ouvrir, ceux mêmes qui sont morts lorsqu'ils ont laissé une succession opulente. Le comte de Lauraguais est inscrit sur la liste huit mois après sa mort. L'hôpital de Nantes a des propriétés à Ancenis que convoite un Jacobin du district ; on inscrit l'hôpital sur la liste des émigrés. Il y figure encore lorsque Portalis l'y découvre en 1825. — Le nommé Lavabre, à Marseille, a fui la nuit ceux qui venaient l'arrêter ; il a glissé des rochers : émigré. Mallet, à Aix, effrayé par un mandat d'arrêt, s'est tué d'un coup de pistolet : émigré. Il n'a pas le droit de soustraire ses biens aux Jacobins, sa tête à l'échafaud..... Marseille a 12,000 émigrés, — non pas des nobles, — des gens du peuple, de simples portefaix, inscrits comme au hasard, sur la dénonciation de leur ennemi. Beaucoup de ces émigrés n'ont, en réalité, pas franchi la frontière. » FORNERON, t. III, p. 68, 69.)

motif entretenu contre les émigrés des haines violentes. Dispersés, vaincus par la Révolution, on ne pouvait les croire assez puissants pour rétablir l'ancien régime. Mais ils demeuraient l'image toujours vivante de la revendication du patrimoine confisqué, les victimes de la spoliation, les accusateurs de ceux qui s'étaient enrichis à leurs dépens, et en jouissaient avec une satisfaction mêlée d'inquiétude.

L'émigration ne compta pas seulement des royalistes. Des républicains quittèrent le sol où ils avaient acclamé la Révolution, frappés à leur tour par le régime où l'égalité se retrouvait dans la proscription et dans la mort, chassés par les excès de factions sanguinaires et triomphantes.

« O mes amis, s'écriait du fond de sa prison Mme Roland, puisse le ciel favorable vous faire aborder aux États-Unis ! »

Bien différente de l'émigration en armes, l'émigration de sûreté ne doit pas être confondue avec elle ; mais elle démontrait les périls créés par un régime où tous les droits étaient violés, où toutes les vies étaient menacées.

« Privilégiés à rebours, dit un historien dont nul ne conteste l'autorité, les nobles ne peuvent rester dans un pays où en respectant la loi ils sont hors la loi..... L'Assemblée a traité les nobles comme Louis XIV a traité les protestants. Dans les deux cas, les opprimés étaient une élite. Dans les deux cas, on leur a rendu la France inhabitable; dans les deux cas, on les a réduits à l'exil et on les a punis de s'exiler. Dans les deux cas, on a fini par confisquer leurs biens et par punir de mort ceux qui leur donnaient asile. Dans les deux cas, à force de persécution, on les a précipités dans la révolte (1). »

L'émigration armée ne manquait ni de motifs, ni d'excuses. Ce n'est pas trahir sa patrie que d'y combattre un pouvoir tyrannique ennemi de tout ordre social. Mais ce n'est pas sous les drapeaux étrangers qu'il eût fallu le combattre; c'est sur le sol français, en faisant appel aux Français.

Si douloureuse que soit la guerre civile, elle vaut mieux que la guerre entreprise avec l'appui du dehors. Les royalistes des provinces de l'Ouest comprirent et servirent mieux les intérêts de la monarchie, et la Vendée a pu lutter contre les mêmes ennemis avec de meilleures armes, car elle ne les devait qu'à elle-même. « L'histoire, disait naguère un de nos plus brillants écrivains, ne sera jamais sévère à qui combat loyalement sur le sol de la patrie, pour la foi révoltée dans le cœur (2). »

(1) TAINE, *la Révolution*, t. I, p. 210.
(2) Le vicomte Eugène-Melchior DE VOGÜÉ, *Un agent secret de l'émigration, le Comte d'Antraigues, Revue des Deux Mondes* du 15 janvier 1893.

Avant même que les conséquences s'en soient déroulées sous leurs yeux, des hommes perspicaces considéraient l'émigration comme aussi dangereuse qu'inutile. Mercy la qualifiait de « chimère » et de « désastreuse folie (1) ».

« La guerre, disait le prince de Kaunitz, attirera à Louis XVI une plus rude captivité, et, en cas de victoire, on ne pourra compter sur la durée de la monarchie restaurée que tant que les armées étrangères demeureront en France (2). »

Des émigrés eux-mêmes jugeaient sans illusions les tentatives dans lesquelles ils s'étaient laissé entraîner.

« Je pourrais, dit l'un d'eux, défendre l'émigration lorsqu'elle fut l'unique moyen de se soustraire à la mort, qu'elle devint alors une nécessité ; mais nul doute que l'émigration comme système politique ne fût une très grande faute, et qu'elle ne dépopularisât une belle cause, en semblant l'associer aux prétentions cupides et malveillantes de nos vieux ennemis (3). »

(1) *Correspondance entre Mirabeau et La Marck*, t. III, p. 347-350. (3 octobre 1791.)

(2) A. Chuquet, *Les guerres de la Révolution. La retraite de Brunswick*, p. 260, note 5.

(3) Comte Alexandre de Puymaigre, *Souvenirs sur l'émigration, l'Empire et la Restauration*, p. 18. — « Loin que l'émigration ait maintenu la considération de la noblesse, elle y a porté la plus forte atteinte. Une génération nouvelle s'est élevée pendant l'absence des gentilshommes, et comme cette génération a vécu, prospéré, triomphé sans les privilégiés, elle croit encore pouvoir exister par elle-même.

« Dès le commencement de la Révolution, écrit un autre émigré, beaucoup de colonels abandonnèrent leurs régiments et coururent se ranger sous les drapeaux de Mgr le prince de Condé. J'ai toujours blâmé cette conduite, une des causes de nos malheurs. Peut-on comparer l'utilité d'un chef aimé et considéré de son corps, luttant contre la Révolution, en arrêtant les progrès, et ralliant sans cesse à l'honneur et au devoir des soldats égarés, à celle d'un individu devenu simple soldat, et réduit à ses simples moyens personnels (1)? »

Chateaubriand, qui appartint à l'émigration, l'appelle «une sottise et une folie». Il obéissait, comme une grande partie de la noblesse, au point d'honneur. Malesherbes, dont la Révolution avait détruit les illusions libérales, approuvait au contraire l'émigration et la conseillait.

« Je lui fis, dit Chateaubriand, les objections ordinaires sur l'alliance des étrangers, sur les intérêts de la patrie, etc. Il y répondit. Des raisonnements généraux passant aux détails, il me cita des exemples embarrassants. Il me présenta les Guelfes et les Gibelins s'appuyant sur les troupes de l'Empereur ou du Pape; en

Les émigrés, d'autre part, vivant toujours dans le même cercle, se sont persuadé que tout était rébellion hors de leurs anciennes habitudes. » (Mme DE STAEL, *Considérations sur la Révolution française,* t. I, 3ᵉ partie, ch. I.)

(1) *Souvenirs du comte de Contades,* publiés par le comte Gérard DE CONTADES, p. 3

Angleterre, les barons se soulevant contre Jean Sans terre. Enfin, de nos jours, il citait la république des États-Unis, implorant le secours de la France. Ainsi, continuait M. de Malesherbes, les hommes les plus dévoués à la liberté et à la philosophie, les républicains et les protestants ne se sont jamais crus coupables en empruntant une force qui pût donner la victoire à leur opinion. Sans notre or, nos vaisseaux et nos soldats, le nouveau monde serait-il aujourd'hui émancipé? Moi, Malesherbes, qui vous parle, n'ai-je pas reçu en 1776 Franklin, lequel venait renouer les négociations de Silas Deane, et pourtant Franklin était-il un traître? La liberté américaine était-elle moins honorable parce qu'elle a été assistée par La Fayette et conquise par des grenadiers français? Tout gouvernement qui, au lieu d'offrir des garanties aux lois fondamentales de la société, transgresse lui-même les lois de l'équité, les règles de la justice, n'existe plus et rend l'homme à l'état de nature. Il est licite alors de se défendre comme on peut, de recourir aux moyens qui semblent les plus propres à renverser la tyrannie, à rétablir les droits de chacun et de tous (1). »

Des faits plus récents ont prouvé que les émigrés ont eu des imitateurs parmi ceux qui figurèrent dans des

(1) *Mémoires d'outre-tombe*, t. II, p. 1 et suiv.

rangs opposés. Pendant la guerre d'Espagne, en 1823, on a vu le parti républicain français servir sous le drapeau des Cortès et porter les armes contre la France. Les Polonais et les Italiens constitutionnels ont sollicité en 1830 et 1831 l'appui de l'étranger.

Chateaubriand, qui rappelle ces exemples, ajoute : « Nous avons deux poids et deux mesures; nous approuvons pour une idée, un système, un intérêt, un homme, ce que nous blâmons pour une autre idée, un autre système, un autre intérêt, un autre homme. »

On a souvent accusé les émigrés de manquer de patriotisme. S'ils se trompaient sur le choix des moyens, si les illusions troublaient leur jugement, ils voulaient affranchir la France de la tyrannie jacobine dont ils n'étaient pas les seuls à souhaiter le renversement. Mais en poursuivant ce but, ils ne songèrent jamais à l'atteindre par le démembrement du territoire. Ils ne recouraient pas à l'étranger pour asservir la patrie, mais pour la délivrer.

« Parmi les royalistes, écrivait Macartney, il en est qui préféraient que le Roi ne recouvrât jamais sa couronne plutôt que de la voir dépouiller de ses fleurons, et qui aimeraient mieux voir en France une république puissante qu'une monarchie mutilée (1). »

(1) G. FEUGÈRE, *la Révolution et la critique contemporaine*, p. 379. — « Souvenons-nous qu'il y avait parmi les émigrés des gens de cœur

« Les émigrés, a dit Mme de Staël, lors même qu'ils faisaient la guerre à la France, ont souvent été fiers de ses victoires. Ils étaient battus comme émigrés, mais ils triomphaient comme Français (1). »

La gaieté inhérente au caractère national ne les abandonnait pas au milieu des épreuves qu'ils n'eussent peut-être pas supportées sans elle (2). L'esprit les consolait parfois du malheur, et se vengeait de la mauvaise fortune par des traits qui révélaient la fierté du caractère.

venus du fond de leur province pour servir leur roi sans espoir de récompense. Souvenons-nous que, pour beaucoup d'entre eux, la place n'était plus tenable en France, et que des officiers furent chassés des régiments par des soldats. Souvenons-nous enfin que tous ou presque tous restaient et se disaient Français... La plupart des émigrés aimèrent toujours leur patrie. Leur sentiment national fut indestructible. Par une généreuse inconséquence, il leur arriva souvent de s'attrister sur les défaites de la France républicaine, et d'applaudir à ses victoires. Après la défaite de Mons, on vit à Coblentz de vieux gentilshommes pleurer l'échec de leurs compatriotes, et *Monsieur* s'écria qu'il avait le cœur déchiré... Les émigrés s'alliaient à la Prusse et à l'Autriche ; mais ils s'opposaient avec autant d'énergie que les Jacobins au démembrement du territoire. » (A. CHUQUET, *Les guerres de la Révolution. La première invasion prussienne*, p. 281.)

(1) *Considérations sur la Révolution française*, t. I, 3ᵉ part., ch. I.

(2) « Quels autres que nous auraient conservé cette gaieté qui nous soutenait dans nos adversités, qui confondait dans un même esprit le vieillard et l'adolescent, cette pensée chevaleresque qui les unissait dans un sentiment commun de devoir et d'honneur, qui offrait le constant spectacle du magistrat déchu, du grand propriétaire dépouillé, de l'officier supérieur devenu soldat, marchant avec la même ardeur, le même enthousiasme? Cette légèreté dont on nous a blâmés n'était-elle pas la sœur de nos brillantes qualités? » (Comte Alexandre DE PUYMAIGRE, *Souvenirs sur l'émigration*, p. 59.)

« Je vous donne vingt-quatre heures pour sortir de mes États », dit un jour à un émigré un prince allemand dont les possessions avaient fort peu d'étendue.

« Monseigneur, répondit avec une spirituelle impertinence le gentilhomme, il ne me faut qu'un quart d'heure. »

II

Depuis que M. de Falaiseau avait quitté la France, l'armée de l'émigration grossissait de jour en jour. L'entraînement était devenu irrésistible.

« Bientôt, écrit de Trèves la marquise de Raigecourt à la marquise de Bombelles, il y aura dans ce pays-ci plus de Français que d'Allemands (1). »

Mme de Falaiseau était attendue à Tournay, d'où son mari lui adressait ces lignes, le 4 octobre 1791 :

« Il arrive une quantité prodigieuse de monde... Toujours la même chose, toujours les mêmes nouvelles et toujours rien de clair et d'assuré. Cependant un officier autrichien du régiment de la Tour m'affirmait ce

____

(1) *Correspondance du marquis et de la marquise de Raigecourt avec le marquis et la marquise de Bombelles pendant l'émigration,* publiée par M. DE LA ROCHETERIE, p. 224.

soir que beaucoup de troupes étaient en marche et qu'il en était sûr. M. de Montboissier n'en sait rien, et il croit les choses encore éloignées. On ne s'organise pas plus dans cette ville qu'à mon arrivée. Aussi ce rassemblement de noblesse fait une pauvre figure. L'esprit français règne toujours. La légèreté, l'indiscrétion et la fatuité seront dans tous les temps l'apanage de notre nation. »

L'armée, qui ne comptait guère d'abord que trois cents gentilshommes, se formait à Worms, sous les ordres du prince de Condé. Elle se montrait moins prête à l'action que disposée à la jactance.

« Beaucoup d'officiers, dit le comte de Contades, qui était venu, le 15 octobre, s'enrôler dans cette armée, trouvèrent que j'arrivais un peu tard. Leur déraison me fit craindre de n'être arrivé que trop tôt. Chacun avait un plan de contre-révolution plus extravagant l'un que l'autre (1). »

« C'était, raconte un autre témoin, un bizarre spectacle

(1) *Souvenirs*, p. 8. — « Leurs Altesses Royales ne parlaient jamais que de la noblesse quand il eût fallu parler uniquement des royalistes, quelles que fussent leur naissance et leur fortune. Il y a plus : pour distinguer les nobles de ceux qui ne l'étaient pas, n'adoptèrent-ils pas, sur l'avis du marquis de Bouthillier, la stupide idée de donner aux premiers une veste rouge et une jaune aux seconds, ce qui fit déserter l'émigration à beaucoup d'honorables bourgeois et qui en annonçaient un plus grand nombre. » (Comte d'ALLONVILLE, *Mémoires secrets*, t. II, p. 292.)

que cette réunion d'émigrés, anciens officiers, de magistrats dans les rangs, le fusil sur l'épaule ou pansant leurs chevaux; des corps nobles où l'on comptait pourtant nombre de bourgeois (qu'on me pardonne l'expression du temps), qui s'étaient associés à notre cause soit par conviction, soit par vanité; des vieillards, des jeunes gens, presque des enfants, et dans cet étrange amalgame un point d'honneur exagéré en certaines circonstances, mais qui fut plus puissant que les règlements pour maintenir la discipline, flétrissait d'opprobre celui qui eût manqué à son poste aux coups de fusil.

« Les mœurs étaient là celles du règne de Louis XV; en dépit des principes qui nous avaient fait quitter la France, il n'y avait rien de plus déréglé que l'armée de Condé; on y était dissolu, et toutefois jamais sceptique en matière de religion : le jeune homme le plus débauché qui aurait reçu un coup mortel ne se serait jamais dispensé de l'assistance d'un prêtre (1). »

En dépit des représentations de Mme de Kerjean, qui ne cessait de blâmer l'émigration, Mme de Falaiseau se décida, les premiers jours d'octobre, à passer la frontière et à rejoindre son mari. Elle prit place dans une berline avec Alexis, Mme du Camper et son fils. Elle

(1) Comte DE PUYMAIGRE, *Souvenirs sur l'émigration,* p. 18.

emmenait Marianne, la bonne d'Alexis, Sophie, sa femme de chambre, et le fidèle Lapierre, qui ne devait plus la quitter, serviteur de l'infortune après avoir été celui de la prospérité.

« Notre route fut gaie, écrit Mme du Camper. Nous comptions passer trois mois à Tournay et revenir pour trouver tout comme par le passé. La route de Paris était comme la rue Saint-Honoré; de beaux carrosses, des chevaux. Tous les chemins étaient remplis de monde, de joie, de chants et de gaieté. Les auberges étaient pleines. On causait et l'on faisait des projets de bonheur et de fêtes. Seulement, on était fâché d'arriver trop tard. »

Rien de plus extraordinaire que ce confiant optimisme après les excès sans nombre dont la France avait été le théâtre depuis les premiers événements de la Révolution. Ce monde aimable et souriant ne croit pas à la durée des maux qui fondent sur la patrie. Il sortira de son rêve sous la voûte des prisons, et verra se dresser l'échafaud, réalité sanglante, après les utopies humanitaires du dix-huitième siècle.

A Douai, Mme du Camper rencontre un vieil ami qui n'a pas de peine à lui démontrer de quelles illusions se bercent les émigrés. Convaincue de la sagesse de ses avis, elle lui laisse son fils, et ne veut pas qu'il continue la route avec elle.

« Le soir, dit-elle, nous arrivâmes à Tournay. Nous trouvâmes mon beau-frère triste, sombre, mécontent de l'état des choses. Rien n'était prêt. Les émigrés seuls affluaient et couraient à Coblentz. »

Mme de Saint-Aulaire vint voir Mme de Falaiseau, le soir même de son arrivée. Elle confondit Mme du Camper par son aveuglement et sa légèreté : « Son déraisonnement fut complet. Elle blâma ma sœur de n'avoir pas amené ses chevaux, ses gens, de n'avoir pas de belles toilettes. Ici, mon cœur, dit-elle, on vit comme à Versailles. »

L'abbé Maury traversait alors Tournay. Il excitait l'enthousiasme. Les espérances se donnaient un libre cours parmi les émigrés réunis chez Mme de Falaiseau, et qui, en prenant le thé, devisaient sur le présent et sur l'avenir.

Malgré les excès qui avaient signalé les débuts de la Révolution, malgré les progrès de l'anarchie, on se flattait de voir revenir les beaux jours. Pour distraire Mme de Kerjean, en l'absence de sa fille, Mlle de Riancé suggère à son amie, Mme de Falaiseau, une idée dont elle veut lui laisser le mérite.

« Madame votre mère, lui écrit-elle de Paris, raffole des chiens. Monsieur votre frère lui apporta, il y a deux mois, un bichon blanc qui sera beau. Elle l'aime beaucoup parce qu'il lui vient de son fils : mais je sais qu'elle

en avait retenu un d'une autre espèce, car elle n'aime
pas les bichons. Dans le pays que vous habitez, il y en
a de charmants. Je crois que vous feriez très bien de
vous procurer une jolie chienne à poil ras qui fût bien
petite, que sa robe fût blanche plutôt que d'une autre
couleur et surtout point tachetée de noir. Cela leur
donne l'air triste, me disait-elle un jour dans une dis-
sertation sur les chiens. Je ne lui ai pas ouvert la bouche que je vous en demanderais un pour elle. Elle sait
bien qu'il y en a de très jolis en Flandre. Elle en avait
demandé un à son petit-fils. J'ai cru en amie que je
devais vous procurer le moyen de donner une preuve
d'attention à votre maman. Si vous ne revenez pas,
envoyez-lui une jolie chienne qui, donnée par vous, lui
sera très agréable. »

Mme de Falaiseau suivit, sans doute, le conseil de
son amie, mais sans parvenir à dissiper la tristesse qui,
sous l'empire des événements, assombrissait Mme de
Kerjean.

Une lettre de M. de Bacquencourt lui parvint à
l'adresse de Mme de Villenelle, nom qu'avait pris
Mme de Falaiseau par prudence pour ne pas compromettre ses correspondants, et qu'elle conserva pendant
une partie de l'émigration. Voici ce que lui écrivait ce parent, dont l'affection restait pour elle pleine de sollicitude :

« A Chéreperrine, par Bellesme, le 15 octobre 1791.

« J'ai reçu, ma chère enfant, votre lettre de Tournay du 8 octobre, et il m'est difficile de vous exprimer le plaisir qu'elle m'a fait. Je vous suivais avec inquiétude dans cette course lointaine. Au moins vous êtes en lieu sûr, après vous être égarée, dit-on, pendant douze ou quinze heures, et avoir fait un peu de chemin à pied. On à peine à se persuader qu'on se trouve dans une pareille position, et que peut-être cent mille individus se croient obligés de fuir leur patrie, dès qu'on entr'ouvre seulement un guichet.

« Un ou plusieurs ancêtres de votre mari ont quitté le royaume pour cause de religion, et un de leurs descendants, catholique, le quitte aussi, lorsque la religion protestante a gagné son procès. Ainsi va le monde...

« J'espère que vous me donnerez les nouvelles qu'il vous sera possible de me mander sans vous compromettre... J'ai risqué d'écrire une lettre à votre aimable sœur; mais je l'ai adressée à Paris, parce que j'ignorais encore le lieu de votre choix. Vous m'instruirez par votre première lettre si vous avez trouvé à Tournay des personnes de connaissance. En tout cas, je crois qu'elle est bientôt faite, quand on a les mêmes intérêts, les mêmes craintes et les mêmes espérances.

« Conservez bien votre Alexis; il aura voyagé de

bonne heure, et s'il savait raisonner, il apprendrait bien
jeune à combien de révolutions la vie est exposée. »

M. de Falaiseau, désireux de se renseigner, se rendit
à Coblentz, séjour des princes, quartier général de
l'émigration. Il en revint attristé par le spectacle d'illusions qu'il ne partageait pas.

D'Heidelberg où elle était venue s'établir avec beaucoup d'autres émigrés, la marquise de la Maisonfort
écrivait, le 27 octobre, à Mme de Falaiseau :

« Vous me demandez des conseils pour vous rapprocher de Coblentz. Si vous êtes bien où vous êtes,
restez-y, ma belle, car vous ne pourriez trouver place
à Coblentz, et puis c'est là qu'est venue l'intrigue,
toute la fadeur de la Cour. Votre mari peut se faire
inscrire s'il veut dans les compagnies rouges et se pré-
sentera quand on le demandera. Vous devez voir que
depuis deux mois les nouvelles ont bien diminué, et
que tous les secours nous fuient en ce moment. Il sera
bien fâcheux de voir cette noblesse se sacrifier et risquer de rester dans une province avec quelques Hessois
et quelques Suisses. La légion Mirabeau, Berwick et le
corps de la noblesse, cela est bien peu pour lutter
contre une artillerie formidable et une jeunesse courageuse qui, quoi qu'on dise, se battrait bien. D'ailleurs,
il faudrait encore beaucoup d'argent, et nos princes
n'en ont pas plus qu'il ne faut.

« J'imagine que rien ne bougera d'ici le printemps. Cependant, si vous savez quelques nouvelles plus récentes, de grâce, mandez-les-moi. Il est bien fâcheux que nous ne soyons pas plus avancés et que les puissances ne veuillent pas défendre notre cause. »

L'arrestation de la famille royale à Varennes avait navré les cœurs fidèles et multiplié les départs de ceux qui voyaient le péril chaque jour grandissant autour d'eux.

Les décrets contre les émigrés montraient l'abîme creusé sous leurs pas. Hier la confiscation ; aujourd'hui, la mort.

De tous côtés arrivaient des fugitifs avec des nouvelles sinistres. Elles commençaient à troubler ceux dont l'assurance avait paru défier les événements.

M. et Mme de Falaiseau, installés à Tournay, y commencèrent l'hiver sous un ciel assombri par l'inquiétude. Mme du Camper allégeait leurs soucis par sa présence. Mais l'heure de la séparation sonna brusquement. M. de Kerjean, alors en Angleterre, où il se disposait à partir pour l'Inde, lui écrivit que Mme de Carvalho, leur grand'mère, et Mme de Saint-Hilaire, leur bisaïeule, venaient de mourir à Madras, à quinze jours de distance. Cette nouvelle décida le retour de Mme du Camper auprès de sa mère, plongée ainsi dans un double deuil. Le chagrin qu'elle éprouva de s'éloi-

gner de sa sœur et de son beau-frère ne fut adouci que
par l'espoir de leur être utile en France, et de sauver
leur fortune menacée d'une confiscation imminente.

M. de Falaiseau l'accompagna jusqu'à Douai, où elle
retrouva son fils, qui ne tarda pas à émigrer. En la
revoyant à Paris, Mme de Kerjean la félicita de se soustraire à l'émigration. Elle loua ce qu'elle appelait « son
retour à la raison », et s'applaudit de lui voir quitter
« des fous qui, disait-elle, se perdaient, compromet-
taient leurs familles et les feraient guillotiner ».

Lorsqu'il était question devant elle des émigrés, elle
ne pouvait réprimer son mécontentement et son impatience. Mais ces mouvements d'irritation cédaient bientôt à l'amour maternel, et au souvenir de sa fille absente,
des larmes d'attendrissement mouillaient ses yeux.

Mme du Camper se promit de ne rien épargner pour
disputer aux lois révolutionnaires le patrimoine de
M. et de Mme de Falaiseau. Elle commença dès lors à
se dévoner à cette tâche difficile et périlleuse.

Siriaque, le régisseur de la Revaudière, s'était effrayé
des responsabilités qui pesaient sur lui. Craignant
d'être compromis par ses services, il abandonna le
domaine, et le mobilier du château fut transporté à
Paris, par les ordres de Mme du Camper, chez Mme de
la Selle, dont les terres étaient voisines de la Revaudière. M. Léger, frère de Mme de la Selle, était l'ami

de M. de Kerjean, et c'est sous le nom de ce dernier que fut confié à Mme de la Selle le dépôt des meubles dont on remplit plusieurs greniers.

La maison qu'occupaient à Paris, rue du Doyenné, M. et Mme de Falaiseau, venait d'être séquestrée. On désigna comme gardienne des scellés la fille du concierge, nommée Babet. La mission que lui conférait la loi révolutionnaire devait tenter sa cupidité, en la rendant l'ennemie de ceux dont la maison se trouvait placée sous sa surveillance.

Mme du Camper envoya par une personne sûre du numéraire et de l'argenterie à sa sœur, prévoyant qu'elle aurait besoin de ces ressources pour suppléer aux revenus dont elle allait être privée, car il devenait de plus en plus difficile d'obtenir ou de recevoir ses fermages, et à Paris on ne pouvait toucher de rentes sur l'État sans produire des certificats de résidence et de dons patriotiques.

Elle fit parvenir également le piano, la harpe de Mme de Falaiseau et les chevaux de selle. Comment oublier les distractions qui devaient, avec les plaisirs de la société, tromper l'ennui d'un séjour considéré comme un lieu de passage, un exil temporaire ?

M. de Falaiseau venait de s'enrôler dans l'armée des princes. Il avait laissé sa femme à Tournay, et lui adressait les lettres suivantes :

« Coblentz, 18 février 1792.

« Voilà donc nos biens séquestrés. C'est bien triste, et je ne puis voir ce décret avec indifférence comme ceux qui sont ici. Mais je prends mon parti. Il y a longtemps que j'ai dit que nous faisions une haute sottise. Ma famille a déjà perdu, pour cause de religion et par émigration, une grande partie de sa fortune. Moi, je la perdrai tout entière.

« On n'en fait pas plus ici qu'à Tournay. Toujours de grandes espérances, toujours des troupes en marche ; mais rien ne paraît, et l'on n'est sûr de rien. On parle de manifeste, parce qu'on le désire, parce qu'on croit que c'est le moment. Mais il ne paraît toujours pas.

« Ce matin, j'ai été me faire inscrire, avec Changy, chez M. de Priolo, chargé de recueillir les noms des arrivants. Là, on vous délivre un certificat comme quoi vous êtes présenté, la date de votre sortie de France, et en outre un certificat à faire signer par quatre gentils-hommes de votre compagnie, qui attestent leur parole d'honneur que vous êtes dans les bons principes, et pour lors vous pouvez être présenté aux princes.

« Nous avons été chez M. de Saint-Sauveur, et enfin nous sommes dans les mousquetaires. Après avoir vu et combiné les choses, nous allons à Andernach, et de là dans un village, à une lieue de cette ville... Nous allons acheter tout ce qu'il nous faut. Nous avons été ce soir chez les princes, où nous avons vu le comte d'Artois. *Monsieur* a la goutte.

« Le comte d'Artois est adoré ici, et effectivement il a l'air on ne peut plus affable. Le prince de Condé est attendu tous les jours. »

« Coblentz, le 26 février.

« Tous ceux qui voient en couleur de rose sont bien les maîtres ; mais pour moi, je ne crois pas du tout qu'il puisse y avoir un beau côté, et quoi qu'on en puisse dire, les biens seront vendus, et l'on trouvera des acquéreurs. Plusieurs personnes croient que les femmes non émigrées conserveront leurs biens et leurs reprises, mais que celles qui sont dehors perdront tout comme leurs maris. Si cela était, je te conseillerais de rentrer avec ton fils. Mais il faut auparavant voir le mode du décret qu'ils rendront sur cet article...

« Nous avons beaucoup parlé de notre position hier, Machault (1) et moi. Il ne sait pas trop s'il ne fera pas un petit tour chez lui pour s'y trouver quand on fera la liste. Cependant il veut attendre le mode du

______

(1) Le comte Louis de Machault, voisin de la Revaudière et possesseur du château de la Forêt acquis depuis par le comte de Castries, père de la maréchale de Mac Mahon, à laquelle il appartient actuellement.

décret. Il m'a promis de m'écrire aussitôt s'il se décidait, et moi, je verrai ce que j'aurai à faire. Machault balance beaucoup et y voit bien des difficultés, parce qu'il faut accorder les démarches actuelles avec les événements futurs, et l'intérêt avec l'honneur.

« Nous avons parlé à cœur ouvert, MM. de Machault, d'Oppède et de Cérans, et nous pensons que nous faisons la plus grande folie.

« Les nouvelles sont toujours les mêmes : de grandes espérances qui ne se réalisent jamais. Machault a vu M. de Calonne. Il l'a poussé de questions. Le ministre lui a répondu que les nouvelles étaient bonnes, que les ordres étaient partis pour faire marcher les troupes, mais qu'à la vérité elles ne marchaient point encore... On n'a point la permission de manœuvrer, et les princes n'ont point d'argent.

« Nous retournons demain à Andernacht. Notre congé expire, et l'on n'en donne point aisément. »

Pendant que M. de Falaiseau était livré à ses perplexités, Mme de Kerjean conseillait le retour en France :

« Je vois avec peine, mes chers enfants, écrivait-elle le 6 mars 1792, la ténacité de vos résolutions. Abandonnez le certain pour l'incertain. Réfléchissez bien que quelque jour vous aurez des comptes à rendre, et que dans ce moment vous aggravez beaucoup les circonstances malheureuses où nous nous trouvons. »

Elle citait les noms des personnes qui n'émigraient pas, les subterfuges souvent inutiles auxquels étaient réduits les émigrés pour échapper aux confiscations révolutionnaires, et dans une nouvelle lettre, elle engageait sa fille et son gendre à calculer les conséquences d'une détermination qui allait être irrévocable.

« Que de reproches, leur disait-elle, n'aurez-vous pas à vous adresser si, suivant toute apparence, vous causiez votre ruine totale et celle de vos enfants! Je me crois obligée de vous faire faire encore de dernières réflexions, malgré les résolutions que j'avais prises de ne plus vous en parler. Mais je n'ai pu m'y refuser. Ma tendresse pour mes enfants me tourmente de plus en plus dans les circonstances dangereuses où je les vois se plonger. »

M. et Mme de Falaiseau persistant à suivre le parti qu'ils avaient adopté, elle adressait ces lignes à sa fille :

« Je n'ai pu que vous faire des observations, vous représenter tous les dangers que vous couriez. Toutes vos réponses ont été diamétralement opposées à mon opinion. En me disant toujours que l'honneur est au-dessus de tout et que toutes choses d'intérêt doivent y être sacrifiées sans balancer, il faudrait donc croire d'après cela que tous ceux qui n'ont pas pris le même parti sont déshonorés, ce que je ne puis penser... Je suis bien persuadée que ceux qui restent dans leur

patrie (quoiqu'ayant des raisons de s'en plaindre), pour
la défendre auprès de leur Roi, pour le défendre également, ont bien quelques vertus et mérites, et infiniment
de courage. En prenant ce parti, ils ont bien quelques
risques à courir, mais, au moins, ils ne s'exposent
pas à être ruinés de fond en comble, ainsi que leurs
enfants, et ils n'auront pas de reproches à se faire. »

· Quelle que fût la sagesse de ces conseils, il n'était
pas possible pour un gentilhomme de revenir sur ses
pas et de rompre ses engagements, sans manquer à sa
foi politique et à l'honneur militaire. Que de blâmes
eût encourus celui qui se fût retiré à la dernière heure,
à la veille du combat, et de quels termes une pareille
désertion n'eût-elle pas été qualifiée par cette bouil-
lante noblesse, impatiente d'entreprendre contre la
Révolution une guerre dont l'issue ne lui semblait pas
douteuse !

Chez les esprits que n'aveuglaient pas de trop cré-
dules espérances, le zèle était refroidi par de légitimes
préoccupations. Deux opinions contraires avaient des
partisans et des adversaires dans presque toutes les
familles. De là des luttes entre des convictions également sincères, et dont l'image nous est apparue dans
les lettres que nous venons de lire.

Jugeant l'émigration sans illusions, M. de Falaiseau
s'y associait sans enthousiasme. Il ne pouvait se séparer

d'une cause à laquelle était liée désormais son existence. Mais il s'inquiétait des rigueurs qui l'atteignaient dans le présent et dans l'avenir de sa famille.

Il résolut d'aller en France, afin d'obtenir un certificat de résidence, destiné à empêcher, ou tout au moins à retarder la spoliation dont il était menacé. Le 19 mars, il prit le chemin de Paris, pendant que Mme de Falaiseau, accompagnée de son fils, de Mme de Changy, d'une femme de chambre et du fidèle Lapierre, s'arrêtait à Bruxelles, où la haute aristocratie de l'émigration déployait autant de luxe que d'imprévoyance.

« Les femmes les plus élégantes de Paris et les hommes les plus à la mode, ceux qui ne pouvaient marcher que comme aides de camp, attendaient dans les plaisirs le moment de la victoire. Ils avaient de beaux uniformes tout neufs; ils paradaient de toute la rigueur de leur légèreté. Des sommes considérables qui auraient pu les faire vivre pendant quelques années, ils les mangeaient en quelques jours : ce n'était pas la peine d'économiser, puisqu'on serait incessamment à Paris (1). »

Mmes de Falaiseau et de Changy ne firent que traverser ce trop brillant séjour. Elles en repartirent pour aller coucher à Liège. A Tirlemond, elles lisent, sur la cheminée d'une auberge, ces mots tracés par une main

_____

(1) CHATEAUBRIAND, *Mémoires d'outre-tombe*, t. II, p. 17.

compatissante : « Pauvres Français, que je vous plains ! »

Les voyageuses arrivent le 18 mars à Aix-la-Chapelle, où Mme de Falaiseau retrouve sa tante, la marquise Dupleix, et la marquise de Valori, sa cousine, avec de nombreux émigrés, au milieu desquels on remarque l'archevêque de Tours (1), les évêques d'Aire, d'Arras et d'Auxerre (2), le duc et la duchesse d'Harcourt, le duc et la duchesse de Mortemart, le comte et la comtesse d'Egmont, la duchesse de Gesvres, le prince et la princesse de Croy, le marquis et la marquise de Puységur, les comtesses d'Escars, de Nédonchel, de Mellet et de Lussan, la marquise de Lévis-Mirepoix, le vicomte et la vicomtesse de Canillac, le comte et la comtesse de Roncherolles, le vicomte et la vicomtesse de Béthisy, etc.

Les habitudes mondaines conservent leur empire sur cette colonie errante. En arrivant, les femmes font leurs visites de présentation, puis restent chez elles pour recevoir celles qu'on vient leur rendre.

Mme de Falaiseau s'acquitte de ces devoirs de société, et s'associe aux réunions où des fugitives et des proscrits reprennent sur la terre étrangère la vie de salon.

« Il y a, je crois, écrit-elle dans son Journal, deux ou

(1) M. de Conzié.
(2) MM. de Cahuzac de Caux, de Conzié et Champion de Cicé.

trois cents Français ; tout le monde se voit d'abord en visites, ensuite à des thés où l'on se rassemble depuis huit heures jusqu'à minuit. Ces assemblées sont pour l'ordinaire de quarante à cinquante personnes. On fait des parties de whist, de reversi, etc., jusqu'à onze heures. On sert alors dans la même pièce et sur les tables même de jeu, sur l'une du thé avec des tartines de beurre, et sur une autre un fort potage au riz, avec un plat ou deux au plus d'œufs ou de purée, sans dessert ni autre chose. On met une douzaine de couverts sur cette table, une pile d'assiettes, une assiette pleine de morceaux de pain, trois ou quatre bouteilles de vin. »

Qu'on était déjà loin des jours où, à Paris et à Versailles, on s'abandonnait à la douceur de vivre, au milieu de cette société si attrayante par la grâce de l'esprit et la politesse des manières ! Un chétif appartement, une chambre d'auberge se transformait en salon pour ces réunions improvisées par le hasard de rencontres imprévues. En s'y retrouvant, on croyait presque retrouver la patrie. Les nouvelles y faisaient le sujet des entretiens, mêlant l'inquiétude à l'espérance.

Une lettre de M. de Bacquencourt, datée de Paris, le 8 mars 1792, parvint à Mme de Falaiseau et l'attrista, en lui faisant connaître la douloureuse situation de son cher parent, victime réservée aux hécatombes révolutionnaires

« Je suis traité avec la dernière rigueur, lui disait-il ; mais le désir d'être utile et d'obliger ne s'éteindra qu'avec ma vie. On peut partager un morceau de pain à deux et commander à son appétit...

« Quand pourrai-je vous embrasser ? »

Mme de Falaiseau reçut presque en même temps cette lettre du commandeur de Valori (1), qui l'engageait à ne pas quitter un asile où elle avait au moins la sécurité qu'elle ne trouverait pas en France :

« Paris, rue Saint-Honoré, n° 324, 11 mars 1792.

« Je crois indispensable que vous ne reveniez pas pour conserver vos revenus et ceux de votre enfant. Au surplus, si vous craignez par trop de revenir dans un pays aussi fort en insurrection que l'est celui-ci, vu l'état où vous êtes, je crois, ma petite cousine, que vous feriez mieux d'accoucher à Aix-la-Chapelle tranquillement, ce que vous feriez difficilement à Paris, où il y aura, d'un moment à l'autre, un tapage infernal...

« Partout on se bat. La guerre civile est commencée, et les pays à grain en sont le prétexte. A Étampes, M. Simoneau, maire, a eu ces jours-ci le même traitement que M. Berthier. Il a essuyé seize coups de fusil et a été haché en mille pièces, parce qu'il n'a pas voulu

(1) Guy-Charles de Valori, commandeur de Malte et frère du marquis de Valori, qui avait épousé Mlle Dupleix.

taxer le bled au-dessous de sa valeur. Les paysans, aux environ d'Étampes, ont à peu près fait le second tome de Noyon.

« Un régiment de femmes, portant des piques et des pistolets, doivent faire l'exercice au Champ de Mars ces jours-ci.

« On a promené deux fois la tête de l'Empereur (en effigie) sur une pique, sous les fenêtres du Roi et de la Reine, en criant : « La guerre! la guerre! » Les Jacobins la veulent, et point les monarchiens. Il arrive des scènes affreuses tous les jours aux spectacles. On donne mardi à l'Opéra *Adrien, empereur romain*, punissant les rebelles dans son empire, et ensuite prêtant des secours à une autre puissance pour la même cause. Vous jugez de l'application. Les Jacobins et les aristocrates vont s'y tuer. L'auteur, pour faire désirer sa pièce, l'a fait connaître au public, et on la demande à cor et à cri. »

Le 4 avril, Mme de Falaiseau donnait un thé à des émigrés récemment arrivés de Tournay, lorsqu'on apprit l'assassinat de Gustave III. On y déplora la fin tragique de ce prince au cœur si français, dont on connaissait le dévouement à la famille royale.

M. de Falaiseau revint bientôt après de Paris, où il avait passé quinze jours. Il était pâle et défait. Il avait pu aller à la Revaudière régler de derniers comptes avec ses gens d'affaires, toucher des revenus à Paris, au moyen d'un certificat de résidence qu'il avait obtenu. Mais les passeports étaient l'objet d'une surveillance plus rigoureuse, et craignant l'impossibilité de sortir de France, il était parti à la hâte, franchissant la frontière trois heures avant l'exécution de ces nouvelles mesures.

Le journal de Mme de Falaiseau consigne le souvenir d'un incident qui jeta une vive émotion dans la maison qu'elle occupait :

« Le 20, à minuit, le feu a pris aux bains de la Rose, où est la poste. Il s'est manifesté avec tant de violence qu'on a craint beaucoup pour notre maison qui en est mitoyenne. Je venais de me coucher quand j'ai été réveillée par un très grand bruit de tambours, de tocsin. Les cris étaient véritablement effrayants. Je me suis levée pour voir ce que c'était. Un jeune homme, le comte d'Haussonville, passant dans la rue et ayant vu ce feu, venait nous avertir que nous étions en danger. Mlles de Cocherel, Mme de Roncherolles et moi, nous prîmes nos enfants dans nos bras, et voyant cette pluie de feu dans la cour, nous sortîmes dans la rue, où les flammèches tombaient aussi en abondance. Nous allâmes nous réfugier au Dragon d'or, chez Mme d'Esterhazy.

« Nos domestiques pendant ce temps déménageaient tous nos effets. J'avais tâché de prendre sur moi et de ne pas me livrer à la peur qui, dans ma position, étant grosse de six mois, aurait pu me causer une révolution fâcheuse. Je fus assez maîtresse de moi pour n'éprouver aucun saisissement, ni même faire peur à Alexis, qui crut tout bonnement qu'on le levait de son lit pour le mener en voyage, et il demandait toujours quand les chevaux seraient mis.

« A quatre heures du matin, on vint nous dire qu'on était maître du feu. Nous rentrâmes ; mais il ne fut tout à fait éteint qu'à midi, le lendemain. Les secours avaient été très tardifs ; il n'y avait pas une pompe en état. On fut obligé d'aller chercher celle du Boschée, à un quart de lieue. Un particulier qui apportait la sienne fut maltraité. On ne pouvait réussir à faire faire la chaîne au peuple, et ils l'interrompaient à chaque instant pour fumer leurs pipes.

« Le feu avait pris dans une écurie par la pipe d'un postillon ; les greniers au-dessus lui ont servi d'aliments pendant tout le temps, et il n'y a eu d'endommagé que les bâtiments de la poste. Personne n'a péri ; un seul cheval est mort le lendemain. Il n'y a presque que les Français et les Récollets qui aient donné du secours. La maîtresse de la poste était prête d'accoucher et avait perdu la tête au point qu'elle ne reconnaissait pas un de ses enfants qu'elle croyait brûlé. Il ne lui est cependant rien arrivé. »

Partie d'Aix-la-Chapelle le 30 avril, Mme de Falaiseau passa la nuit à Cologne et arriva le lendemain à

Bonn. Elle fut présentée à l'électeur de Cologne (1).

Les marquises de Mirepoix, de Montboissier, de Lostanges, de la Rochelambert, de Grollier, de Mandelot, de Tourdonnet, de Cély, les comtesses de la Guiche, de Crenolle, de la Ferronnays, du Cluzel, du Bocage, et la vicomtesse d'Ecquevilly, se trouvaient alors à Bonn, et y transportaient les traditions aristocratiques, unies aux misères de la vie errante.

Invitée à dîner chez l'Électeur, Mme de Falaiseau décrit les usages de cette Cour :

« On arrive dans le salon à deux heures et demie ; on dîne à trois... La table est très bien servie, mais l'on ne peut toucher à aucun plat, et l'on vient vous les apporter par derrière, les uns après les autres. On n'est servi que par les gens de l'Électeur. Après dîner, on retourne dans le salon, où l'on reste à prendre le café. On cause environ une demi-heure, après quoi l'on s'en va, et il est d'étiquette de revenir le même soir, à sept heures.

« On s'assemble trois fois par semaine. C'est ce que l'on appelle les jours de Cour. Toutes les femmes sont assises et les hommes debout. Dans une grande salle est un concert, dans l'autre un billard, dans une troisième de la musique. L'Électeur vient tantôt dans l'une,

(1) Maximilien-François-Xavier-Joseph de Lorraine.

tantôt dans l'autre. Il parle aux femmes presque toujours en exigeant qu'elles restent assises. On fait des
parties, et, en général, il n'y a pas la moindre étiquette,
et à la révérence près que l'on fait quand l'Électeur
entre, on croirait plutôt être dans une salle de redoute
ou d'assemblée qu'à la Cour. »

Attirée par le voisinage de Coblentz, Mme de Falaiseau reprend son journal pour y noter ses impressions
et les incidents de son séjour :

« Je suis partie le 17 (mai) avec Mme de Saint-
Aulaire, pour aller passer quelques jours à Coblentz. J'y
suis arrivée le même jour. Il y a quatorze lieues de
poste. Il est vrai qu'elles sont si longues et si mal ser-
vies en Allemagne que c'est une journée de douze
heures.

« Nous fûmes véritablement transportées, en arrivant
à Coblentz, de voir une multitude de Français à pied et
à cheval sur le chemin, se promenant comme au bois
de Boulogne ou aux Champs-Élysées.

« On côtoie jusqu'à Andernach le Rhin et deux chaînes
de montagnes. Ensuite le pays change et devient plus
plat, mais très varié, très beau, et plus soigné qu'à
Coblentz.

« Le chemin est charmant pendant ces trois lieues ;
mais jusque-là il y a des endroits très dangereux auprès
du Rhin...

« La ville est petite et les rues assez vilaines, à l'exception de la rue du Rhin, de la place Verte et de celle de
la Résidence, où les maisons sont bien bâties et jolies,
ainsi que celles sur le quai du Rhin. Il existe un pont
volant qui passe continuellement d'un bord à l'autre. On
y passe à cheval, à pied et en voiture.

« La Résidence est au bout de la ville, entre le Rhin
et une assez grande place. L'édifice est tout neuf, très
beau, considérable et parfaitement meublé. Ce palais
donne bien l'idée de celui d'un souverain. L'électeur
Clément-Venceslas de Saxe, frère de la feue Dauphine et
oncle du roi de France, y réside avec sa sœur la princesse Cunégonde et le prince Xavier.

« Le 20, je fus présenté à l'Électeur et à la princesse
Cunégonde par le grand chambellan et la baronne de
Naindorf, dame de cour. On se rassemble à sept heures
dans une très belle galerie. L'Électeur y arrive avec sa
sœur, son frère, *Monsieur* et le comte d'Artois. Ils se
promènent autour du cercle pendant environ un quart
d'heure, parlant à toutes les femmes ; ensuite ils se
mettent au jeu. Il y a ordinairement trois parties ; le
comte d'Artois fait celle de la princesse Cunégonde, qui
est une partie d'hombre ; l'Électeur, le prince Xavier de
Saxe et *Monsieur* font les deux autres parties, qui sont
des tressept médiateurs, avec les ministres, les ambas-
sadeurs et leurs femmes. Quelques moments après, on

apporte des verres de limonade et d'orgeat qu'on distribue aux tables de jeu et aux dames, assises toutes en cercle autour des princes. L'usage est d'aller s'asseoir de table en table; quand on est resté environ une demi-heure à l'une, on fait une révérence au prince ou à la princesse, et l'on va en faire autant aux autres, après quoi l'on se retire où l'on ne joue pas dans le reste de la galerie, ou l'on va faire aussi une visite à la dame de cour qui est à une table à l'autre bout de la salle.

« Derrière le cercle de femmes, c'est une affluence de Français qui se pressent et se précipitent pour voir les princes avec l'œil de l'intérêt et d'une curiosité attendrissante. Les princes et toute leur cour sont en uniforme, ce qui donne véritablement l'air d'une cour martiale et imposante; les princes y sont d'une honnêteté, d'une affabilité extrême, ainsi que l'Électeur et la princesse.

« Le mardi 22, je fus présentée aux princes; c'est le jour où ils donnent à dîner et reçoivent immédiatement après; c'est à peu près le même cérémonial qu'à la Résidence, excepté qu'on reste jusqu'à la fin du jeu, et qu'on ne va point de table en table, les princes venant faire leurs tournées auprès des femmes avant et après le jeu. La première fois que *Monsieur* me parla, il me demanda s'il y avait longtemps que j'étais émigrée, d'où je venais. Le comte d'Artois me dit que je devais être bien fatiguée de voyager dans l'état où j'étais. L'Électeur et la princesse Cunégonde me demandèrent si je comptais rester à Coblentz et m'y engagèrent beaucoup.

« Le dimanche 27, je dinai à la Résidence. On se rassemble à deux heures, les princes arrivent, font leur tournée ; on passe dans la salle à manger ; l'usage est, de même qu'à Bonn, de ne point se servir et de prendre ce qu'on vous apporte. Il est vrai qu'à chaque instant on vient vous présenter un plat. On a un valet de pied pour deux personnes... Après dîner, on va dans une autre salle prendre le café.

« Ce jour-là, on attendait de Vienne l'archiduc Charles, frère de l'Empereur, ce qui fit qu'on resta longtemps rassemblé. L'Électeur nous proposa de nous faire montrer son palais ; nous acceptâmes, et M. le baron Dumesnil, son premier ministre, nous conduisit. Il est vraiment très bien meublé.

« À cinq heures, l'archiduc Charles arriva. Les princes coururent au-devant de lui avec l'air de la joie ; ils rentrèrent dans la salle, le tenant par la main. Il salua avec l'air de l'étonnement et de la confusion de paraître en habit de voyage, et de voir une telle quantité de monde réuni. Ils s'enfermèrent pour causer environ trois quarts d'heure, après quoi ils se séparèrent, l'archiduc disant qu'il était très pressé, parce qu'il devait être le mardi à Bruxelles, et le mercredi au camp.

« Le 29, j'ai dîné chez les princes. Il y a moins de gravité que chez l'Électeur. On parle davantage, on a plus l'air chez soi. Il est vrai que le local ne donne pas l'idée de la grandeur et de la majesté. Après le dîner et le café, on se met au jeu ; la foule arrive. On présente les hommes ou les femmes qui sont à présenter, l'on s'en va après les parties, et la tournée des princes est finie.

« Le dimanche et le jeudi, c'est l'Électeur qui donne à dîner aux princes et qui tient la Cour, et les mardis ce sont les princes qui reçoivent. Ils ont l'air de la tendresse et de la bonhomie entre eux ; l'Électeur les comble au point de les défrayer presque entièrement, et les Français sont favorisés jusqu'à ne pas payer les droits et les péages auxquels sont forcés les gens du pays.

« Le comte d'Artois est adoré ; sa figure ouverte, son air affable entraînent vers lui. Le dimanche suivant, j'ai vu à la Résidence le prince de Condé. Il avait l'air satisfait. Tout le monde l'entourait et le dévorait des yeux. M. de Bouillé apportait à la Résidence la nouvelle de l'arrivée des Prussiens et de la détermination du roi de Prusse de prendre des Français à sa solde...

« Le 18, nous avions été en bateau à Neuwietz, jolie ville de l'autre côté du Rhin, vis-à-vis Andernach, à trois lieues de Coblentz. Il y a un prince héréditaire et protestant; toutes les religions y sont tolérées, et il y a plusieurs églises de différents cultes. Cette ville est très jolie, bien percée de rues larges et régulières. Le palais est simple ainsi que les jardins, mais assez considérable. Les compagnies françaises des chevau-légers et des gendarmes y sont en cantonnement. Elles y ont joui dès le commencement de la permission de manœuvrer, pendant qu'on la refusait aux autres cantonnements. On y réunit un grand dépôt d'armes et de munitions pour les Français. Le prince les protège beaucoup.

« Il existe dans cette ville une secte appelée Morave qui est assez extraordinaire. Ils forment quatre établissements différents qui n'ont aucune relation entre eux : celui des hommes, des filles, des gens mariés et des enfants. Il faut pour être admis professer un métier quelconque. Vous êtes placé dans la salle de votre métier et payé à proportion de votre travail. Ils suivent la confession d'Augsbourg. Ils ont une église simple, des chambres propres ou, pour mieux dire, des dortoirs. Leurs ateliers sont considérables. Ils payent une pension à la maison qui les nourrit et les défraye. Les hommes n'ont aucun commerce avec les filles et ne les voient qu'à l'église. Quand l'un d'eux a envie de se marier, il va trouver ce qu'il appelle leur *ancien,* qui est une espèce de prêtre ou de ministre. Il lui dit ce

qu'il désire trouver dans une femme pour la fortune, le
caractère ou la figure. L'*ancien* demande à l'*ancienne*
de chercher une femme parmi celles placées sous son
administration qui remplisse les conditions prescrites.
On la désigne au prétendu, qui la voit d'abord à l'église,
ensuite en présence de l'ancien et de l'ancienne, et ils
se marient.

« Celui qui nous montra l'établissement était d'une
candeur qui nous parut singulière et intéressante. Nous
lui dîmes qu'il devait être bien occupé de regarder les
filles à l'église, puisqu'il ne pouvait les voir que là.
« Pas du tout » , nous répondit-il d'un air simple et
pénétré ; « nous savons que dans l'église on ne doit
« s'occuper que de l'Être suprême. »

« Nous lui demandâmes s'il avait envie de se marier.
« Non, dit-il ingénument, je n'en ai pas encore eu
« besoin jusqu'à présent. »

« En général, cette secte et tous les habitants de la
ville sont bons ouvriers. Beaucoup de leurs ouvrages
vont en France. Nous vîmes chez un horloger une pen-
dule avec un jeu imitant le clavecin et une autre la
flûte dans une grande perfection. Chaque objet ne coûtait que 1,800 francs...

« Mon mari était en cantonnement avec les mousquetaires, autrement dits compagnies nobles d'ordonnance, à Falindorf, joli village sur le bord du Rhin,

de l'autre côté de Coblentz. J'y allai dîner en bateau...

« Tous les bords du Rhin sont couverts de villages riches et peuplés. Ils sont tous occupés par des cantonnements français. Les gardes du corps sont à Lindorf, les gardes françaises, sous le nom d'hommes d'armes, à Falindorf avec deux compagnies rouges, autrefois les mousquetaires. Les deux autres compagnies rouges, composées des gendarmes de la garde et des chevau-légers, sont à Neuwictz. Ces quatre compagnies sont réunies dans un même corps, sous le nom de compagnies nobles d'ordonnance, commandées par le comte de Montboissier, autrefois commandant des mousquetaires noirs et âgé de quatre-vingts ans. Ce corps est très bien monté ; il manœuvre depuis un mois très régulièrement à pied et à cheval. Ils sont 1,200. Les Auvergnats sont au nombre de 250. C'est la plus belle coalition de province, en ce qu'elle ne coûte rien aux princes. Ils ont réuni entre eux des fonds qui servent à équiper ceux qui sont dans le besoin.

« Il y a les gardes du corps du Roi, ceux de *Monsieur*, du comte d'Artois, la légion de Mirabeau, celle de Polignac, une très belle légion de dragons de la couronne, des compagnies de province, des régiments de toute espèce dont la plupart ont à peu près l'uniforme général des émigrés : habit bleu de roi, boutons d'or à fleurs de lys, collets et parements bleus. Mon fils en a un complet que ma sœur lui a fait faire à Tournay.

« On croit que l'armée des émigrés se monte en ce moment à 25,000 hommes. »

Mme de Falaiseau ne pouvait risquer de compromettre sa santé par de continuels voyages. Décidée à rester à Coblentz pour y attendre sa délivrance, elle quitta l'hôtel de la Poste pour prendre un appartement dans la ville, où la colonie française était plus masculine que féminine, plus militaire que mondaine. Les marquises de Puyvert et de Miran, les vicomtesses de Vergennes et de la Roche-Aymon venaient fréquemment dans le cercle intime, auquel elle apportait la douceur de son caractère et l'enjouement de son esprit.

Je la laisse continuer son récit :

« On ne fait point ici de visites générales, comme dans les autres lieux d'émigration, ce qui fait que les relations sont plus longues à s'établir. D'ailleurs, le nombre d'hommes étant énorme, les femmes se voient moins entre elles et reçoivent chacune une grande quantité d'hommes.

« On donne assez généralement des soupers où sont réunis quatre ou cinq femmes et vingt ou trente hommes. L'usage est, pour tout le monde, de donner une omelette, une salade, tout au plus un troisième plat, et deux plats de dessert.

« Mme de Polastron est ici absolument livrée à l'intimité du comte d'Artois, de Mme de Laàge et de Mme et de Mlle de Montaut. La princesse de Marsan tient une très bonne maison, mais ne reçoit guère que des hommes, ainsi que Mme de Calonne.

« Le samedi, on s'assemble, de sept heures à neuf heures, chez le grand chambellan qui a une très belle maison sur la Moselle. On y voit toutes les Allemandes et un assez grand nombre de Français.

« Le luxe des Allemands consiste, en général, en domestiques, heiduques, ayant les épaulettes du grade de leurs maîtres, et en équipages. Ils se reçoivent peu à dîner et se voient beaucoup moins que nous. Ils sortent tous les jours en voitures découvertes ou font des visites pendant deux heures, et vont à la Résidence fort exactement. Quant aux Français, il semble que, depuis leur émigration, ils aient encore plus que jamais le besoin de se chercher, de se voir, de se rassembler, tous les intérêts étant presque devenus les mêmes, comme les espérances, les craintes ou les malheurs. En parlant de la cause générale, on satisfait son intérêt particulier. On a besoin de courir après les nouvelles, les opinions, les présages des uns, des autres, et l'on n'est satisfait que quand on a accroché quelque chose de nouveau qui donne un mouvement à l'espérance ou aux combinaisons. Aussi personne ne vit seul, et partout on se réunit.

« Les hommes qui ne font point partie de la société vont aux tables d'hôte, aux cafés. Ceux-là font bande à part et frondent éternellement tout ce qui se fait et tout ceux qui mènent une vie plus douce. Ils prétendent que tout va mal par la faute de ceux qui conduisent les opérations, et ne peuvent se persuader que, quand même ce seraient eux qui les conduiraient, cela n'irait peut-être pas mieux, les malheurs tenant beaucoup aux circonstances.

« Ceux qui vivent en société n'ont peut-être pas plus de mérite réel. Comme ils sont, en général, d'une classe plus favorisée, ils ont eu assurément plus de part aux abus ; ils en ont peut-être même encore à ceux qui ne peuvent manquer d'exister dans tout assemblage d'hommes, dans tout gouvernement, grand ou petit. Mais il faut avouer qu'ils sont plus aimables. Arrive-t-il la plus petite nouvelle, la plus petite lueur d'espérance, les uns et les autres n'ont qu'un même sentiment, c'est celui de la joie, de l'exaltation, du courage, du désir de rentrer dans leur patrie, de voir cesser cette situation précaire et inquiétante.

« Je me suis mise comme les autres à rassembler du monde chez moi. Environ une fois par semaine, je donne un petit souper à vingt ou trente personnes. Les autres soirs, je vais chez les autres femmes. Je passe les matinées à peu près chez moi, je dîne seule avec mon mari ou mon fils. A six heures, il me vient quelques visites ou je vais me promener jusqu'à l'heure où l'on se rassemble. Telle est, à peu près, ma vie de prédilection partout.

« Le 7 juin, jour de la Fête-Dieu, il y eut une belle procession que suivait une quantité innombrable de Français. On avait commandé des détachements de tous les corps cantonnés aux environs de Coblentz. Monsieur, le comte d'Artois, la princesse Cunégonde et le prince Xavier étaient auprès du dais. Ils saluaient tous les Français qu'ils voyaient aux fenêtres.

« Le 15, le baron et la baronne de Bassenheim, d'une des premières maisons du pays, donnèrent une fête à l'Électeur et aux princes dans leur château de Bassenheim, à trois lieues de Coblentz. C'est un beau lieu, dans un pays très varié et très pittoresque. Les princes y arrivèrent à quatre heures, au bruit du canon et d'une musique militaire. Lorsqu'ils eurent dit un mot à chaque femme du cercle, on les suivit dans une très belle salle de verdure où étaient quatre tables couvertes de viandes froides, de fruits, de laitage et de glaces. Toutes les femmes s'assirent aux tables ; les hommes restaient debout. Au sortir de table, on se promena dans les jardins anglais et l'on dansa dans une des salles. Le coup d'œil de cette multitude d'uniformes mêlés à toutes les femmes en blanc, la musique, le bruit des cascades, la gaieté répandue sur toutes les figures, donnaient à cette fête l'air d'être un avant-coureur de celles que nous verrons à Paris, à notre retour. L'air de bonheur des princes, l'attendrissement avec lequel on les regardait, donnaient une idée de l'amour des vrais Français pour leurs souverains.

« Le comte d'Artois, après qu'on eut tiré le canon, sentant l'odeur de la poudre, s'écria : « Ah ! quelle « bonne odeur ! Cela fait plaisir, n'est-il pas vrai, géné- « ral Malvaigne ? » dit-il à celui-ci, qui se trouvait auprès de lui. Et, se tournant vers tous les autres : « Nous la sentirons bientôt de plus près », s'écria-t-il avec un air joyeux. »

Les mousquetaires cantonnés à Falindorf et dans les environs se rendirent, le 1er juillet, à Kirn, à dix-huit lieues de Coblentz et près de la frontière, tandis que l'armée prussienne, attendue à Coblentz, en faisait partir les émigrés, qui cherchaient d'autres résidences où il leur serait plus facile de se loger.

M. de Falaiseau alla rejoindre son cantonnement, après un congé d'une semaine passé auprès de sa femme, qui, rentrée à Coblentz, voyait chaque jour se succéder les départs. Elle crut prudent de se réfugier à Mayence, dont le séjour promettait plus de tranquillité. Elle y était depuis peu de temps, lorsque, le 17 juillet, elle mit au monde un fils qui reçut le nom de Charles-

Philippe-Marie (1). Il eut pour parrain le comte d'Artois, et pour marraine la princesse Cunégonde de Saxe.

M. de Falaiseau, arrivé de Kirn, put recevoir l'enfant dans ses bras. J'ai connu chargé d'ans celui qui naissait alors sur la terre étrangère. L'âge, qui avait blanchi sa tête, n'avait pas plus courbé son corps qu'il n'avait altéré la sérénité de son humeur. Sa haute taille restait droite comme ces arbres qui n'ont pas fléchi sous les coups de la tempête ; mais elle s'inclinait profondément devant l'autel, où il remplissait avec une pieuse humilité les fonctions d'enfant de chœur, formant un saisissant contraste avec ses nombreux hivers.

M. de Falaiseau dut bientôt s'éloigner du berceau sur lequel se levaient des jours si sombres. Il repartit pour Kirn, où l'appelaient ses devoirs militaires, à la veille de cette campagne dont l'issue allait arracher les émigrés aux illusions pour les livrer aux plus douloureuses réalités.

(1) Entré sous la Restauration aux mousquetaires, où avaient servi avant la Révolution son père et son grand-père, il est mort en 1857, à l'âge de quatre-vingt-quatorze ans. De son mariage avec Mlle de Maumigny, il a eu quatre enfants : Charles, marquis de Falaiseau, seul représentant actuel de son nom, lieutenant d'artillerie dans l'armée pontificale, capitaine commandant la brigade des volontaires de l'Ouest en 1870, marié à Mlle de Trémiolles ; Henry de Falaiseau, capitaine d'infanterie, tué le 29 janvier 1871 au combat de Chaffois, près Pontarlier ; Marie de Falaiseau, morte en 1859, et Mme de la Servière, morte en 1893.

Ils partent, pleins de confiance, armés du mousquet.

Ils reviendront, en disant avec le poète :

> Den Frieden zu finden
> Wohin soll ich wenden
> Am eleden stab?
> Die lachende Erde
> Mitt Junglingsgeberde
> Für mich nur ein grab (1)!

(1) « Pour trouver la paix, où me tournerai-je, appuyé sur mon bâton? La terre riante, avec son air de jeunesse, n'est pour moi qu'un tombeau. » (SCHILLER, *le Fugitif*.)

CHAPITRE III

1792

I

Les princes français publièrent, le 2 août, une déclaration, datée de Bingen (Hesse-Darmstadt), dans
laquelle ils exposaient le but qu'ils poursuivaient et les
véritables sentiments dont s'inspirait leur conduite.
Énumérant les crimes et les excès des factions révolutionnaires, ils avaient soin de ne pas confondre avec
elles la nation française, qu'ils aspiraient à délivrer d'un
joug intolérable et à rendre à elle-même. Ils affirmaient
leur respect pour le Roi et pour la loi, respect dont ils
seraient les premiers à donner l'exemple, aussitôt que
leurs armes auraient triomphé de la Révolution, que
seule ils venaient combattre.

Vaines protestations ! Elles ne devaient rencontrer

que l'incrédulité, en provoquant l'honneur national que souleva si imprudemment le manifeste de Brunswick.

L'émigration en armes n'affaiblit pas le parti révolutionnaire ; elle rangea, au contraire, sous son étendard, au nom du territoire menacé, ceux mêmes qui réprouvaient ses idées et les moyens employés pour en assurer le triomphe.

Les régiments des émigrés présentaient l'affligeant spectacle de la pénurie et de l'imprévoyance, et cependant leur organisation avait coûté aux princes 19 millions (1).

De Trèves, où il était alors de passage, M. de Falaiseau écrivait le 7 août à sa femme :

« Après quatre jours de marche horrible et par les chemins, et par la chaleur, nous sommes arrivés hier soir dans un village où nous sommes au bivouac, en attendant ou que nous campions, ou que nous poussions notre chemin droit vers la France.

« Il n'y a point encore de camp, puisque les tentes et autres ustensiles ne sont pas encore arrivés. Nous ne sommes qu'à deux petites lieues de Trèves, et je suis ici pour escorter du riz, de l'avoine et du pain, car nous n'en avons point.

« Tu n'as pas l'idée de l'embarras dans lequel est

(1) Ernest Daudet, *Histoire de l'émigration. Coblentz*, p. 283, note 1.

notre état-major. Nous n'avons rien trouvé en route ; nous manquions absolument de pain, et une moitié d'entre nous a été un jour sans manger. L'autre moitié a maraudé, et nous nous arrachions les morceaux. Nous ne nous sommes point déshabillés depuis Kirn, et nous avons couché à la belle étoile, enveloppés dans nos manteaux. Malgré cela, je me porte à merveille, je te le jure.

« Je viens de voir passer le comte d'Artois à cheval, avec M. d'Escars. Ce dernier m'a crié qu'il avait une lettre de toi, mais pas sur lui.

« Cette ville est remplie de chariots et de bagages. On ne peut rien trouver par la trop grande affluence de monde... Je suis à cheval depuis cinq heures du matin. On nous dit que nous serons en France sous très peu de jours. »

« Trèves, jeudi 8 aoust.

« Je t'ai écrit hier. Je t'écris encore aujourd'hui. J'ai vu ce matin le comte d'Escars qui m'a remis tes deux lettres... Notre corps est dans un petit village nommé Frantzein. Nous couchons sur la paille et nos chevaux dehors ; mais nous ne sommes pas mal. Nous repartirons peut-être après-demain ; mais ce n'est pas sûr, car jamais les princes ne savent ce qu'ils feront le lendemain.

« Aujourd'hui, on trace le camp tout près de Trèves. Il sera appuyé au faubourg Saint-Maximin. Cependant point encore de tentes arrivées, et il est douteux que nous campions. Quelques corps ont des tentes, comme par exemple les gendarmes à pied. Mais on est si pauvre et tout est si mal mené qu'on ne peut se procurer ce qu'il faut pour la campagne.

« Le quartier général de nos princes est à l'abbaye Saint-Maximin. Ils y sont, je les ai vus. Je crois que les choses n'iront pas aussi vite qu'on s'y attendait, et que nous ne serons pas à Paris ce mois-ci. Les Prussiens poussent en avant demain ou après-demain, et, sous quelques jours, ils seront en France. Malgré cela, il faut du temps pour arriver jusqu'à la capitale. Il est à croire que nous serons sur les derrières, et que par conséquent nous n'aurons que de la fatigue et fort peu de dangers. Pour la fatigue, elle est complète. Notre vie est beaucoup plus dure que celle du soldat, parce que ni nos subsistances ni nos marches ne sont assurées.

« Imagine-toi que, la veille de notre départ d'un lieu, il est décidé que nous devons aller coucher à tel endroit, et point du tout, nous allons à un autre où rien n'est prêt pour nous recevoir. C'est ce qui nous est arrivé à Tourn, petit village que nous avons atteint après neuf heures de marche. Nous n'avons trouvé ni

foin, ni avoine, ni pain, ni vin, ni eau pour nos chevaux, et les maisons et granges étaient prises par le
Royal-allemand.

« Nous avons couché à la belle étoile, le ventre
plat, sur une belle esplanade où chacun a allumé un
peu de feu. C'était vraiment un singulier tableau. Avant
de nous fourrer le nez dans nos manteaux, nous avons
crié trois fois, à tue-tête : Vive le Roi! La plaine en a
retenti. Le lendemain, on était debout, dans l'instant,
en se secouant les oreilles. »

Comme si l'imprévoyance ne pouvait à elle seule
triompher du courage, les éléments conspiraient contre
les troupes, harcelées par la pluie, noyées dans la boue,
décimées par la maladie.

L'espoir d'arriver à Paris et de renverser la tyrannie
jacobine animait ces combattants dont l'aspect excitait
à la fois la surprise et l'intérêt.

« Une armée, dit Chateaubriand, est ordinairement
composée de soldats à peu près du même âge, de la
même taille, de la même force. Bien différente était la
nôtre, assemblage confus d'hommes faits, de vieillards,
d'enfants descendus de leurs colombiers, jargonnant
normand, breton, picard, auvergnat, gascon, pro-
vençal, languedocien. Un père servait avec ses fils, un
beau-père avec son gendre, un oncle avec ses neveux,
un frère avec un frère, un cousin avec un cousin. Cet

arrière-ban, tout ridicule qu'il paraissait, avait quelque chose d'honorable et de touchant, parce qu'il était animé de convictions sincères ; il offrait le spectacle de la vieille monarchie, et donnait une dernière représentation d'un monde qui passait. J'ai vu de vieux gentilshommes à mine sévère, à poil gris, habit déchiré, sac sur le dos, fusil en bandoulière, se traînant avec un bâton, et soutenus sous le bras par un de leurs fils ; j'ai vu M. de Boishue, le père de mon camarade massacré aux États de Rennes auprès de moi, marcher seul et triste, pieds nus dans la boue, portant ses souliers à la pointe de sa baïonnette, de peur de les user ; j'ai vu de jeunes blessés couchés sous un arbre, et un aumônier en redingote et en étole, à genoux à leur chevet, les envoyant à saint Louis, dont ils s'étaient efforcés de défendre les héritiers. Toute cette troupe pauvre, ne recevant pas un sou des princes, faisait la guerre à ses dépens, tandis que les décrets achevaient de la dépouiller, et jetaient nos femmes et nos mères dans les cachots (1). »

Profitant du répit que lui laissent les étapes d'une pénible route, M. de Falaiseau continue d'écrire à sa femme pour l'informer de sa marche entravée par tant d'écueils :

____

(1) *Mémoires d'outre-tombe*, t. II, p. 28.

« Pfalz, 14 août 1792.

« Je repars dans une heure pour notre trou de
Frantzein. Je me porte à merveille.

« Je viens de recevoir ta lettré du 9, ma tendre
amie... Je te jure que dans tous les temps l'anniversaire de notre union sera pour moi un jour heureux,
et cela est si vrai que, quelque malheur qui nous arrive,
mon âme se livrera à la joie, toutes les fois que je pen-
serai à ce jour...

« Nous nous attendons à partir tous les jours, et
nous l'aurions fait si l'on avait de l'argent, et par conséquent, tentes, ustensiles et magasins. Mais on manque
de tout, et encore hier, à neuf heures du soir, nous
n'avions reçu ni foin, ni avoine, ni pain. Cependant je
crois que nous partirons mercredi ou lundi...

« Nous apprenons la déposition et la détention du
Roi. Hélas! les malheureux courent à leur perte. Cet
événement est effroyable, et ils assassineront notre malheureux prince. »

« Frantzein, 16 août 1792.

« J'ai reçu toutes tes lettres, ma tendre amie, avec
tes jolis cheveux et ceux de nos enfants. Je garde ce
petit paquet sur moi tel que tu me l'as envoyé, et certainement un pareil talisman est bien propre à me

sauver des dangers si nous en courions, et adoucir l'amertume de notre position...

« Tous les jours nous devons partir, et nous ne partons pas, faute de moyens. Quel rôle nous jouons, tandis que les Prussiens sont depuis avant-hier sur le territoire français!... Je n'ose écrire à ta sœur. Le courrier de France a manqué hier. On croit que les lettres ne passeront plus. »

« Grevenmachern, 21 août 1792.

« Nous sommes ici depuis hier soir, réunis aux chevau-légers. Nous sommes au bivouac sous les murs de cette ville par le temps le plus affreux. Nos chevaux, nos domestiques et une grande partie d'entre nous sont en plein air, sans moyen de subsistance, sans moyen de se couvrir. Hier, il était cinq heures du soir, et je n'avais ni bu ni mangé de la journée, ainsi que bien d'autres.

« Nous avons une pluie battante. Nous approchons des frontières, mais bien lentement. Les Prussiens, les Autrichiens et les émigrés forment cependant une réunion de près de 300,000 hommes. Comment se fait-il qu'on n'ait point encore attaqué? Comment a-t-on perdu quinze jours?...

« En vérité, notre position est très fâcheuse. Il est sûr que sans magasins, sans subsistance, nous ne pouvons faire la guerre. En France, nous aurons encore moins de moyens de nous tirer d'affaire, car les nationaux dévasteront; les Prussiens, qui sont en avant, prendront ce qui restera, et nous n'aurons absolument rien. Ajoutez à cela que nos officiers généraux ne savent rien et n'ont aucun entregent. C'est bien là où l'on voit l'ineptie de nos mirliflors de cour.

« Nous irons jusqu'au bout; mais je mets en fait qu'avant quinze jours les trois quarts d'entre nous seront hors de service par la misère et les maladies. »

« Grevenmachern, 22 août 1792.

« Nous devons partir après-demain pour aller au quartier général... Nous attendrons les ducs d'Angoulême et de Berry qui doivent rejoindre leur père et que nous escorterons... Je me suis fait faire un sac dans lequel je me couche, et avec mon manteau, je n'ai pas encore trop froid.

« On assure que plusieurs provinces sont en feu. Gare à la Revaudière et à Escrignelles! D'autant qu'il paraît que le manifeste des princes n'a produit aucun effet.

« Je voudrais que Kerjean fût parti. Je crains qu'il se soit trouvé dans cette affreuse catastrophe (1)... Je

(1) La journée du 10 août.

n'ose plus écrire à personne en France, car non seulement toutes les lettres, dit-on, sont arrêtées sur la
frontière, mais encore quand elles passeraient, elles
pourraient être ouvertes à Paris, et par là je compro-
mettrais ceux à qui j'écrirais. »

Les émigrés entrèrent en France le 29 août, harassés
par les mauvais chemins, trempés par une pluie abon-
dante et continuelle. L'accueil des populations ne
répondit pas à leurs espérances. Longwy, qui avait capitulé (23 août), Verdun, dont la reddition (2 septembre)
semblait présager le succès, avaient accueilli les frères
de Louis XVI avec une froideur significative.

Les sombres prévisions de M. de Falaiseau n'étaient
que trop justifiées. Il avait enfin franchi la frontière, et
c'est d'un village français que sont datées les lignes
suivantes :

« Bavet, 1er septembre 1792.

« Depuis lundi soir, ma tendre amie, et après une
marche longue et fatigante, nous sommes en France,
à deux lieues et demie de Thionville. Le village dans
lequel nous sommes est assez considérable. Les habitants en sont très patriotes, et quoique très doux dans
ce moment, ils ne sont pas fort intimidés. Nous leur
payons ce que nous leur prenons. Cependant plusieurs
de nous se permettent quelques vexations qui me font

de la peine, parce que ce n'est pas le moyen de nous ramener les esprits.

« Thionville jusqu'à présent n'est pas rendu, et même ils paraissent décidés à se défendre. On fait venir le gros canon pour en faire le siège.

« Le premier village par où nous avons passé a crié : Vive le Roi! Et nous lui avons répondu de toutes nos forces.

« Les anciens curés sont remis en place. MM. de la gendarmerie passent en ce moment et emmènent un curé constitutionnel, lié et garrotté, qui est, dit-on, un des plus grands gueux. Je lui ai parlé. Il prétend qu'il a fait le serment en son âme et conscience, parce que le Roi avait sanctionné (la constitution civile), et il a refusé de se rétracter. »

« Livry-sur-Meuse, 16 septembre 1792.

« Au moment où nous y pensions le moins, nous sommes partis hier à midi. Nous avons repassé Verdun, et nous sommes arrivés à neuf heures du soir dans ce village, où la plus grande partie d'entre nous est au bivouac et sans pain.

« Nous avons fait une contre-marche, car nous sommes sur la route de Sedan, et nous tournons ensuite à gauche, du côté de la Champagne. L'armée est de plus de 100,000 hommes.

7

« L'armée patriote est investie. Avant-hier, elle a tenté une attaque sur les Autrichiens pour sortir de ce mauvais pas. L'affaire a été très sérieuse. Trois fois les patriotes ont été repoussés avec grande perte, et ils n'ont pu réussir. Ils seront peut-être obligés de mettre bas les armes avant peu. Pendant ce temps, tous les Français étaient dans des villages éloignés de plus de six lieues du champ de bataille, et nous ne ferons certainement, hélas! que l'arrière-garde pendant toute la guerre.

« Si l'on réussit (comme il y a lieu de le croire), rien n'empêche qu'on ne marche à Paris et qu'on n'y soit bientôt.

« Nous formons dans ce moment une colonne de cavalerie immense.

« Il paraît un avis du roi de Prusse aux habitants de la France, dans lequel il avertit Paris qu'il peut se sauver encore d'une entière destruction, pourvu que les gens honnêtes mettent le Roi en liberté, et qu'on ne se porte pas aux dernières extrémités envers sa personne sacrée; mais enfin il avertit que les innocents comme les coupables seront compris dans le sac qu'on en fera, si le Roi perd la vie.

« Que je suis fâché que nos parents soient à Paris! Mon Dieu, tâche donc de leur recommander d'en sortir...

« Adieu. La trompette sonne. Il faut se préparer à se remettre en route. »

« Sommetour, 24 septembre 1792.

« Nous sommes depuis six jours dans ce malheureux village, ou plutôt auprès, car il est aux trois quarts détruit. Nous mourons exactement de froid et de faim ; il fait avec cela un temps horrible. Mon malheureux Bourdier est sur les dents, et mes chevaux n'ont pas mangé de la journée. La raison en est simple : deux armées considérables sont dans la province la plus stérile de France, puisque c'est la Champagne pouilleuse.

« Les patriotes sont toujours dans la même position, et elle est bien bonne, puisque le roi de Prusse ne les attaque pas. On dit tous les jours qu'ils sont investis, et qu'il faut qu'il se rendent ou qu'ils meurent de faim ; mais ils peuvent se retirer par les bois de Vitry, et ils ne manquent de rien.

« Nous sommes si peu exposés que nous n'avons pas été à même de voir une seule fois nos ennemis, même de très loin. Notre position devient critique, car enfin l'hiver approche ; les places frontières ne sont point prises, et nous ne pouvons laisser l'ennemi sur nos derrières. Le même ennemi par ses campements tient le roi de Prusse en échec ; il a une artillerie formidable, et il n'est pas aussi à mépriser que nous le pensions.

« Personne ne vient à nous, comme on s'en flattait, et nous ne nous apercevons pas que les opinions soient changées dans les contrées dont nous sommes en possession. Je doute fort que de cette manière nous allions à Paris cette année. Cette idée me fait frémir. Du courage cependant. Il faut croire que les habiles généraux autrichiens et prussiens ont des vues profondes qui se développeront. J'attends donc, mais j'attends avec impatience.

« Ménage ton argent, ma bonne amie, car enfin s'il fallait passer l'hiver! J'ai encore soixante-quinze louis sur moi; je crois t'en avoir laissé vingt-cinq à Trèves. Mon Dieu, il faut penser à l'avenir! Mais sur toute chose, du courage et ne nous laissons point abattre!... Que deviennent nos parents, nos propriétés?...

« La trompette sonne pour nous annoncer qu'on va nous distribuer à chacun une demi-livre de pain. C'est bien peu de chose; mais je la mangerai avec grand plaisir. »

Cette lettre est la dernière que le marquis de Falaiseau ait écrite à sa femme pendant la campagne de l'Argonne. La bataille de Valmy (20 septembre) arrêta les alliés sur le territoire envahi. Elle referma les portes de la patrie sur les émigrés, qui avaient espéré les voir s'ouvrir devant eux. Cruelle situation que celle où une victoire française condamnait tant de Français à l'exil et à la misère !

L'armée prussienne se décida le 30 septembre à la retraite. Les émigrés s'éloignèrent en vaincus et en proscrits, poursuivant de longues marches sous la pluie, à travers les chemins dont la boue s'attachait à leurs pas, tandis que les caissons, les voitures chargées de malades s'enfonçaient dans les ornières profondes. Alors commença cette effroyable déroute pendant laquelle ils furent en proie à toutes les souffrances, pillés à la fois par les Prussiens et par la cavalerie française, insultés par les paysans et parfois massacrés (1).

« Nous ne pouvons plus, écrit le prince de Condé, le 6 octobre, nous loger que le sabre et le pistolet à la main. La noblesse est obligée de se mettre en défense contre les fourches, les pelles et les pioches (2). »

Onze fugitifs pris sur les chariots de l'ambulance par l'avant-garde de Kellermann furent conduits à Verdun et exécutés le soir même de leur arrivée, en présence de la foule, qui contempla leur supplice à la lueur des flambeaux.

Les voix des émigrés s'élevaient pour couvrir d'imprécations Brunswick et le roi de Prusse. Après s'être

----

(1) A. Chuquet, *Les guerres de la Révolution. La retraite de Brunswick,* ch. vi. — Forneron, *Histoire des émigrés,* t. I, p. 335 et suiv.
(2) Forneron, t. I, p. 337.

plaints d'avoir été tenus à l'écart par les alliés, ils accusaient leur imprévoyance et leur trahison. De leur côté, les étrangers reprochaient aux émigrés de les avoir trompés sur les dispositions de l'esprit public et sur l'état des forces révolutionnaires.

L'avenir apparaissait désormais plein d'horreur, avec le dénuement et la vie errante au milieu des pays où la crainte des vainqueurs l'emportait sur la pitié pour les vaincus.

Les malheurs des émigrés n'étaient-ils pas ceux qui furent prédits au royaume d'Israël?

« Ils seront vagabonds sur la terre, ils tomberont, ils souffriront de la faim... Ils ne verront partout qu'affliction, ténèbres, abattement, serrement de cœur, et une nuit sombre qui les poursuivra, sans qu'ils puissent échapper à cet abîme de maux (1). »

II

L'armée des princes fut licenciée. Une partie de l'armée de Condé, composée de quelques milliers

____

(1) Isaïe, VIII, v, 21, 22.

d'hommes, passa au service de l'Autriche, qui la prit à sa solde.

Il y avait quelque chose de navrant dans la dispersion de ces combattants qui n'avaient plus de foyer. Tandis qu'ils imploraient l'hospitalité de l'étranger, on mettait aux enchères le toit sous lequel ils étaient nés.

M. et Mme de Falaiseau se retirèrent à Bruxelles avec leurs enfants. Séparés d'une partie de leur famille, ils étaient frappés dans leurs affections, dans leur fortune et dans toute leur existence. S'ils avaient envisagé ces redoutables éventualités, leur douleur ne fut pas moins amère lorsqu'ils les virent se réaliser, et qu'aux maux du présent se joignit la certitude du plus sombre avenir.

Que devenaient en France les parents, les amis, qui n'avaient pas, comme eux, à végéter misérablement sur la terre étrangère, mais que la moindre dénonciation pouvait conduire chaque jour à la prison et à la mort?

Les correspondances créaient un danger de plus. Elles étaient aussi rares que difficiles. Cependant, après le 10 août, Mme de Falaiseau avait reçu de sa sœur cette lettre dont les caractères étaient tracés d'une main tremblante encore des émotions de cette terrible journée. Elle lui était adressée à Mayence, sous un nom supposé :

« Lis les papiers publics, ma tendre amie, et tu verras tout ce qui s'est passé ici dans notre malheureuse ville. Tu juges de notre effroi pour notre frère, pour ce que l'on connaît. Enfin, ma bonne amie, nos maîtres (1) se portent bien. Ils ont encore une fois échappé à la mort. Ma mère, mon frère, tous nos parents sont bien, très bien. Voilà ce que je puis t'assurer. Ma mère a été affectée, mais pas le moins du monde intimidée...

« Adieu, ma tendre amie, j'ai bien hâte que tu reçoives nos lettres pour te tranquilliser. Nous sommes tous malheureux, mais nous avons santé, courage. Adieu, je vous aime tous à la vie, à la mort. »

M. de Kerjean, encore à Paris, se préparait à partir pour l'Inde, dans l'espoir d'y retrouver la fortune qui avait sombré dans les revers et la disgrâce de Dupleix.

Depuis qu'elle avait quitté sa sœur et son beau-frère, Mme du Camper s'était consacrée tout entière à leurs intérêts, et leur sacrifiait sa propre sûreté. Babet, la gardienne des scellés, l'avait dénoncée.

Mme de Kerjean fuyait parfois l'agitation révolutionnaire de la capitale, et recevait à Nogent-sur-Seine l'hospitalité de ses amis, M. et Mme de Laleu.

Les arrestations se multipliaient. On n'osait plus ni se

____

(1) Le Roi et la Reine.

voir ni se parler, de peur d'attirer une attention si facilement compromettante.

Vivant dans la retraite et sortant à peine, Mme du Camper songeait à quitter Paris. Elle alla solliciter un passeport pour la Bretagne; mais elle avait à peine indiqué le lieu de sa destination qu'un jacobin, le bonnet rouge sur la tête, traita avec colère cette aristocrate qui voulait aller dans un pays insurgé contre la Révolution.

Elle prit alors le parti de demander un passeport pour l'Auvergne, se rappelant qu'elle y avait des parents (1). Il n'y avait plus de temps à perdre. Le 30 août, on lui remit un billet ainsi conçu :

« Vous avez été dénoncée plusieurs fois à la section de votre beau-frère. On a décidé des mesures de rigueur contre vous, et il y a des personnes qui savent tout ce que vous avez fait. »

Elle n'hésita plus et, le 5 septembre, elle partit pour Riom, d'après le conseil de son frère qui lui trouva une voiture, et lui offrit de l'aider à franchir les barrières, dès qu'elles seraient ouvertes.

« L'on s'égorgeait dans les prisons, aux Carmes, écrit-elle dans ses *Souvenirs*. Ma mère vint me voir à mon sixième étage. Elle était pâle et changée; elle fut bien tendre et me bénit avec sensibilité...

(1) M. et Mme de Millange.

« Devant Bicêtre, nous fûmes arrêtés par des paysans tout ensanglantés. Ils nous accablèrent d'injures. Mme Laville, ma femme de chambre, ou selon le style du temps, *citoyenne de confiance,* ayant grand'peur, s'était chamarrée de rubans tricolores. Ils la prirent pour la maîtresse.

« Après mille aventures pénibles, nous arrivâmes à Riom. A chaque instant, nous rencontrions des troupes de volontaires qui allaient défendre Paris. Il fallait s'arrêter et crier : Vive la nation! Dans les villes, l'on nous arrêtait pendant que la foule vérifiait nos passeports. A Nemours et à la Charité, nous pensâmes être lapidées.

« Une fois à Riom, tout fut tranquillité. Mes bons parents me comblaient. Millange était maire, sage et estimé. La ville était paisible. Ma mère et Kerjean n'étaient pas inquiétés à Paris; mais je savais mon fils en marche. Les émigrés avançaient. Beaucoup de lettres de cette armée arrivaient pleines de joie et d'espoir : *dans quinze jours nous serons chez nous!*

« Nous passions notre vie doucement, nous promenant tout le jour, et le soir faisant de la musique, chantant des chansons royalistes, formant des projets de bonheur.

« Nous partîmes pour la campagne et allâmes à Saint-Genest, nous promettant de ne point parler de Révolution. Nous ne doutions pas du succès des armées. Un jour nous sommes réveillés par l'arrivée d'une mauvaise patache où se trouvaient presque nus les deux abbés de Millange, chanoines à Riom, gens âgés, infirmes et respectables. Ils étaient accompagnés du peuple, de la garde nationale. Tout cela vociférait. Ils nous apprirent l'affaire de Dumouriez (1), celle de Verdun et la déroute de nos amis.

« Riom, que nous avions laissé si calme, avait changé. Beaucoup d'agitateurs y étaient venus. L'on y avait arrêté, pillé. Nos pauvres abbés avaient été enlevés la nuit, presque nus. Ils avaient obtenu de leur conducteur d'arrêter à Saint-Genest, qui est sur la grande route, d'y passer quelques moments pour y prendre des vêtements et de l'argent. Il fallut remercier ces brigands et les régaler. J'entends encore leurs horribles chansons et leurs cris : *Massacrons ces gueux d'émigrés ! Tuons-les !*

« Ils nous apprirent que beaucoup avaient déjà été pris et mis à mort. Ils partirent enfin et nous laissèrent la mort dans l'âme. Paul et Étienne (2) existaient-ils encore ? Pas une lettre de Paris ne venait. Il avait été convenu qu'on ne nous écrirait pas. Mais quoique cette résolution fût sage, j'entrevoyais des maux trop certains.

(1) La bataille de Valmy.
(2) Paul du Camper et Étienne de Falaiseau.

« Les pauvres abbés partis, M. de Millange, leur bon vieux frère, se décida à quitter Saint-Genest, et le soir même nous couchâmes à Riom. Toute la ville avait des parents émigrés ; tous étaient désespérés. Les papiers publics ne parlaient que d'arrestations, de mort. Enfin, quelques familles reçurent des lettres de leurs enfants. »

Mme du Camper apprit par une de ces lettres que son fils, officier de marine qui avait émigré, s'était trouvé dans la déroute qui suivit la bataille de Valmy. Le chevalier du Loup, qui lui adressait ces lignes, l'avait trouvé dans un fossé plein d'eau, écrasé par la fatigue et par la pesanteur de son fourniment. Mais enfin il était sain et sauf. Il s'était vaillamment conduit, et avait repassé la frontière avec l'armée des princes. La même lettre donnait des nouvelles de M. et de Mme de Falaiseau.

Rassurée sur des existences aussi chères, Mme du Camper eut bientôt un autre sujet d'inquiétude. Mme de la Selle, chez laquelle des meubles et des objets précieux avaient été déposés au nom de M. de Kerjean, apprit qu'ils appartenaient à M. et Mme de Falaiseau. Elle craignit que ce dépôt, en la faisant accuser de complicité avec des émigrés, n'eût des suites funestes pour son mari, vieillard de quatre-vingt-un ans, à qui elle voulait épargner des émotions que son grand âge aurait eu peine à supporter.

Deux hommes nommés François et Saint-Louis, qui

avaient été au service de M. de Falaiseau, savaient que
ces meubles lui appartenaient. Ils menacèrent Mme de
la Selle d'une dénonciation si elle ne leur donnait pas
vingt-cinq louis.

Ces nouvelles déterminèrent Mme du Camper à retourner à Paris. Elle se hâta d'écrire à Mme de la Selle
pour la soustraire à une dangereuse responsabilité. Elle
la pria de disposer dans les greniers, avec les meubles
qui s'y trouvaient, un appartement prêt à la recevoir et
dont elle ferait rédiger le bail sur une feuille de papier
timbré qu'elle lui envoyait, après y avoir d'avance apposé
sa signature.

De tous côtés surgissaient de nouvelles épreuves, de
nouvelles difficultés. Les biens de Mme du Camper en
Bretagne étaient séquestrés. Son dévouement à sa sœur
et à son beau-frère, le zèle qu'elle n'avait cessé de dé-
ployer en leur faveur, l'avaient fait désigner parmi les personnes suspectes d'intelligence avec les émigrés. Les
rigueurs de la saison rendaient plus pénible encore son
retour à Paris.

« L'on ne trouva de place ni à la diligence ni au
courrier, dit-elle, mais l'on me procura un vieux cabriolet tout doré. Il me coûta cent francs en assignats; je
m'y embarquai avec Mme Laville. Il gelait à pierre
fendre, la neige tombait. Pas un rideau à mon char
doré. Des parapluies nous garantissaient. J'avais des

rubans tricolores, une mise bien misérable. Mon voyage
fut rapide. Partout je rencontrais des conscrits. Ils
montaient derrière la voiture, sur les brancards, chan-
taient, fumaient, et me croyaient de leur parti. »

Arrivée à Paris, Mme du Camper prit possession de
sa nouvelle installation dans les greniers de Mme de la
Selle, dont elle était devenue locataire. Le frère de celle-
ci, M. Léger, était parti pour l'Inde. Il avait fait naufrage
et était venu se fixer à Lorient. Il n'avait pu voir
Mme du Camper sans s'intéresser à elle, sans admirer
cette femme jeune encore dont la nature aimante et
dévouée n'hésitait devant aucun obstacle, ne reculait
devant aucun danger. Il n'attendait que des occasions
de lui être utile, et peut-être les désirait-il en secret.

Les communications épistolaires étaient de plus en plus
difficiles entre la France et les émigrés. Au lendemain
des massacres de septembre, Mme de Changy répondait
de Dusseldorf à Mme de Falaiseau, qui lui avait envoyé
deux lettres pour Mmes de Kerjean et du Camper en la
priant de les faire parvenir à leur adresse :

« Il me paraît que vous ignorez les dangers auxquels
vos deux lettres pourraient exposer vos parents, et nous
nous reprocherions, je crois, mutuellement d'être la
cause qu'il leur arrivât malheur. Les lettres venant de
pays étrangers, des *émigrés,* sont en ce moment un
arrêt de mort pour ceux qui les reçoivent. Le crime est

porté à son comble, et tout ce qui se passe fait horreur
à penser... Paris est dans une combustion affreuse. L'on
y égorge depuis le matin jusqu'au soir, sans être troublé
dans cette horrible occupation. Tous les prisonniers ont
été massacrés, deux cent soixante prêtres. La pauvre
Mme de Lamballe a péri... Quoique vous ne receviez
pas de lettres de Paris, ces tristes nouvelles sont sûrement parvenues jusqu'à vous. Chaque jour nous en
apporte ici d'affreuses. Le Roi et la Reine sont au secret.
Ma sœur (1) nous a écrit deux mots pour nous dire
qu'elle existait encore. »

Pour tromper la surveillance, Mme de Kerjean
échangeait avec Mme de Falaiseau des lettres écrites
au citron ou à l'encre sympathique, usant de termes
convenus (2), ou affichant parfois des opinions desti-

(1) Éléonore de la Maisonfort. Elle épousa en 1793 M. de Lurieu,
ancien capitaine au régiment de Beauce, chevalier de Saint-Louis, d'une
ancienne noblesse du Forez, qui l'avait demandée en mariage avant la
Révolution. On trouva, non sans peine, un prêtre non insermenté qui
vint, déguisé sous l'uniforme de garde national, et leur donna la bénédiction nuptiale, pendant que la comtesse de Coëtlosquet, sœur de la
mariée, faisait le guet à la porte. Quelque temps après, le prêtre qui
avait prêté à cette union son ministère fut victime de son zèle et périt
sur l'échafaud.

(2) Voici quelques-uns de ces termes avec les noms auxquels ils cor-
respondent :

René, le Roi. — *Raymonde*, la Reine. — *Dominique*, le Dauphin.
— *Le Parrain*, le comte d'Artois. — *Colas*, le prince de Condé. —
Grosse Perrette, Paris. — *Lolotte*, Lille. — *Agathe*, Arras. — *Thoma-
rine*, Tournay. — *Les médecins*, les puissances. — *Les amis*, les émigrés.

nées à donner le change sur ses vrais sentiments.

En parcourant ces lettres, on comprend l'anxiété qu'on éprouvait en les lisant, après les avoir présentées devant le feu pour en faire apparaître les caractères. Elles sont, pour ainsi dire, imprégnées des émotions qui s'exhalent de leurs pages jaunies par le temps.

Vieilles lettres, vous survivez quand la mort a glacé la main qui vous a écrites. Feuilles légères, vous traversez victorieusement les orages et les années où tant d'hommes et de choses périssent.

On était à l'affût des occasions sûres. Saisies avec empressement, elles rapprochaient parfois ceux que séparaient tant de difficultés et de périls. Un jour c'est Sophie, la femme de chambre de Mme de Falaiseau, qui arrive de Belgique à Paris, déguisée en marchande de modes, apportant des nouvelles des proscrits.

« Vous jugez, écrit Mme de Kerjean à sa fille, le 28 octobre 1792, combien grande a été ma satisfaction, mêlée cependant de larmes... Rien de nouveau encore sur le sort des femmes et des enfants des émigrés. Je vous ai envoyé, par le dernier courrier, le décret donné le 23 ou le 24 courant contre les émigrés (1). Il est bien douloureux pour ceux à qui l'on s'intéresse. »

« Plusieurs lettres, lui écrit-elle le 1ᵉʳ novembre sui-

____

(1) Il prononçait la peine de mort contre les émigrés qui rentreraient en France et seraient pris les armes à la main.

vant, ont été découvertes à la poste... C'est toujours en tremblant que nous vous écrivons. Les lois les plus rigoureuses, si l'on vient à découvrir les affaires des émigrés! Peine de mort, sans rémission! Et presque tous les subterfuges sont connus, termes de commerce, changements de noms. Vous avez deux domestiques très suspects... Vos terres sont saisies depuis huit jours. Rien encore de vendu du mobilier. La maison de Paris que vous habitiez n'est point encore saisie, je crois, ni même les deux autres. Mouchel (1) vous est tout dévoué, et l'on ne peut mieux faire que lui; mais il court de grands dangers; on le questionne sans cesse. »

Recourant de son côté aux précautions, aux procédés que recommandait alors la prudence, M. de Falaiseau tâchait de correspondre avec Mme de Kerjean. Il lui demandait à la fois des nouvelles et des conseils. Il lui écrivait d'Aix-la-Chapelle, le 2 novembre 1792 :

« Nous sommes toujours dans la plus profonde ignorance de nos propres affaires, n'ayant de nouvelles ni de ma sœur (2), ni du suisse qui en était chargé... Mes maisons de Paris sont-elles séquestrées? Mes terres sont-elles vendues, ainsi que le mobilier qui s'y trouvait?... Y a-t-il infiniment de danger à rentrer? Si les hommes en courent, les femmes et les enfants peuvent-ils le faire?

(1) Homme d'affaires.
(2) Mme du Camper.

« Servez-vous du même moyen que moi pour me répondre, en ayant soin que la première page soit écrite avec de l'encre, de choses très indifférentes...

« Si on allait en France, faudrait-il passer par l'Angleterre ou par ailleurs? »

« Il me serait impossible, lui répondait Mme de Kerjean, de vous donner des conseils... Les uns trouvent qu'il vaut mieux rentrer, d'autres ne trouvent pas prudent de le faire, avant qu'on sache ce qu'on fera aux femmes et aux enfants. Ce qu'il y a de certain, c'est que beaucoup d'émigrés sont rentrés depuis ce terrible décret, les uns incognito, les autres disant : « Nous voilà; nous aimons mieux périr tout de suite que de vivre misérables et de mourir languissants dans les pays étrangers... »

« Si vous craignez les passages ordinaires et que vous vous décidiez à venir par l'Angleterre, ce serait peut-être le plus sûr. Vous y trouveriez des ressources dans Mmes Floyer (1) et Johnson. »

Peu de temps après, Mme de Kerjean se plaint de ne pas recevoir de nouvelles de Mme de Falaiseau, et l'engage à quitter le nom de Villenelle, qu'elle avait pris avec ses correspondants, et sous lequel on commençait à la reconnaître.

____

(1) Mme Floyer, née de Carvalho et sœur de Mme de Kerjean, avait un fils et deux filles : Mme Johnson et Mme Smith, dont le fils épousa la sœur du duc de Wellington.

Mme du Camper, toujours active et dévouée, multipliait ses lettres à sa sœur; mais aucune ne parvenait à son adresse. Elle offrit à M. et Mme de Falaiseau de recueillir chez elle leurs enfants, pour les soustraire aux conséquences des lois révolutionnaires, et si sa proposition avait été connue et acceptée, elle eût veillé sur ses jeunes neveux avec une sollicitude maternelle.

Les décrets de proscription, les mesures de rigueur et de suspicion édictées par les hommes de la Terreur, mettaient chaque jour de plus grandes distances entre les membres dispersés de la famille, et l'incertitude, avec ses tourments, doublait les épreuves de la séparation.

« Si ma lettre vous parvient, écrit le 21 novembre Mme de Kerjean à Mme de Falaiseau, mandez moi ce que la prudence vous permettra de confier au papier... Mes craintes iront toujours plus loin que les malheurs qui peuvent nous arriver... Je crois tout ce que je crains. »

Jamais, en effet, des maux plus cruels n'avaient déchiré notre pays, même au temps que la bergère de Domremy appelait, dans son candide langage, « la grande pitié du royaume de France ».

La prison menaçait toutes les libertés; l'échafaud guettait toutes les vies, pendant qu'à l'étranger la misère s'abattait sur les émigrés.

Mme de Kerjean avait raison de ne prévoir que douleurs et calamités. On n'avait plus rien à espérer; on avait tout à craindre.

CHAPITRE IV

1793

I

Depuis que la cause des émigrés était celle des vaincus, ils ne devaient plus qu'à la pitié l'hospitalité que leur refusait la politique. On s'alarmait de leur présence dans les États où ils avaient trouvé asile. Cette fuite à travers l'exil, ces départs continuels, ces voyages dont on comptait les jours par les hôtelleries, étaient une des grandes épreuves de la vie d'émigration.

M. et Mme de Falaiseau n'étaient pas restés longtemps à Bruxelles. Ils avaient pris le chemin de Bonn, et c'est là que nous les retrouvons avec M. et Mme de Changy, confondant de nouveau leurs chagrins et leurs consolations, reprenant ensemble la route où ils ne se quittaient que pour se rejoindre, comme si leurs sentiments eussent obéi à leur destinée.

Le récit de Mme de Changy continue en quelque sorte le journal interrompu de Mme de Falaiseau, et je l'emprunte à ses *Souvenirs*, auxquels elles associe fréquemment le nom de ses amis :

« Tous les souverains, dit-elle, commençaient à avoir peur et s'empressaient de nous chasser. L'Électeur de Saxe, qui était oncle de nos princes et leur avait donné l'hospitalité à Coblentz, où s'étaient faits les préparatifs de la coalition, fut aussi obligé de fuir avec sa sœur la princesse Cunégonde, qui avait été, avec le comte d'Artois, marraine du petit Charles de Falaiseau. Ils vinrent à Bonn, où j'eus l'honneur de dîner avec eux chez l'Électeur, ne me doutant guère qu'en sortant de table j'allais trouver l'ordre de partir ainsi que tous les émigrés, forcés comme nous de courir après un autre gîte. Je quittai aussitôt ma robe de cérémonie pour faire mes paquets, sans avoir le temps de songer aux adieux. Chacun de son côté se hâtait, afin de pouvoir partir plus facilement. On se jetait sur les chevaux de poste, qui devinrent bientôt insuffisants.

« Cependant, nous trouvant des plus alertes, nous partîmes, le 22 octobre 1792, avec M. et Mme de Falaiseau, encore dans nos deux voitures. Ma mère et ma famille partirent le lendemain, mais nous ne suivîmes pas la même route, et ce fut vers Aix-la-Chapelle que nous fûmes poussés. L'encombrement à Cologne fut si grand qu'une partie des familles couchèrent dans leurs voitures, faute d'auberges.

« Nous ne pûmes à Aix-la-Chapelle nous loger avec les Falaiseau; mais nous y continuâmes toujours nos habitudes d'intimité, restreignant encore beaucoup nos dépenses. Plusieurs émigrés de notre colonie de Bonn nous rejoignirent; mais ma mère et mon frère (1) furent à Spa, ce qui nous sépara quelque temps.

« Nous étions fort mal logés chez la baronne de Spiegel, qui avait deux filles et un fils au service de Prusse. C'étaient des nobles malaisés qui nous louèrent fort cher deux tristes chambres. Nous nous y serions cependant bien trouvés, si le système de proscription n'avait pas dû nous poursuivre partout et flétrir notre existence...

« L'armée autrichienne, commandée par le général

(1) Le marquis de la Maisonfort, homme d'un esprit à la fois léger et brillant, et qui personnifiait cette génération du dix-huitième siècle, séduisante même par ses défauts. On le retrouve activement mêlé aux tentatives de restauration monarchique pendant l'émigration. Son zèle royaliste, son caractère entreprenant le désignèrent à la confiance de Louis XVIII, qui le chargea de plusieurs négociations importantes. Arrêté en 1802 à Paris sous l'inculpation de complicité avec George Cadoudal, il fut interné à l'île d'Elbe, d'où il s'évada. Il a écrit des *Mémoires* dont une partie seulement subsiste aujourd'hui, et les a résumés dans deux volumes manuscrits intitulés : *Soixante ans de ma vie* (1763-1823). Ces documents, qui n'ont pas été livrés à la publicité, appartiennent à son arrière-neveu, le comte de Changy. Voir sur M. de la Maisonfort et son rôle en émigration, le livre de M. Ernest Daudet : *Les émigrés et la seconde coalition.*

Clairfayt, ayant pris Valenciennes au nom de son empereur, dévoila l'ambition qu'avait celui-ci de conquérir la France ; mais la victoire, qui accompagnait alors les républicains, força le général Clairfayt à cette fameuse retraite qui lui a fait tant d'honneur. Comme il évacuait le Brabant, nous ne restâmes que peu de temps à Aix-la-Chapelle, devant errer de pays en pays, sans pouvoir même nous affliger avec nos compagnons d'exil, dans ce premier moment d'abattement et d'inquiétude qui suivit la perte de nos plus chères espérances.

« Notre petit conseil assemblé, et les Falaiseau ayant résolu de prendre la route de l'Angleterre, où ils espéraient trouver des ressources chez des parents qu'ils avaient à Londres et plus de facilités pour correspondre avec la France, qui n'était point encore en guerre avec ce pays, nous nous décidâmes à suivre nos amis jusqu'en Hollande, où nous pouvions nous arrêter. Nous prîmes des chevaux de louage avec nos voitures ; mais comme il nous devenait impossible de les conserver et qu'à ce moment nous n'avions pas pu les vendre, je m'adressai à Cologne, à M...., banquier, auquel le comte de Colbert nous avait recommandés, et qui voulut bien se charger de les garder au retour et les a vendues plus tard pour la modique somme de vingt-cinq louis chacune. Elles nous conduisirent jusqu'à Nimègue, où nous nous en sommes séparés pour toujours.

« Sur notre route nous rencontrâmes une grande berline embourbée, et nous étant arrêtés pour lui porter secours, nous reconnûmes à la lueur des torches que c'était ma famille. Nous allâmes ensemble à la couchée d'auberge où on leur avait retenu d'avance des logements. Un de leurs amis, M. des Vieux, avait cédé une chambre à deux émigrés, MM. de Briqueville et de Canisy. Il la réclama pour nous, et la résistance de ces messieurs faillit amener une affaire grave. Ils finirent cependant par céder et furent remplacés par Mme de Falaiseau et moi. Nos maris furent obligés de coucher sur la paille dans le stub avec nos enfants et nos domestiques.

« Nous trouvâmes à Nimègue une grande affluence d'émigrés qui se dirigeaient vers l'Angleterre et la Hollande. Les auberges et les moyens de transport étaient hors de prix. Ces messieurs ne purent trouver à louer sur un bateau qui allait à Rotterdam qu'un trou où l'on mettait les câbles du bâtiment et où nous fûmes empilés dans un si petit coin qu'on y étouffait. Nous étions douze de notre bande : M. et Mme de Falaiseau, leur neveu, M. du Camper, deux domestiques et deux enfants, et nous quatre avec notre fils Carlos. Avec les cris et l'odeur des enfants, et tout mis en presse, nous pouvions à peine respirer. J'ai rarement autant souffert. Pour comble de disgrâce, notre bâtiment s'engrava dans les sables, d'où l'on eut la plus grande peine à le faire sortir, ce qui nous retarda beaucoup...

« Nous arrivâmes enfin à Rotterdam bien fatigués, le 18 novembre ; mais avant d'y trouver un gîte, nous essuyâmes une pitoyable et inhospitalière réception. Mis à terre avec nos bagages, enfants et domestiques, nos maris allèrent chez un Anglais pour lequel ils avaient une lettre de recommandation. Ils étaient convenus, moyennant six francs, avec un marchand de chaises, qu'il nous recevrait chez lui jusqu'à leur retour. Mais lorsque cet honnête Hollandais aperçut notre nombreuse caravane, il nous mit à la porte en nous menaçant d'une chaise à la tête et en nous criant : *Raouste!*

« Nous allâmes frapper à toutes les portes ; mais lorsque l'on voyait enfants et bagages, le fatal *raouste* nous fermait la bouche et nous nous retirions avec un pied de nez. Mme de Falaiseau avait beau chercher à faire des phrases, le *califourchtein* ou la porte fermée nous laissaient dans le même embarras. Sans pouvoir nous faire comprendre, nous ne savions plus que devenir, parcourant la place en tous sens avec nos enfants et nos effets, lorsque la Providence vint à notre secours. Mme de Falaiseau aperçut un prêtre français qu'elle reconnut pour l'ancien curé de Saint-Louis, rue Saint-Antoine, à Paris, le même qui avait confessé et assisté à la mort le marquis de Favras. Elle lui fit part de notre embarras, et il nous conduisit à son logement où il y avait une table d'hôte. Nous y dînâmes et restâmes jusqu'au soir. Au dessert, on apporta des pipes, et l'on nous régala d'une épaisse fumée qui m'étourdit.

« Nos maris ayant appris où nous étions vinrent nous rejoindre ; mais ce fut pour nous installer dans une espèce de tabagie appelée l'hôtel de Maëstricht, et pour nos deux ménages, nous eûmes deux chambres à deux lits. M. du Camper fut couché à nos pieds sur un matelas, et nos pauvres enfants avec leurs bonnes, dans un cabinet humide. Nous trouvâmes dans ce bouchon beaucoup d'émigrés dont je reconnus plusieurs. Mais nous étions si mal gîtés que, ma mère partant pour la Haye, nous fûmes fort aise de prendre un logement où nous restâmes quinze jours avec nos amis de Falaiseau. Lorsqu'ils partirent pour Londres, après nos tristes adieux, nous vînmes à la Haye où je retrouvai toute ma famille. »

C'est à Rotterdam que se rouvre le journal de Mme de Falaiseau. Elle va prendre la plume en songeant aux épreuves que lui apportait le premier jour de l'année 1793, dont l'aube jetait des lueurs sinistres sur la France :

« 1er janvier 1793.

« Je commençai l'année par un réveil triste, des souvenirs douloureux, des réflexions amères. Quelle différence de ce premier jour de l'an avec tous ceux des années précédentes ! Ce jour consacré à la réunion des familles, aux devoirs de société, aux dépenses superflues, aux souhaits les plus heureux, je le passais éloignée de mes foyers, séparée peut-être pour toujours de ma famille, proscrite, errante, bannie de ma patrie, ne possédant plus rien, n'ayant pas même une chambre ni un lit en ma possession. Loin de tout ce que j'avais connu et aimé dans mon enfance, dans mon bonheur, je ne voyais autour de moi que misère, et aucune espérance pour l'avenir.

« J'avais pour tout gîte, dans une mauvaise auberge, ou plutôt un cabaret, une chambre commune aux sept personnes qui suivaient et augmentaient mon infortune et mes charges. Je voyais sur le même grabat que moi mon mari livré à des chagrins d'autant plus cruels que jamais il ne permettait à l'espérance de les adoucir. Sur un méchant lit était mon pauvre petit Charles, âgé de cinq mois, ayant parcouru cent lieues de pays dans la plus dure saison avec une nourrice toujours malade. Sur un matelas, par terre, était mon Alexis et sa bonne Marianne, et, sur un autre, mon neveu de Camper, qui était notre troisième enfant et qui, pour surcroît de malheur, avait laissé ses effets auprès de Maëstricht au retour de la campagne. Lapierre couchait sur la paille, à côté de cette chambre. C'était tout ce que nous avions pu trouver de mieux au *Cerf d'or*, marché aux cochons, où nous habitions depuis trois semaines. Nous avions, de plus, l'hôte le plus brutal et le plus juif. Il nous en coûtait neuf florins par jour, ce qui, vu le change des assignats en argent, montait à quarante francs, dans un moment où nous comptions que les cent louis que nous possédions étaient tout ce qui nous restait au monde.

« Ce n'était pas encore assez de l'horreur de cette position, il fallait qu'elle fût augmentée par la nécessité de prendre une grande détermination et de choisir un parti d'où devait dépendre le sort de notre vie et de celle de nos enfants, sans avoir aucune lettre, ni instruction, ni lumière sur l'état des choses en France qui pût nous guider d'une manière certaine. Il fallait entreprendre, dans une saison rigoureuse et dangereuse, un voyage sur mer pour la première fois de ma vie, avec un enfant à la mamelle, faible, languissant, fatigué du changement de lait et de tous les déplacements qu'il avait été obligé d'endurer, avec une nourrice d'un caractère difficile et acariâtre, dont la santé se dérangeait à la moindre contrariété, qui redoutait beaucoup ce passage et nous menaçait de ne pas nous suivre, à cause de tous les naufrages et de tous les événements sinistres qu'on racontait à chaque instant sur les traversées dans cette fâcheuse saison.

« Les deux seules lettres que j'avais eues de ma

sœur, en Hollande, me pressaient d'aller en Angleterre, sans me montrer aucun motif suffisant qui pût balancer ces inconvénients. En même temps, elle semblait regretter que je n'eusse pas été en France. Était-ce pour y rentrer qu'on m'appelait en Angleterre? Mais alors il valait mieux le faire directement par le Brabant. Cette voie était plus courte, plus prompte, et plusieurs personnes l'avaient prise avec facilité, aidées, il est vrai, de passeports ou de conducteurs qu'on leur avait envoyés de France. Dans ce cas, le départ pour l'Angleterre était un retard et un détour de plus.

« Mon mari penchait depuis longtemps pour aller à Londres. Nos lettres nous le conseillaient. Ainsi, nous nous déterminâmes à exécuter ce projet et à partir le plus tôt possible.

« Deux moyens se présentaient : le paquebot faisait le trajet plus vite, mais il était très difficile et très incertain d'y trouver des places, et il coûtait infiniment cher. Les paquebots avaient été trois semaines sans partir, à cause des vents contraires et des tempêtes. Beaucoup de personnes avaient été obligées de rester dans leurs yachts, à Helvoetsluys, à cinq lieues de Rotterdam, où il fallait aller prendre le paquebot, sans autre gîte que ce bateau pendant quinze jours ou trois semaines.

« Il était plus économique et paraissait plus commode de s'embarquer à Rotterdam même, sur un vaisseau

marchand qui, pour dix louis, nous mènerait directement à Londres avec tous nos effets, en descendant la
rivière, traversant la mer et remontant la Tamise dans
le même bâtiment, sans être obligés à plusieurs embar-
quements et débarquements.

« Le capitaine et l'armateur, M. Vanhissen, assuraient qu'on pouvait aller en trois jours à Londres.
Quelques personnes le disaient aussi; d'autres affirmaient qu'on pouvait rester trois semaines battu par
les vents contraires, exposé à se perdre et à manquer
de vivres. On en voyait souvent des exemples.

« C'était partout hasard et dangers. La société avec
laquelle nous avions loué la chambre de ce vaisseau
nous pressait en sa faveur. Nous y avions des officiers
de marine de notre connaissance qui nous donnaient
un peu de confiance. Après avoir passé la moitié de la
nuit dans de nouvelles irrésolutions, nous nous décidâmes pour ce dernier parti, et nous nous levâmes,
déterminés à faire porter nos effets sur le vaisseau,
ayant vu par la girouette, que nous consultions mille
fois par jour, que le vent tournait enfin au nord. »

Que serait cette année dont le premier soleil se levait
pour les émigrés dans une pauvre auberge, sur la terre
d'exil? Ils échangèrent des vœux, parmi lesquels
Mme de Falaiseau, malgré sa confiance en Dieu, sentait
pénétrer une indicible tristesse et un amer décourage-

ment. Toutefois, surmontant son abattement, elle voulut que ce jour, si triste pour elle, apportât quelque joie à ses serviteurs, à Marianne, qui avait veillé avec sollicitude sur l'enfance d'Alexis, à Lapierre dont les services continuaient d'être aussi fidèles que désintéressés.

Ces humbles dévouements, comme il y en eut alors beaucoup, comme il en existe encore aujourd'hui, sont dignes d'admiration et de respect. Ils rehaussent l'obscurité de la condition par l'élévation des sentiments et la noblesse du cœur.

Un émigré, le vicomte Walsh, l'auteur du *Tableau poétique des fêtes chrétiennes* où l'on retrouve l'influence de Chateaubriand, avait vu de près ces suivants du malheur, pendant son exil en Angleterre, et il leur a rendu un hommage attendri :

« Souvent, dit-il, dans mes récits de l'émigration, j'ai écrit les mots de noble et de noblesse; c'étaient les mots dont je devais me servir en parlant des familles les plus distinguées de France, en citant les noms auxquels depuis des siècles s'attachent des illustrations héréditaires. Mais parmi les émigrés, il n'y avait pas que ces nobles-là, il y en avait d'autres que j'ai appris à aimer, à estimer à l'égal des Clermont-Tonnerre, des la Rochefoucauld, des Rohan et des Montmorency; ce sont ces hommes nobles par la conduite et nobles par le cœur ; fidèles et dévoués serviteurs, partageant sans murmure la mauvaise fortune de leurs maîtres ; domestiques sans gages, sans salaire, et qui sur la terre du bannissement, dans les plus mauvais jours, dans la plus profonde détresse, montraient encore plus de zèle, d'empressement et de dévouement que dans les temps prospères, passés dans les hôtels et les châteaux de la patrie...

« Ces hommes, ces femmes qui, en suivant leurs maîtres, avaient cru comme eux que c'était pour peu de temps qu'ils s'éloignaient du pays, sont restés vingt-cinq ans avec les familles qui les avaient emmenés de France, sans proférer une plainte et sans adresser un reproche. Eux, je le sais bien, n'avaient à regretter ni grand revenu, ni domaine ; mais n'avaient-ils pas le village natal, l'église où ils avaient été baptisés et le cimetière où reposaient leurs pères et leurs mères ? Tous les biens qui attachent à la patrie ne sont pas dorés, et le fils du paysan aime son pauvre berceau autant que le fils du grand seigneur aime la chambre somptueuse où il est né (1). »

Les anciens avaient leurs dieux lares qu'ils emportaient de leurs maisons lorsqu'ils s'en éloignaient. Les serviteurs d'autrefois étaient ces images protectrices du

______

(1) *Souvenirs de cinquante ans*, in-8°, 1845, p. 378.

foyer. Ils s'attachaient à la famille comme le lierre aux murailles des vieilles demeures; ils y vieillissaient et ils y mouraient; mais il ne semblait pas qu'il leur fût possible de s'en séparer.

Tels étaient Lapierre et Marianne, compagnons de l'adversité qui rappelaient le souvenir d'heureux jours.

Ils reçurent, ainsi que Marguerite, la nourrice, des étrennes qui durent être bien modestes. Mais les dons de l'opulence valent-ils ceux de l'infortune?

Paul du Camper était alors auprès de M. et Mme de Falaiseau, et se disposait à faire voile pour les Indes.

Sur le point de partir, Mme de Falaiseau sentit renaître ses irrésolutions. Ce voyage en Angleterre dont le projet avait été tant de fois repris et abandonné, n'allait-il pas livrer les proscrits à de nouveaux hasards et à de nouvelles épreuves? Était-il plus sage d'y renoncer, ou fallait-il quitter la Hollande menacée par les armes françaises pour aborder sur la terre hospitalière de la Grande-Bretagne?

Mme de Falaiseau suivait le cours de ses réflexions, lorsqu'une lettre venue de Maestricht et adressée par un ami de la famille, M. du Castellet, mit fin à ses perplexités. Cette lettre, écrite à mots couverts, ne contenait pas d'informations sur les événements qui s'accomplissaient en France; mais elle transmettait des nouvelles de

Mme du Camper, et annonçait son départ pour l'Angleterre, où elle comptait passer un mois.

Mme de Falaiseau bénit la Providence, et accueillit avec joie la perspective d'un voyage qui lui permettrait de revoir sa sœur et de parler avec elle de tous les siens, dont le sort était l'objet de ses constantes inquiétudes.

Mme du Camper, que nous avons laissée à Paris, y était restée dans une situation pleine de périls et d'écueils. François et Saint-Louis, pouvant choisir entre l'or et la dénonciation, mettaient à prix leur silence, et elle avait dû leur donner une nouvelle somme d'argent. Elle apprit par eux que son arrestation était imminente. Le séjour de Bretagne, où elle était dénoncée, ne lui offrait plus aucune sécurité. Elle se décida à partir pour l'Angleterre, d'après le conseil d'un de ses parents, M. de Morassin, qui lui donna des lettres de crédit pour des banquiers de Londres auxquels il avait jadis rendu des services. La mort de Mme de Carvalho et celle de Mme de Saint-Hilaire (1) offraient un prétexte qu'il était facile d'invoquer, au nom des intérêts de Mme de Kerjean, qu'on supposerait lésés par des dispositions testamentaires contre lesquelles on annoncerait l'intention de se pourvoir, en intentant un procès à Mme Floyer, sœur de Mme de Kerjean et habitant l'Angleterre.

____

(1) Mère et grand'mère de Mme de Kerjean.

Ces résolutions arrêtées dans son esprit, il restait à prévenir de son départ sa mère, qui, la soupçonnant de vouloir émigrer, commença par s'en irriter, puis finit par se résigner à un éloignement qu'imposait le danger dont Mme du Camper était menacée.

Mais comment obtenir à sa section, celle des Quinze-Vingts, un passeport pour l'Angleterre, demande déjà fort compromettante par elle-même? Mme du Camper dut affronter le comité révolutionnaire devant lequel il lui avait fallu comparaître, quand elle avait voulu se rendre en Auvergne.

« Il faut, a-t-elle raconté, avoir été dans cet antre pour s'en faire une idée. Les bonnets rouges, les fumeurs, les cris, la gaieté horrible, les vociférations y formaient une scène repoussante. Je crus que j'allai mourir, quand le président me dit : *Citoyenne, parle et fais ta demande.*

« Je balbutiai, je pleurai au mot de passeport pour l'Angleterre. On me hua. Enfin je repris courage; on examina mes papiers. Quelques-uns avaient pitié de mon dévouement pour ma mère et de mon état de souffrance. Trois jours de suite, je retournai dans cet enfer sans être écoutée.

« La Providence me ménageait le succès. Un petit vieux qui s'était toujours tenu auprès de moi, me dit tout bas : *Avez-vous du courage? Venez avec moi. Je*

vous ferai expédier votre passeport. Je suis chirurgien.
Vous m'intéressez; fiez-vous à moi.

« Je réfléchis et je consens. A dix heures du soir, me voilà courant les rues avec un homme que je ne connais pas et assez inquiète. Nous arrivons derrière le théâtre de la Gaieté. Nous montons un escalier noir, et nous voilà dans une tabagie où cinq bonnets rouges fumaient et buvaient. On me fait asseoir. Mon guide mit mes papier sur la table et dit : *Citoyens, voilà une bonne citoyenne que je connais depuis longtemps. Je la soigne ainsi que sa mère. Elle se dérobe à passer en Angleterre pour y faire casser un testament. Je réponds d'elle; signez ses papiers; elle est faible et malade et se fatigue à aller à la section où l'on ne fait que tempêter.*

« Tous signèrent sans rien lire. Je pleurais de joie. Mon bon vieillard me reconduisit chez moi, et la veille de mon départ pour Londres, il me donna deux lettres pour sa sœur et pour sa nièce, marchandes établies à Londres, qui pourraient m'être utiles. »

Le 3 janvier 1793, Mme du Camper montait dans la diligence de Boulogne, partagée entre la joie de revoir sa sœur et l'inquiétude de laisser sa mère exposée aux dangers qu'on rencontrait alors à chaque pas sur la terre de France. Elle portait des secours à Mme de Falaiseau et à beaucoup d'émigrés qu'elle devait retrouver en Angleterre. Le navire sur lequel elle s'embarqua était chargé de passagers. Parmi eux elle remarqua une jeune femme, grande et belle, accompagnée d'un enfant et se disant Anglaise. Elle lia conversation avec elle et finit par apprendre que c'était la femme d'un émigré, rejoignant son mari à Londres. Rapprochées l'une de l'autre par les hasards de la traversée, elles se confièrent mutuellement les sentiments qui les animaient.

Pressée par l'espoir de retrouver sa sœur à Londres et par celui de rentrer ensuite en France, Mme de Falaiseau avait pris place, avec son mari, ses enfants et son neveu, sur le paquebot qui devait les conduire en Angleterre, et un vent favorable promettait une heureuse traversée.

Je reprends maintenant son récit :

« Il y avait si longtemps que tant de malheureux émigrés soupiraient après ce vent du nord, épuisaient en frais d'auberge, dans le pays le plus maussade et le plus ruineux pour les étrangers, le peu de ressources qui leur restaient, que tous étaient dans l'impatience la plus vive, et que quelques-uns s'étaient portés aux excès du désespoir. Deux s'étaient tués, ayant été contraints, en attendant les vents, de manger la modique somme qui leur était nécessaire pour payer le trajet qui devait les conduire dans un pays plus hospitalier et plus généreux. D'autres s'embarquaient en foule, plus serrés et plus entassés qu'on ne l'est dans la traite des nègres. Quelques-uns avaient forcé leur capitaine de partir au premier souffle du vent, sans attendre qu'il fût fixé, et avaient été obligés de rester au bas de la rivière, sans pouvoir franchir la mer, battus par la tempête ou engravés sur les bancs de sable, périssant de disette, de vermine, de misères de toute espèce.

« Rien aussi n'égalait la joie qu'on éprouvait de pouvoir sortir de cette triste situation. Nous avions loué vingt-cinq louis la chambre du capitaine du vaisseau *Friendship*. C'était un brick à deux mâts, chargé ordinairement de charbon, et qu'on avait rempli de malheureux émigrés et de chevaux. Dans la chambre, qui était grande d'environ douze pieds carrés, et où il y avait quatre lits dans de petits trous larges de deux pieds, au-dessus les uns des autres, nous étions treize personnes et deux enfants : le comte et la comtesse de Bourbon-Busset et leur fille, mon mari et moi, la nourrice, la bonne, Lapierre, le comte Charles de Polignac, M. de Négrier, le comte de Grasse, le comte de Broves et le chevalier de Brie.

« Le milieu du vaisseau était destiné à une centaine d'émigrés, payant une guinée chacun. On avait fait des deux côtés de petites cases de deux pieds et demi de large, sur six de long, par une planche d'un pied de haut, et garnies de paille fraîche. C'est ainsi que les malheureux devaient faire la route. »

MM. de Falaiseau et de Bourbon-Busset, dépourvus de matelas, n'avaient pas même de paille pour se coucher. Mais les privations ne faisaient qu'exciter la gaieté. On s'éloignait sans regret des contrées où l'on avait tant souffert. En changeant de climat, on espérait non pas voir finir les épreuves, mais trouver un allégement aux maux dont rien encore ne faisait prévoir le terme.

La confiance et l'intimité régnaient entre tous ceux que réunissaient sur le même navire les mêmes souvenirs et les mêmes espérances. On cherchait à tromper la longueur de la traversée par des conversations où l'on se communiquait ses projets et ses peines. Le mal de mer était pour le comte Charles de Polignac le sujet d'intarissables plaisanteries. Quoique marins, MM. de Broves et du Camper en étaient atteints. Ce dernier, dans les moments de répit, se divertissait parfois à faire les manœuvres et à grimper au haut des mâts.

Un incident vient un jour jeter l'émoi parmi les émigrés.

« A neuf heures du matin, raconte Mme de Falaiseau, nous aperçûmes de loin une voile que le capitaine crut reconnaître pour un vaisseau français, et qui avait l'air de venir sur nous. On craignait avec raison que la guerre ne fût déclarée d'un moment à l'autre, et, dans ce cas, les hostilités suivent la déclaration.

« Il n'aurait pas été gai pour une centaine d'émigrés d'être pris par un vaisseau français et conduits en France, où nous aurions eu pour joyeuse entrée la prison et la guillotine. Nous nous rappelâmes aussi en ce moment qu'il y avait encore une autre chance à courir, et dont il y avait eu quelques exemples, c'était celle d'être trahis par le capitaine qui, au lieu de nous mener sur les côtes d'Angleterre, pouvait nous mener sur celles de France, et nous livrer dans l'espoir d'une récompense. Mais toutes ces idées disparurent avec le vaisseau prétendu français et le paquebot parti d'Hellevœtsluis, que nous vîmes prendre de loin la même direction que nous...

« A midi, nous aperçûmes enfin la côte d'Angleterre. Ce fut un cri de joie général de voir la fin si prompte de notre voyage, et ce nouveau pays qui pouvait nous apporter la diminution des malheurs que nous avions éprouvés dans ceux que nous avions parcourus, et dont la crainte et la terreur de nos ennemis nous avaient depuis si longtemps poursuivis et chassés. On nous avait vanté sans cesse les vertus généreuses des Anglais, leur hospitalité, et surtout la protection qu'ils accordaient aux malheureux émigrés, l'intérêt qu'ils prenaient à notre cause...

« Nous abordâmes à la côte à neuf heures du soir. Il

ne faisait pas assez jour pour entrer dans le port. On nous mit à l'ancre; le vaisseau n'avait plus de mouvement et ne pouvait se ressentir de la tempête qu'il fit pendant la nuit... Le capitaine nous disait que nous étions à l'embouchure de la Tamise, et que le vent était contraire pour la remonter. MM. de Grasse et de Broves, qui nous avaient toujours rendu un compte vrai de notre marche, nous assuraient qu'il était favorable, et quoique ne connaissant pas la côte, ils jugeaient qu'on n'avait pas pris la direction la plus courte.....

« Chacun se laissait aller à ses espérances. Nous passâmes une des nuits les plus douces qu'il me fût arrivé de passer depuis bien longtemps, et notre réveil surtout perdit de son amertume accoutumée.

« Le lendemain matin, nous vîmes que nos marins français ne s'étaient pas trompés, et qu'au lieu d'être à l'embouchure de la Tamise, nous étions au port d'Harwich, qui en est éloigné de quinze lieues. Quelques heures de plus ou de moins n'étaient pas une affaire; on devait partir à la marée de dix heures; quelques personnes descendirent à terre pour aller chercher des lettres. Il y en avait deux pour moi de ma tante Floyer, suivant la prière que je lui avais faite de m'y écrire poste restante. La lettre était affectueuse; elle ne me parlait pas de ma sœur, mais beaucoup du désir de me voir. Cela ne remplit pas exactement notre espoir. Cependant, nous ne cessâmes de nous laisser aller à des idées plus heureuses et à l'impression nouvelle que nous causait notre arrivée dans un pays regardé comme un asile protecteur.

« Nous passâmes toute la matinée à attendre l'heure du départ du vaisseau pour remonter la Tamise. Plusieurs personnes, ennuyées des voyages par eau, prirent le parti de s'en aller par terre. Mon neveu et mon mari, voyant que le départ n'était pas encore fixé, se décidèrent à suivre leur exemple pour arriver plus tôt à Londres, en cas que ma sœur y fût déjà. La cherté de ces doubles frais de voyage nous arrêtait un peu. Cependant, je pris le parti d'en faire autant, et je descendis à terre à neuf heures du soir, avec mes deux enfants, la nourrice et le comte Charles de Polignac. Je laissai Marianne et Lapierre sur le vaisseau avec les bagages.

« Nous eûmes assez de peine à retrouver mon mari et mon neveu, entendant encore moins ce nouveau langage que celui des autres pays que nous quittions... On n'avait pu trouver que deux places dans les voitures publiques pour le lendemain, six heures du matin. Mon mari et mon neveu en profitèrent. MM. de Polignac, de Négrier et moi, nous arrêtâmes une post-chaise à six places et à une guinée par personne, pour partir à deux heures. Nous employâmes la matinée à visiter Harwich ; nous allâmes voir le port et nous nous félicitâmes de n'être pas restés la nuit sur le bateau, quand nous apprîmes qu'il avait été ballotté si fortement qu'il s'était accroché à un banc de sable et était resté sur le côté...

« Le jour de notre arrivée à Londres sera toujours présent à ma mémoire comme une des époques les plus intéressantes de ma vie. C'est un de ceux qui ont été agités le plus violemment de sensations diverses, et m'ont fait passer de l'abattement, de l'isolement, de l'ignorance, du néant, à la joie, l'étonnement, la lumière, la tendresse et l'espérance...

« Mon mari et mon neveu étaient partis la veille d'assez bonne heure pour arriver le soir à Londres, à trente lieues. Ils passèrent la nuit à l'*Hôtel de la diligence,* dans la Cité. Le lendemain, 6 janvier, à neuf heures du matin, ils se disposèrent à aller chez nos parents. Ils se firent bien coiffer, s'approprièrent le mieux qu'ils purent dans leurs chétifs habits de voyage, et s'informèrent où était Portland Place, logement de ma tante. On leur dit que c'était à trois milles de la Cité, car c'est par milles qu'on compte les distances de cette grande ville. On les assura qu'à cette heure, ils ne trouveraient personne de levé. Comme il faisait assez beau, ils pensèrent qu'ils n'avaient rien de mieux à faire que d'aller à pied, ce qui avait le double avantage de leur faire connaître les rues de Londres et de ménager leurs bourses, les fiacres coûtant extrêmement cher, surtout pour les étrangers.

« Ils prennent donc leur course, ne sachant parler ni l'un ni l'autre la langue du pays, pour se rendre d'un bout de la ville à l'autre. Outre l'air et l'habillement un peu étranger et que le peuple tolère difficilement à Londres, mon mari portait de plus un immense manchon, chose inusitée en Angleterre. Ils s'apercevaient qu'on se mettait souvent à rire en les regardant, et cherchaient l'un et l'autre ce qu'ils pouvaient avoir de si extraordinaire, quand ils se doutèrent que c'était le manchon. Il fallut cependant le transporter jusqu'à leur destination, et à force de demander Portland Place, ils y arrivèrent à onze heures du matin, après avoir marché presque en ligne directe pendant deux heures consécutives. »

Nos deux voyageurs apercevant le numéro qui leur avait été indiqué, sonnèrent à la porte d'une des plus belles maisons de la rue. Un domestique vint leur ouvrir; il ne comprenait pas un mot de français, et l'on parlait alors beaucoup à Londres de voleurs et d'aventuriers. Les étrangers qui se présentaient lui parurent suspects; il refusa d'abord de les laisser entrer. Après avoir longuement insisté, MM. de Falaiseau et du Camper parvinrent à être introduits, au moyen de leurs noms transmis par écrit à M. Floyer. Celui-ci parut bientôt après, et s'efforça de faire oublier à ses neveux leur mésaventure par la cordialité de son accueil. Âgé d'une cinquantaine d'années, d'une figure douce et agréable, doué d'un excellent cœur, il parlait parfaitement la langue française. Il avait fait autrefois avec sa femme un voyage à Paris, où il avait vu alors enfant Adélaïde de Kerjean, qui lui avait inspiré beaucoup d'intérêt et d'affection.

Sœur de Mme de Kerjean, Mme Floyer ne paraissait guère avoir plus de trente-cinq ans, quoiqu'elle eût l'âge de son mari. Sa mise était recherchée, et son goût pour la parure annonçait qu'elle n'avait pas abdiqué toute prétention à la jeunesse. Ses traits étaient nobles et réguliers. L'embonpoint venu avec les années ne déparait pas une taille droite et élevée. Elle menait à Londres une vie opulente et mondaine.

Pendant que M. de Falaiseau et Paul du Camper, assis devant une table abondamment servie, se délassaient des fatigues du voyage, et promenaient leurs regards dans un intérieur confortable et luxueux qui contrastait avec la longue misère de leur vie d'exil, Mme de Falaiseau cheminait dans la diligence, où elle avait pris place avec ses enfants, Marguerite, la nourrice, MM. de Polignac et de Négrier.

« Nous avions, dit-elle, pour tout vêtement nos habits de voyage, et étions faits comme on l'est quand on vient de passer trois jours dans un vaisseau, deux dans une diligence, et qu'on voyage avec économie et par nécessité, dans une rude saison... L'idée de trouver des parents et surtout d'embrasser ma sœur me faisait dési-

rer le moment de l'arrivée avec une vive impatience.
On nous avait fait une peur affreuse des voleurs non pas
seulement sur les grands chemins, et de ce terrible *Stop*
qui vous arrête court et donne le droit de vous dévaliser,
à moins que par grâce on ne se contente de la bourse
faite pour les voleurs, mais encore de ceux des auberges
et des rues de Londres. Il faisait un temps superbe;
nous allions bon train, et tout en admirant ce beau pays,
malgré la vilaine saison, la propreté des villages, l'air
d'aisance et de richesse du paysan, nous avions toujours
l'œil ouvert sur les gentilshommes de grands chemins
et sur notre petite bourse, composée chacune d'une
demi-guinée et de quelques schellings.

« Nous ne vîmes personne, et arrivâmes aux faubourgs
de Londres vers cinq heures. Ces abords gais et vivants
d'une grande ville nous rappelèrent le temps heureux où
nous arrivions dans notre Paris. Nous nous imaginions
être aux Champs-Élysées et entrer dans notre capitale.
Nous arrivons à l'*Hôtel de la diligence*. En descendant,
on nous fait entrer dans la cuisine, où les simples filles
d'auberge étaient parées, et prenaient du thé et des
rôties que nous n'aurions pas pensé nous permettre.

« Je cherchai des yeux si je ne verrais personne de
connaissance; je demandai s'il n'y avait pas une lettre
pour une dame française. Il n'y avait rien. On ne pouvait pas me donner de chambre; et nous étions campés

dans la cuisine, mon petit troupeau et moi, sans qu'on y
prît garde et sans trop savoir où nous pourrions coucher.
On me dit que Portland Place était à deux ou trois milles
de là. Il y avait à peine un quart d'heure que nous étions
arrivés lorsqu'entra un grand domestique galonné, avec
des épaulettes, une lettre à la main, et demandant une
lady française. Je reconnais l'écriture de mon mari ;
j'ouvre la lettre avec précipitation. Il me dit qu'il est chez
nos parents, où il a été parfaitement reçu, mais qu'il a
appris avec peine qu'on n'a aucune nouvelle de ma
sœur ; que je trouverais la voiture de mon oncle qui
avait ordre de m'amener de suite chez lui. Le domestique me fait signe qu'il va chercher la voiture. J'en
vois arriver une infiniment élégante...

« Nous voilà lancés dans notre char à travers les rues
de Londres, larges et brillantes de lumières. Je passe le
temps à me rajuster et mes petits enfants surtout. J'avais
un habit d'amazone et un chapeau noir. Je remets une
jolie cravate.

« Au bout de quelque temps, on arrête. On va frapper en maître à la porte dans une rue superbe, à l'extrémité de la ville. Aussitôt il en sort des domestiques et
deux messieurs. Le plus âgé me donne la main pour
descendre et m'embrasse. Je pensai que c'était mon
oncle, quoique je le reconnusse à peine. Je me jetai à
son cou, et j'eus un vrai plaisir à voir qu'on m'attendait

et qu'on me recevait avec affection. J'entrai. On était dans la salle à manger et l'on sortait de table. Je trouvai une grande et belle femme bien parée, que je reconnus de suite pour ma tante, à sa ressemblance avec ma mère et au son de sa voix. Cette idée me causa une impression de joie. Je me crus dans les bras de ma mère et l'embrassai avec la même tendresse. Elle m'en témoigna une extrême... Elle me présenta sa fille, jeune, jolie, douce, aimable et sensible, son fils et un de ses amis.

« Je demandai où étaient mon mari et mon neveu. On me répondit qu'ils venaient de sortir pour aller voir mes autres cousines.

« Je demandai où était ma sœur. On me dit qu'on n'en avait aucune nouvelle et qu'on ne savait rien d'elle. Cela me fit de la peine. Je pensai qu'elle n'avait pu faire son voyage, ni même donner de ses nouvelles, qu'ainsi il fallait renoncer aux espérances que nous avions relativement à nos affaires, et surtout au plaisir de la voir, que je désirais vivement. Mais je m'estimai heureuse, au lieu d'être étrangère et errante avec mes enfants comme je l'avais été depuis quelques mois, de trouver enfin une famille, des êtres qui s'intéressaient à moi. Ils me firent mille tendresses, me parlèrent de ma mère, de toute notre famille... Ils prenaient grande part à nos malheurs; ils détestaient la Révolution de France, estimaient et plaignaient les émigrés, disaient qu'il était

10

superbe d'avoir tout sacrifié à son devoir et à son pays, que nos malheurs ne dureraient pas et que l'Angleterre embrassait notre cause.

« Ces paroles me faisaient un plaisir extrême. J'aurais été loin de supposer un intérêt aussi grand, une façon de penser aussi conforme à la nôtre dans des étrangers, dans des parents dont à peine je me ressouvenais, que je n'avais pas vus depuis ma tendre enfance. Mais les souvenirs qui s'étaient perdus dans la mémoire d'une enfant s'étaient conservés dans la leur. Ils avaient aimé cette petite Adélaïde, ils avaient toujours pensé à elle. Ils la revoyaient femme et mère de famille, victime d'une cause noble et intéressante.

« J'étais déjà bien heureuse. Tout me paraissait prendre une face nouvelle. J'étais surprise de cette magnificence, de cet air d'abondance extrême. Pauvres émigrés, nous ne connaissions plus que la misère et nous étions accoutumés à nous passer de tout. Je voyais une maison superbe, des domestiques nombreux, des femmes richement parées qui prenaient intérêt à moi, qui étaient de mon sang. C'était une jouissance délicieuse. Ils me faisaient raconter nos traverses, nos malheurs. Ils ne concevaient pas comment on pouvait supporter tout cela, et conserver de la gaieté.

« J'attendais impatiemment mon mari et mon neveu. Je désirais jouir avec eux de ce bonheur. Je vois s'ouvrir la porte. C'étaient eux avec ma sœur. On ne meurt pas de joie. Nous tombâmes dans les bras l'une de l'autre; nos genoux fléchirent; nous ne pouvions nous quitter... Ma sœur était hors d'elle. Elle pensa se trouver mal. Elle embrassa nos parents, mes enfants. Elle me dit que ma mère se portait bien. J'étais au comble du bonheur. Non, jamais on n'a pu éprouver un sentiment aussi vif et aussi heureux. Je lui dis et je le pensais bien véritablement : « Il n'y a plus de malheurs « pour moi! »

« Je croyais encore fermement que nous étions ruinés, ruinés pour toujours, que tous nos biens étaient déjà vendus (nous avions vu cette phrase dans les lettres de ma sœur); qu'il n'y avait plus aucune espérance pour nous du côté de la fortune. Mais cela m'était égal dans ce moment. Je n'avais que des idées heureuses. Eh ! qu'importe la fortune? me disais-je. Je suis avec des êtres qui m'aiment, dans un pays à l'abri des poursuites de nos tyrans, de nos persécuteurs. Voici un asile assuré, et nous y éprouverons encore les douceurs de la tendresse et des liens du sang, de l'intérêt qu'inspirent nos malheurs.

« Ma sœur voulut nous parler de nos affaires ; mais je l'arrêtai. Mon cœur était trop plein. Ce sujet me semblait peu intéressant. J'étais avide de parler de tout ce qui nous était arrivé, de tout ce qu'elle avait éprouvé, de ma mère, de tous nos parents, de nos amis, de la grande catastrophe qui intéressait la France et l'Europe. »

Que de questions se pressaient dans l'esprit et sur les lèvres des deux sœurs qui se retrouvaient sur la terre étrangère! Que de récits écoutés avec avidité! Dans leurs effusions, elles oubliaient les maux du passé, les misères du présent. Les jours s'écoulaient trop rapidement, et l'on aurait voulu éterniser les heures, en éloignant la perspective du lendemain. Mais on se sentait entraîné par le temps et par les événements.

Paul du Camper partait pour Madras. M. et Mme de Falaiseau songeaient à rentrer en France, malgré les périls qu'ils devaient y courir. Ils espéraient obtenir des certificats de résidence et conjurer la vente de leurs biens séquestrés.

Le procès de Louis XVI se poursuivait devant la Convention, et prévoyant son issue fatale, des amis conseillaient de revenir en France le plus tôt possible, sans attendre les nouveaux excès qui suivraient le régicide.

Mme de Falaiseau s'effrayait à la pensée de mettre le pied sur le sol où tout émigré était condamné à mort. Mais l'espoir de sauver le patrimoine de ses enfants soutenait son courage parfois défaillant.

II

La nouvelle de l'attentat du 21 janvier parvint à Londres, et répandit la consternation parmi les Français. Cet événement hâta le départ de nos réfugiés. Ils s'embarquèrent à Douvres, le cœur rempli de mille émotions diverses. Le temps était mauvais. Après une traversée pénible, ils arrivèrent à Abbeville, où M. et Mme de Falaiseau logèrent avec leurs enfants chez M. de Soyecourt, qui possédait dans cette ville un vaste et superbe hôtel.

« Veuf avec deux jeunes filles, mourant de peur, il avait imaginé, dit Mme du Camper, de faire de sa maison un hôtel garni. Il louait très cher. Tous les matins, son cuisinier allait chez les locataires présenter deux cartes, l'une pour commander les repas avec les prix, l'autre pour les payer. Cette maison était remplie de gens de toutes les opinions. Presque tous les soirs on se réunissait, chacun sous son nom postiche. On faisait de la musique, on causait, on lisait. Les femmes travaillaient. Chacun racontait son histoire, et presque tous mentaient. Il n'y avait pas de confiance, mais un grand accord. »

Après avoir laissé M. et Mme de Falaiseau à Abbeville, Mme du Camper partit pour Paris, où elle retrouva sa mère. Elle recommença ses démarches relatives aux intérêts de sa sœur et de son beau-frère. Moyennant cinq mille francs, elle obtint des certificats de résidence.

On a souvent retracé les côtés criminels de la Révolution. En a-t-on suffisamment montré le côté vénal? A cette époque, on vendait la liberté, on trafiquait de la vie.

Fouquier-Tinville se faisait servir de fortes pensions par des prisonnières dont il consentait à empêcher ou à retarder l'exécution. Mme Roland l'affirme (1), et Mallet du Pan appuie ses assertions par d'autres exemples. Il dénonce les gains honteux, poursuivis et obtenus dans toute la France révolutionnaire, où, dit-il, « on traitait d'un cachot et du supplice comme on traite d'un achat de bétail dans une foire (2) ».

La vente des biens nationaux avait développé cette

(1) *Mémoires*, p. 148.
(2) *Mémoires*, t. II, p. 495. — TAINE, *la Révolution*, t. III, p. 350. — « Ce temps était admirablement qualifié *la Terreur*, car il produisait jusqu'à des suicides, et j'ai vu payer alors un passeport jusqu'à 10,000 francs. Il donna lieu aussi à un singulier commerce : des Suisses venaient épouser à la municipalité des femmes qui voulaient fuir, et les faisant inscrire sur leurs passeports, partaient avec elles. Un des fabricants de cette industrie conjugale fut arrêté au dix-huitième mariage qu'il contractait ainsi. » (Comte D'ALLONVILLE, *Mémoires secrets*, t. III, p. 253.)

fièvre de cupidité par la spoliation légale. Tandis que les uns s'emparaient de la propriété, d'autres spéculaient sur les émigrés en fabriquant de faux certificats de résidence, et en négociant les radiations.

« Deux compagnies, écrit Mme du Camper, s'arrachent ces affaires : Montmoro et Jean de Brie. » On lui demanda quarante-huit mille francs pour la radiation de M. de Falaiseau. A bout de ressources, elle vendit du mobilier afin de se procurer cette somme.

Elle continuait d'être en butte aux menaces intéressées de François, ancien domestique de M. de Falaiseau, qui pouvait devenir un dénonciateur. Il arrive un jour chez elle, à moitié ivre : « Citoyenne, lui dit-il, ces meubles sont à la nation. Je les reconnais. Je suis riche à présent; je tiens un café. Mais il me faut mille francs, ou je te dénonce ainsi que ta mère. J'en sais plus que tu ne crois. Donne-moi de suite, ou tu couches en prison. »

Mme du Camper dut céder à la demande de cet homme. Elle ne le revit plus. Deux jours après, elle apprit qu'il s'était noyé dans la Seine.

Elle se multipliait pour faire rayer son beau-frère de la liste des émigrés, épuisant ses forces dans des courses longues et fatigantes, et y compromettant sa sûreté.

« Citoyenne, lui dit un jour Hébert, tu voyages beaucoup. Nous saurons pourquoi. »

Ses inquiétudes furent encore augmentées par la présence de Mme de Falaiseau, qui, munie d'un certificat de résidence, vint à Paris embrasser sa mère. Mais la prudence ne lui permit pas d'y prolonger son séjour au delà de quarante-huit heures. M. de Falaiseau fit plusieurs voyages à Paris pour obtenir sa radiation, tandis que sa femme restait à Abbeville, où Mme du Camper la rejoignit. Pendant ce séjour, qui dura six semaines, Mme du Camper occupa encore l'étrange maison de M. de Soyecourt, où elle fit la rencontre du prince de Talmont, si connu par la témérité de sa bravoure et l'héroïsme de sa mort.

« Le pauvre prince, dit-elle, beau, jeune, aimable, d'un commerce si doux, dégoûté de la vie, blasé, ruiné, criblé de dettes en France et en Angleterre, ne désirait que sa fin. Il passait sa vie à faire des folies, à faire bonne chère, à jouer de la harpe, ne sachant que devenir. Beau caractère, franc et noble. Il arriva un soir dans une belle voiture. M. de Soyecourt se présente. Il demande le meilleur lit, le meilleur appartement, donne tout haut son nom. Tête à tête, il dit à son hôte : *Je ne veux pas vous compromettre. Revenant d'Angleterre, craignant d'y être arrêté pour dettes, j'ai voyagé ne sachant où aller. A Caen, j'allai à la comédie. Mon ancien régiment y montait la garde. Mon domestique apprend que je suis reconnu et que je vais être arrêté. Il donne ordre à la voiture d'aller hors de la ville. Je me cache, j'arrive, et me voilà avec mon bon Madelin. Ne vous effrayez pas. Mettez-moi sur votre affiche sous tel nom.*

« Chaque propriétaire était alors obligé d'écrire à la grande porte de sa maison les noms de tous ses locataires et d'en répondre.

« *Je dois vous prévenir,* dit le prince de Talmont, *que je serai probablement arrêté chez vous. Il y a huit jours, mon frère, l'abbé de la Trémoïlle, a subi à Paris un long interrogatoire ; on l'avait pris pour moi. Nous avons une parfaite ressemblance. S'il eût été condamné, je me serais présenté.*

« M. de Talmont paya un mois d'avance et nous fut présenté. Un soir, comme nous étions tous réunis et assez gais, un gentilhomme qui était connu de nous seulement par son nom et sa bonne mine, arrive très animé. *Je viens,* dit-il, *d'apprendre que l'on s'occupe de rechercher le prince de Talmont. On va venir l'arrêter. Je suis accouru aussitôt.*

« Le prince se lève de son canapé, lui prend la main : *C'est moi, monsieur, je vous remercie.* Nous l'entourons. On vient lui dire de se cacher. Il est trop tard pour fuir. Nous le mettons de force dans un vieux colombier rempli de foin, dont l'ouverture était fort petite. On retire l'échelle, et il promet d'y rester jusqu'au départ de ceux qui sont à sa recherche.

« La visite se passe. Nous nous couchons. Soudain,
l'on entend les sons d'une harpe dans une chambre très
éclairée. Le prince, ennuyé de son séjour dans le colombier et de l'odeur du foin, s'en était retiré et, ne pouvant dormir, s'était mis à faire de la musique. Il avait
allumé des bougies et laissé ses quatre croisées ouvertes, les seules qui donnassent sur la rue.

« Lebon et André (1) étant arrivés à Abbeville avec
des Bleus, bouleversèrent la ville. On envoya le prince,
ma sœur, mon beau-frère et quatorze personnes dans
un vieux château, à cinq lieues, dans les bois. Le prince
y fit mille imprudences, ne voulant manger que des
choses délicates. Tous les jours, un cheval à la marque
de la nation allait lui porter des provisions. Souvent il
le montait et allait se promener.

« Ma sœur et mon beau-frère revinrent à Abbeville.
Le prince resta seul. On devait le conduire le lendemain
dans une cachette. Mais l'ennui le gagnait. Il monta à
cheval, fut reconnu, se sauva, et nous arriva à minuit,
tout déchiré, dans un état horrible. Le lendemain, nous
le fîmes partir dans une chaise de poste. Il passa dans
la Vendée et y périt, ayant été arrêté dans son lit, malgré
son excellent domestique qui ne voulait pas qu'il séjour-
nât en cet endroit. Ils périrent tous deux, après avoir

(1) André Dumont.

souffert des tourments inouïs. Je le pleurai bien sincè-
rement. »

Le séjour d'Abbeville devenait de plus en plus dangereux. M. et Mme de Falaiseau durent le quitter et se
réfugier à Lille avec leurs enfants.

Revenue à Paris, Mme du Camper y reprit les négociations qui avaient pour but d'obtenir la radiation de
son beau-frère. Elle n'était pas au terme de sa tâche et
de ses difficultés. Gabet, gardien des scellés dans la
maison de la rue du Doyenné, en avait profité pour
voler une partie du mobilier. Mme du Camper n'osa la
poursuivre ; c'eût été s'exposer elle-même à la prison,
sans y faire conduire celle qui méritait d'y être. Elle se
borna à tirer cent cinquante mille francs en assignats de
la bibliothèque de la Revaudière, renfermée dans cette
maison, à vendre une grande partie des meubles à vil
prix, et à transporter le reste dans un petit appartement où elle alla s'installer.

Malgré sa répugnance pour l'émigration, Mme de Kerjean pressait sa fille de partir, de rejoindre son fils dans
les Indes et de se soustraire aux rigueurs dont son dévouement pouvait la rendre victime. Mais Mme du Camper
ne désespérait pas de réussir, et elle mettait dans son
entreprise toute l'obstination de sa tendresse fraternelle.

M. de Falaiseau revint encore une fois à Paris. Sa
situation était extrêmement périlleuse. Émigré aux yeux

de la loi, la production de pièces dont on eût reconnu
la fausseté aurait pu le perdre au lieu de le sauver.
Caché dans le quartier du Marais, il attendait toujours
une solution désirée. On vint un jour, au nom de sa
section, le demander et prendre sur lui des informations.
Cette enquête ne présageait rien de bon. Il se hâta de
quitter Paris et rejoignit sa femme à Lille.

Ils allaient y être livrés à de nouveaux dangers et à
de nouvelles perplexités. Les armées étrangères appro-
chaient et menaçaient la ville, où régnait une grande
fermentation. Il était fort difficile d'obtenir des certificats de la municipalité, qui n'en délivrait que tous les
quinze jours, en exigeant des preuves de civisme attes-
tées par de nombreux témoins.

Où se loger? Toutes les auberges sont pleines. M. et
Mme de Falaiseau trouvent enfin un asile chez M. Dovillers, caractère généreux, mais déjà suspect par ses opinions contre-révolutionnaires. Ils ne peuvent songer
à rester en France, et bientôt il ne sera plus possible d'en
sortir. Beaucoup de communications sont interceptées.

M. de Falaiseau, qui n'a pas encore renoncé à l'espoir
d'obtenir sa radiation, décide sa femme à partir seule et
à passer la frontière, pour ne pas se trouver dans une
ville assiégée où les nobles et les suspects serviront
d'otages. On l'engage à prendre les habits d'une
paysanne et à s'éloigner, un jour de marché, dans un

chariot de provisions, avec ses enfants et la fidèle Marianne, sous la garde d'un paysan et en compagnie d'une Mme Desboulets qui émigrait. Un autre guide escortait les fugitifs; c'était Renard, auquel M. de Falaiseau avait confié Escrignelles lorsqu'il était parti en 1791 pour l'émigration.

Par quelles circonstances se trouvait-il en ce moment à Lille? Il y était venu, sans doute, pour voir ses anciens maîtres et leur rendre compte de la mission dont il s'était acquitté en leur absence.

Il faut partir. Il faut quitter la France avant d'avoir touché au but de tant d'efforts. Mme de Falaiseau ne pourra plus donner les signatures à l'aide desquelles on eût peut-être obtenu la radiation de son mari et la levée des scellés. D'un côté, la prison et l'échafaud; de l'autre, l'émigration, c'est-à-dire la mort civile et la pauvreté qu'on ressent plus amèrement dans les êtres qui vous sont chers.

Douloureux sentiments qui se partageaient alors, en le torturant, le cœur de la femme et de la mère!

III

Rejetée sur la route de l'exil, dont elle connaît déjà les épreuves et les misères, Mme de Falaiseau va nous raconter les épisodes de sa sortie de France au mois de juin 1793 :

« C'est décidé, nous partirons à deux heures. Nous allons chercher des habits complets de paysannes pour chacune de nous, sur la place du marché. Nous achetons chacune un jupon rayé de 8 francs, un casaquin, un bonnet rond de 3 francs. Nous y ajoutons un mouchoir d'indienne, de gros bas, de gros souliers noirs... Nous nous chargeons seulement, avec assez de danger, de bijoux et de lettres de crédit... »

Le travestissement auquel Mme de Falaiseau avait dû recourir pour n'être pas reconnue, aurait pu lui rappeler les jours heureux du règne de Louis XVI, où de grandes dames empruntaient volontiers des habits de bergère. Mais la tragédie avait alors remplacé les pastorales. Ce déguisement n'était pas destiné à l'amusement d'une fête ; il cachait aux regards inquisiteurs une proscrite fuyant son pays.

On conserve encore dans la famille ces vêtements rustiques que porta Mme de Falaiseau pour franchir la frontière française. Évocation d'un passé douloureux, ils en rappellent les émotions, et semblent les redire avec celle qui continue ainsi de nous initier à ses perplexités et à ses angoisses :

« Nous dinons à midi, le cœur serré, les nerfs tendus, l'esprit agité de diverses réflexions, de l'importance de cette démarche et de la douleur de cette séparation. Ce n'est plus le moment où les femmes peuvent se livrer à leur sensibilité, à leur délicatesse, à leur abattement. Il faut savoir joindre à toutes les sensations morales les plus douloureuses le courage d'un homme et la force physique d'une paysanne. Nous nous embrassons; mon mari embrasse ses enfants; tous s'attendrissent, jusqu'à notre conducteur, Renard, ancien soldat, qui ne peut s'empêcher de verser des larmes...

« Renard avait réglé la marche. Il partit en avant pour avertir le paysan. M. Dovillers allait seul à quelque distance pour nous montrer le chemin, car nous l'ignorions absolument. Mme Desboulets et moi marchions à cinquante pas de lui, et Marianne et les deux enfants à la même distance derrière nous. Notre déguisement était si parfait qu'il avait été capable de nous faire rire nous-mêmes au dernier moment. Charles avait un bonnet d'indienne et Alexis une vieille blouse.

« Au passage de la porte, Renard nous accosta en nous disant : « *Où allez-vous donc, mes belles citoyennes? Voir vos amoureux? — Oui* », répondîmes-nous le cœur encore bien gros.

« Mme Desboulets, étant la moins affligée, se chargea de répondre des *pardi, sûrement,* à plusieurs autres questions. Nous passâmes ainsi la porte, sans qu'on nous dit rien. Alexis, au moment même, se rappelant les trois lieues dont on lui avait parlé, dit à sa bonne qu'il tenait par le tablier pendant que Charles était sur son autre bras : *Mais, ma bonne, trois lieues à pied, c'est bien loin.* Personne ne nous reconnut.

« La ville nous parut longue d'une lieue. En sortant, deux gardes nationaux, debout à ne rien faire, se mirent à dire en nous voyant : *Regarde donc ces g...-là, elles viennent espionner pour le redire aux ennemis.*

« Renard les accosta, leur parla nouvelles, fit du patriotisme, et ils nous laissèrent filer, après avoir répété tout bas : *On voit un jupon blanc par-dessous.*

« Nous passâmes notre chemin, après avoir profité de l'avis. Nous fûmes alors accostées par M. Dovillers. Il nous accompagna jusqu'à l'endroit où nous trouvâmes notre conducteur, Bury, qui heureusement nous dit son nom, ce qui nous fut très nécessaire, comme on le verra par la suite.

« Nous fîmes nos adieux et nos remerciements à l'obligeant M. Dovillers.

« Nous avions déjà passé un poste français sans aucun inconvénient. Cela nous avait donné confiance pour les autres.

« Je fus encore au moment de laisser partir mes enfants et de revenir à Lille. Mais la crainte de déplaire mortellement à mon mari, celle de laisser mes enfants seuls avec la possibilité d'un danger, et l'idée qu'une entreprise commencée doit s'achever, me firent faire un dernier effort. Nous poursuivîmes notre route. Un peu avant le dernier poste, Marianne était lasse de porter Charles. Nous entrâmes chez un cousin de notre conducteur. Nous nous assîmes, nous lûmes, nous mangeâmes un peu. Bury et Renard firent quelques questions qui nous tranquillisèrent. L'homme était bon. Les paysans passaient sans qu'on leur dît rien. Nous étions vêtues en paysannes. Pourquoi nous aurait-on soupçonnées de ne pas l'être?

« Nous reprîmes notre course et passâmes le dernier poste très tranquillement. Nous voilà légères; nous n'avons plus de poste français à traverser. Encore une dernière vedette qui ne dit jamais rien, et tout sera fini. Nous aperçûmes la rivière qui sépare la frontière. Le pont était rompu de la veille. Nous mettons le pied sur quelques restes de pierres, et nous sommes hors de la terre de proscription. Nous nous embrassons; nos guides jettent leurs cocardes et nous proposent de nous asseoir pour nous reposer quelques moments.

« Nous nous livrons à ce premier instant de sécurité. Mon seul regret était de songer à tous les êtres qui m'intéressaient en France. J'aurais voulu avoir près de moi mon mari, ma mère et ma sœur. Savoir encore mon

mari dans l'inquiétude pendant que nous étions si tranquilles me semblait une trahison.

« Nous nous arrêtâmes devant une ferme conquise.
Le fermier nous raconta ses malheurs ; nous ne prenions
plus garde à notre langage. Il remarqua apparemment
quelque déguisement, mais ne nous dit rien. Nous partîmes, voyant arriver quelques hommes par le même
chemin que nous venions de quitter. Ils s'arrêtèrent
quelques moments avec le fermier ; je ne sais s'il leur
parla de nous ; mais nous fûmes étonnés de leur entendre
dire : *Bonjour, citoyen,* en pays étranger. *Bonjour,*
leur répondit Renard. — *D'où venez-vous donc?* dirent-
ils. — *De Lille. — Et où allez-vous? — A Villême. —
Est-ce que vous en êtes, de Villême? — Oui. — Cela
n'est pas vrai, car nous en sommes et nous ne vous connaissons pas.*

« Renard persiste et dit qu'il va chez son cousin
Bury. *Ah! ah!* disent-ils, *un f... aristocrate. Nous irons
vous y voir, allez. Si nous vous avions rencontrés plus
tôt, nous aurions su si vous êtes de Villême ; mais c'est
égal, nous vous verrons. — Vous pouvez venir,* répondit Renard ; *je suis aussi bon citoyen et même meilleur
que vous. En voilà la preuve,* ajouta-t-il en montrant un
passeport et une carte de sûreté de Lille. *Vous n'êtes pas
capable d'en faire voir autant, et c'est moi qui aurais
le droit de demander qui vous êtes.*

« La conversation finit. Bury était en avant et se détournait pour les éviter, les connaissant pour trois mauvais sujets capables d'avertir des patrouilles françaises, s'ils en rencontraient. »

Tandis que Renard et le paysan qui servait de guide étaient allés à la recherche de la ferme où l'on devait trouver un abri, les fugitives, restées seules en plein champ, craignaient de tomber dans une patrouille, ou de rencontrer encore les trois « patriotes » dont les questions les avaient troublées.

Il était sept heures du soir. L'obscurité commençait à envelopper la campagne. On entendait le canon. Quelques hommes qui se sauvaient indiquèrent aux pauvres femmes la ferme qu'elles cherchaient, et elles y parvinrent, après avoir évité les vedettes prussiennes, dont les silhouettes apparaissaient sur le bord d'un chemin.

Après un frugal repas qui leur parut délicieux, elles purent enfin s'étendre et s'endormirent profondément.

Leur sommeil fut interrompu à cinq heures du matin par l'arrivée de leurs guides. Ils avaient entendu des coups de fusil et venaient les prévenir qu'il y aurait peut-être un engagement d'avant-postes. Elles remontèrent en chariot et ne tardèrent pas à arriver à Tournay. Mme de Falaiseau y fit la rencontre du prince de Bé-

thune, du comte de Canchy, de Mmes de Nédonchel et
de Valanglart. On mit en commun ses inquiétudes et ses
peines; on tâcha de se procurer des nouvelles des parents et des amis que la tempête avait dispersés. Le caractère français reprenant bien vite ses droits, on ne se
refusa pas quelques distractions. On fit des promenades
et l'on alla au théâtre.

Cinq lieues seulement séparaient Mme de Falaiseau
de la France. Depuis qu'elle avait mis ses enfants en
sûreté, une pensée la poursuivait, l'obsédait : rejoindre
son mari à Lille, le faire rayer de la liste des émigrés,
vendre les biens qui leur restaient, et ne rien conserver
qui exigeât des certificats de résidence. Elle affranchi-
rait ainsi sa mère et sa sœur des dangers auxquels les
exposait la qualité de parentes d'émigrés, qu'aucune
preuve matérielle ne pourrait plus constater. Pour
atteindre ce but, il fallait passer encore la frontière,
affronter le séjour de Lille et comparaître devant la
redoutable section.

Mme de Falaiseau trouva la force de braver tous ces
obstacles, dans l'idée qu'elle accomplissait un devoir
sacré. Avant d'avoir pu mettre son projet à exécution,
elle faillit être victime d'une fâcheuse aventure, dans la
maison qu'elle habitait :

« Mon logement, dit-elle, était au premier, composé
de deux chambres à alcôve, donnant l'une dans l'autre

et ayant chacune une porte dans un grand vestibule qui conduisait dans l'escalier. On n'avait pas trouvé de petit lit pour Alexis, et comme j'en avais un très grand, il couchait dans le mien. Un peu avant six heures du matin, il se réveilla, et il faut que ce soit son bon ange qui ait veillé sur nous. *Maman*, dit-il, *voilà quelqu'un*. Je dormais encore et, l'entendant à peine, je crus que c'était Marianne. *Mais, maman,* me dit-il, *regardez donc, c'est un homme.*

« A ce mot, j'ouvre les yeux, et vois en effet deux hommes mal vêtus, debout devant la cheminée et ayant les yeux braqués sur les rideaux de mon alcôve, qui étaient entr'ouverts d'un doigt tout au plus. Je crus d'abord que c'étaient des gens de la maison qui venaient me dire quelque chose. A vrai dire, j'étais encore à moitié endormie, si bien que dans le premier moment j'avais cru voir un homme et une femme.

« J'avais sur ma cheminée deux montres, une bourse et une petite boîte dans laquelle j'avais serré, la veille, mes bijoux et mon or, après les avoir ôtés du mouchoir dans lequel je les avais portés sur moi pour passer la frontière. Je vis l'un des hommes prendre une montre, et l'autre la bourse; cette vue me réveilla tout à fait. Je calculai que si je ne disais rien, ils pouvaient emporter en un instant tout ce que je possédais, et s'enfuir sans que je pusse les rattraper. Il fallait donc les effrayer. Je me jette à bas du lit avec bruit, en criant de toutes mes forces : *Au voleur! au voleur!*

« Ils s'en allèrent du côté de la porte. Je les poursuis de peur qu'ils n'eussent emporté quelque chose ; je sors de l'alcôve, ils ouvrent la porte, je les suis dans le vestibule. Alors ils s'arrêtent un instant, étonnés apparemment de n'être poursuivis que par une femme. Mais je continuai à crier : *Au voleur!*

« On entendait des portes s'ouvrir. Ils descendent l'escalier en courant. Moi, croyant toujours qu'ils emportaient quelque chose, ou peut-être seulement échauffée par le premier mouvement, je me mets à crier : *Fermez les portes de la rue! fermez les portes!*

« La servante de la maison, la seule qui fût levée, alla en effet pousser les portes à mes cris. L'un des hommes était déjà dans la rue. Elle crie qu'on l'arrête et retient l'autre de toutes ses forces, quoiqu'il la maltraitât. Je criais toujours. Chacun sortit de sa chambre. Le fils de la maison accourut avec son fusil et dégagea la servante. Marianne, qui à mes cris s'était précipitée dans ma chambre, arriva sur l'escalier, et fut bien étonnée de m'y voir.

« *Mon Dieu, madame,* me dit-elle, *vous êtes en chemise!* Je m'en aperçus alors pour la première fois, et, toute honteuse, je rentrai bien vite dans ma chambre. Je regardai partout ; il ne me manquait rien. Ils avaient même remis la montre et la bourse sur la cheminée. Le danger était passé, et ce qu'il y a de singulier, c'est que je n'en fus effrayée que lorsqu'il n'existait plus... Mes genoux tremblèrent sous moi, et j'admirai alors comme la Providence, en m'exposant toujours aux dangers, avait la bonté de me prendre comme par la main pour me les montrer et m'en préserver toujours. »

Les coupables furent arrêtés. C'étaient des Juifs qui suivaient l'armée.

Le voisinage de la France inspirait des craintes pour Tournay. Mme de Falaiseau, sans nouvelles de son mari, apprit qu'un habitant de cette ville, patriote exalté, et chez lequel ils avaient logé lors de leur premier séjour à Tournay, s'était rendu à Lille. Elle redoutait de sa part une dénonciation. Les jours s'écoulaient sans qu'aucune lettre vînt la rassurer. Elle prit le parti de confier ses enfants à Marianne et à Mme Desboulets, qui se rendait à Bruxelles, et de repasser la frontière où l'on avait plus à craindre d'être arrêté par les Prussiens que par les Français.

On savait que des glaneuses passaient chaque jour sans difficulté. Mme de Falaiseau reprit ses habits de paysanne, et un parfumeur de Tournay, nommé Laby, consentit à la guider. On lui adjoignit Fanchon la Blu, paysanne, et son mari, ancien commis de la douane française, qui favorisait les émigrés.

Le 29 juin, après avoir entendu la messe, Mme de Falaiseau se mit en route, ayant annoncé qu'elle partait pour Bruxelles, afin de déjouer les soupçons. Elle traversa les postes prussiens sans être arrêtée.

« Nous arrivâmes, dit-elle, à cinq heures à Bérieu et à Pont-Tessin. Laby parla à l'officier de garde prussien et lui demanda la permission de laisser passer deux femmes. L'officier la lui accorda et donna ordre à tous les postes de nous laisser passer ; on tiraillait de loin. Nous attendîmes quelque temps. On cessa. Nous étions passés.

« Nous crûmes que nous pouvions avancer. Laby était en avant, en habit bleu, culotte jaune. Il est bien fait, grand, et ressemblait à un émigré comme deux gouttes d'eau. Il avança pour parler au poste. Il part un coup de fusil. Heureusement, les soldats lui font signe de se jeter à terre derrière un retranchement. On en tira quelques autres qui ne purent l'atteindre. Il voulut revenir ; on en tira encore qui ne le touchèrent pas.

« Nous étions à quelques pas, ignorant si nous étions à portée. Nous avions grand'peur. Nous nous jetâmes dans les blés, qui nous garantirent. Jamais, je crois, je n'ai couru un si grand danger... Cette petite fusillade pouvait durer longtemps. Nous étions assez près, et garanties seulement par les blés, n'osant pas nous relever de peur d'être aperçues et tirées. Nous restâmes ainsi environ cinq minutes. N'entendant plus rien, nous retournâmes du côté du village, pliées en deux, à travers les blés. Deux ou trois fois nous tombâmes ; mais nous n'en étions que mieux cachées. Enfin, nous nous éloignâmes et nous regagnâmes les premières maisons, où étaient nos hommes. Nous nous promîmes bien de ne pas aller du côté du parc avant que les patriotes fussent partis, et d'attendre les glaneuses qui passaient vers huit heures, afin que s'ils restaient quelques Français, ils ne remarquassent pas les mêmes femmes et que nous fussions confondues dans la foule. La Blu et son mari étaient un peu dégoûtés du voyage. Nous grondâmes Laby sur son habit d'émigré, et nous nous assîmes fatigués du commencement de notre journée.

« Nous envoyâmes chercher un mot d'écrit de l'officier et, les glaneuses partant, nous passâmes avec elles à huit heures et demie. La Blu portait un paquet de culottes que les Français lui avaient données à faire quand ils étaient à Bérieu. C'était là notre meilleur passeport. Nous marchions tranquillement dans le chemin. Tout avait l'air paisible, et rien ne présentait plus l'idée de la guerre. Les troupes étaient retirées. On voyait çà et là quelques paysans sortir de leurs maisons, endimanchés comme à leur ordinaire.

« Rien ne nous retraçait plus aucun souvenir de péril. L'espérance était dans mon cœur, et j'ai remarqué que, toutes les fois que j'ai fait une action dangereuse, mais louable, j'ai eu ce pressentiment et ce calme intérieur.

« Nous marchions gaiement et espérions arriver de bonne heure à Lille. Au bout d'une lieue, nous aperçûmes la première vedette française à cheval. Nous avions vu un paysan passer sans qu'elle lui dît rien. Cela nous confirma dans l'idée qu'elle ne nous parlerait pas non plus. Quel fut notre étonnement, quand nous fûmes à dix pas d'elle, de la voir piquer son cheval et retourner au poste, qui était à peu de distance ! Je pensai que quelqu'un nous ayant vu parler aux Prussiens, nous avait peut-être dénoncés. Je me ressouvins que Laby nous avait donné une lettre contenant un assignat de cinq cents francs. Je cachai l'assignat sur moi, prête à jeter la lettre qui aurait pu nous compromettre.

« J'avais déjà caché dans la doublure de mon casaquin le petit mot d'écrit que l'officier prussien m'avait donné pour repasser, ce qui suffisait pour nous attirer une très mauvaise affaire.

« La Blu se mit en avant pour me cacher un peu et porter la parole, parlant mieux en paysanne, comme on peut le croire. Ces précautions prises, nous suivîmes du même pas notre route. Nous vîmes le cavalier revenir à pas lents de notre côté, et nous avions véritablement un peu peur, quand il nous dit : « *Bonjour, citoyennes.* »

« La Blu lui rendit son salut, et il passa son chemin. Nous avions un grand poids de moins, et nous commençâmes à croire qu'il avait apparemment quelque chose à dire au poste, au moment où nous approchions de lui.

« Nous passâmes au poste, qui ne nous dit pas la moindre chose ; un peu plus loin, nous trouvâmes le second poste à pied. La première sentinelle ne nous avait rien dit. La seconde nous demanda nos papiers en riant. La Blu lui répondit de même : *Les voilà, ce sont des culottes que nous vous apportons. — Ah ! c'est bon, vous êtes une brave femme,* s'écria la sentinelle.

« Il y avait auprès un garde national. Il s'approche de moi en me disant : *Embrassez-moi donc, la belle enfant.* Je me retirai, en lui répliquant : *Laissez-moi passer, ou je ne ferons plus de culottes pour vous.*

« Il nous laissa. Tout danger était fini.

« Nous passâmes au milieu du village d'Hellemmes, qui est fortement retranché et où il y avait beaucoup de soldats ; nous y voyions aussi des femmes, et cela nous rassura. Personne ne nous dit rien. Auprès de la ville, nous trouvâmes un chariot et une jeune fille dessus qui nous offrit d'y monter et de prendre notre paquet. Nous le donnâmes et ne voulûmes pas monter, craignant les questions. Elle allait à Sainte-Catherine, nous aussi. Nous ignorions le chemin. Cela nous parut une bonne fortune, et nous suivîmes le chariot avec d'autant plus de satisfaction que cette grosse voiture nous cachait entièrement. »

M. de Falaiseau était-il encore à Lille? Y avait-il échappé aux perquisitions des terroristes? N'avait-il pas été contraint de retourner à Paris pour y recommencer de nouvelles démarches, dans le but d'être rayé de la liste des émigrés? Telles étaient les questions que s'adressait à elle-même Mme de Falaiseau. Sa joie fut grande en arrivant à Lille, lorsqu'elle aperçut son mari sur le seuil de sa porte. Il pâlit en la revoyant et blâma son imprudence.

« L'affaire, lui dit-il, va être décidée à Paris et n'exige plus votre intervention. Ma situation est ici plus mauvaise que jamais. Je n'ai pu obtenir de certificat de résidence de la section. Il me fallait huit témoins, et l'un d'eux s'est rétracté en chemin. L'attestation des sept autres a été jugée insuffisante. »

Pendant son dernier voyage à Paris, M. de Falaiseau avait vu Mme de Kerjean et Mme du Camper. Celle-ci était accusée de correspondance avec des émigrés, et il était à craindre que son zèle ne lui coûtât la liberté, peut-être la vie.

Lille était en proie à l'effervescence révolutionnaire. Deux cents personnes venaient d'être arrêtées à Douai, dans l'espace de quinze jours.

M. Dovillers fut dénoncé, au grand désespoir de

M. et de Mme de Falaiseau, qui recevaient son hospitalité et s'accusaient de l'avoir compromis. Menacé d'être arrêté pendant la nuit, il dut fuir de sa demeure où il n'était plus en sûreté.

« Nous voilà donc, écrit Mme de Falaiseau, tous les deux seuls, à neuf heures du soir, dans une petite maison écartée, chez un homme suspect, nous-mêmes l'étant beaucoup, nous attendant à chaque instant à voir entrer la municipalité, la garde nationale, à subir un interrogatoire, à coucher peut-être en prison. Mon mari me reprochait, dans les termes les plus forts, d'être venue ajouter à ses tourments. « J'étais trop tranquille, « disait-il, de n'avoir plus à songer qu'à moi, d'être « aussi certain de l'existence de ma femme, de mes « enfants, vous étiez trop bien, il fallait vous-même « venir vous remettre sous le couteau. »

« Je cherchai à justifier ma démarche par mes bonnes intentions. Nous en étions à ces tristes réflexions ; il était neuf heures et demie, quand nous entendons du bruit dans notre rue. On frappe à coups redoublés à notre porte. Nous savions que le maître et le laquais avaient des clefs pour ouvrir eux-mêmes. Aussi nous ne doutâmes pas que ce fût l'annonce de la visite que nous appréhendions.

« Nous écoutons, on frappe de nouveau. Mon mari se lève et dit d'un air ferme : « Allons, il faut ouvrir ! »

Il va à la porte, l'ouvre, et voit avec plaisir que c'est à la porte d'à côté que l'on frappe et fait du tapage. Nous voilà encore délivrés pour un moment.

« Peu de temps après, la porte s'ouvre, et nous voyons entrer Dovillers lui-même, tout courant et en nage.

« Je suis obligé de revenir coucher ici, nous dit-il. J'ai été demander l'hospitalité dans trois endroits. Dans le premier, le maître de la maison est dénoncé aussi et couche ailleurs. Dans les deux autres, on eut l'air d'avoir peur de me garder. Où courir à onze heures du soir? J'ai pris mon parti; je suis revenu vite ici. S'ils viennent, je me sauverai par-dessus le mur du jardin.

« Nous fûmes très contents de le revoir, et songeant à la ressemblance de sa position avec celle que nous avions eue si longtemps à Abbeville, avec le prince de Talmont, nous ne pouvions nous empêcher de sourire, tout en déplorant cette singulière existence.

« Nous conseillâmes à notre hôte de ne point s'enfuir, de nous avertir. Nous allons nous coucher, et dormons de tout notre cœur, comme si nous étions dans la situation la plus tranquille. On se fait véritablement à l'habitude du malheur et du danger. Il est certain que sans cela, la nature ne serait pas assez forte pour supporter continuellement un sentiment d'affliction et de terreur, et c'est une bonté de la Providence qui mesure les forces et le courage aux maux qu'on a à souffrir. »

Pénétré des dangers que sa femme courait à Lille, M. de Falaiseau ne lui permit pas d'y rester davantage. En se présentant à la section, dont les assemblées étaient publiques, en recommençant de nouvelles et périlleuses démarches pour la radiation si désirée, elle risquait à la fois de se compromettre et de compromettre tous les siens. Son départ fut fixé au 3 juillet. Ce ne fut pas sans peine que Fanchon La Blu consentit à l'accompagner encore une fois dans ce voyage, dont nous trouvons les détails sous la plume de Mme de Falaiseau :

« On arrange que nous emmènerons avec nous une bonne religieuse de soixante-quinze ans, persécutée pour le serment, et obligée de se travestir, de fuir, de courir les hasards. Une vieille femme qui ne pourra peut-être pas marcher est un embarras de plus ; mais elle est malheureuse, et nous pouvons lui donner la tranquillité. Nous la faisons avertir, elle accepte.

« Renard vint me dire qu'il avait obtenu une permission pour passer les avant-postes. Il lui faudrait aussi une permission de passer les postes étrangers. Je lui promets de la demander en sa faveur au comte de Canchy. Je ne doute pas qu'il ne la lui accorde. En attendant, il désire profiter de celle que j'ai et passer avec moi. J'y consens, toute fière et heureuse d'avoir deux personnes à obliger, et de me trouver, moi pauvre proscrite, la protectrice de deux personnes dans ces circonstances difficiles.

« Mon mari brûlait de me voir en lieu sûr. Il exigea ma parole d'honneur de ne pas remettre les pieds en France sans son ordre. Je la lui donnai, et j'exigeai la sienne que si j'étais *nécessaire* il m'avertirait, et que je viendrais alors si la prudence le permettait.

« Le rendez-vous était à sept heures, et nous devions partir à dix. La Blu nous fit attendre et n'arriva qu'à une heure. Ayant trouvé un fiacre qui avait un laissez-passer, on en profita pour mener la pauvre religieuse hors des derniers postes français, sous prétexte d'aller voir un enfant en nourrice. Ce sera toujours une lieue de moins pour ses vieilles jambes, et nous la prendrons là pour la conduire à sa destination.

« Cette fois-ci, rien ne fut plus doux et plus tranquille que notre voyage. Il semblait que cette bonne religieuse y avait amené la bénédiction du ciel. Nous ne nous aperçûmes seulement pas du passage des trois postes, et les cherchions encore, quand nous les avions passés.

« C'était le jour du marché; il y avait quelques paysannes sur le chemin, dans la campagne. On n'y prenait pas garde. Nous allions vite pour retrouver un chariot où devaient être deux voisines de La Blu. Nous les trouvâmes au-dessus des derniers postes, à une lieue

de la ville. Nous montons dans le chariot, et nous apercevons le fiacre à quelques pas. La bonne religieuse
déguisée en paysanne et une de ses parentes, jeune et
parée, sortaient d'un cabaret où Renard les avait rejointes, avec un officier national qu'il avait soin de
griser, afin de lui ôter l'envie d'être curieux.

« Ces pauvres femmes ne savaient comment nous
accoster. Elles hésitaient et tremblaient. Nous les décidâmes en criant : *Catherine ! Catherine ! Venez donc
dans notre chariot ! Venez avec nous.* Elles approchèrent, se serrèrent la main. On hissa la pauvre Catherine, qui avait les larmes aux yeux. Je lui dis tout bas :
Soyez tranquille, n'ayez pas peur, tout ira bien.

« Le chariot nous conduisit environ une demi-lieue.
C'était sa destination. Nous descendîmes. Il nous restait
encore une demi-lieue. La pauvre femme ne pouvait
plus marcher. Nous la poussâmes, l'assîmes et la relevâmes. Enfin, nous arrivâmes auprès du pont. Les deux
voisines de La Blu étaient passées les premières avec
leur paquet. Nous vîmes de loin deux soldats prussiens
mettre la planche et nous attendre en riant. Nous regardâmes s'il n'y avait pas quelques hussards français qui
auraient pu tirer sur nous au passage. Il n'y avait personne. Nous passâmes la planche qui séparait les deux
mondes avec autant de facilité qu'on se promène sur le
pont d'un jardin anglais. Le soldat voulait plaisanter.

Je lui donnai un petit écu. Il me remercia en disant : *Gut, gut*, et nous aida à nous mettre de l'autre côté. Soutenant la bonne religieuse, nous la pressâmes de nous éloigner de la rivière et de la portée des fusils, et nous nous trouvâmes en peu de temps à l'abri de toute crainte. Elle fit une grande exclamation de remerciement à Dieu et de douleur de penser qu'à son âge, après avoir vécu quarante ans dans la même maison, sans sortir, elle était obligée d'errer ainsi de pays en pays. Mais elle était sur une terre tranquille et espérait y voir bientôt la fin de nos malheurs.

« Nous ne voulûmes pas paraître tous ensemble dans le village, pour ne pas compromettre La Blu, car il y avait encore de mauvais sujets qui pouvaient faire des rapports à Lille et lui faire du tort quand elle y retournerait.

« Renard et moi les laissâmes à Pont-Tessin et arrivâmes à Bérieu, qui est à trois lieues de Lille, en moins de trois heures de temps. La Blu et la religieuse y arrivèrent bien longtemps après. Nous couchâmes chez elle, et le lendemain un chariot nous conduisit à Tournay, à six heures du matin. Je dis adieu à la bonne religieuse, en lui souhaitant bonheur et santé. Je vins à l'hôtel d'Angleterre, comptant partir pour Bruxelles le lendemain, et ne voulant pas que personne fût informé de mon séjour, ni de mon voyage, qui aurait fait l'histoire de toute la ville. »

En retrouvant la sécurité, Mme de Falaiseau tremblait pour ceux qu'elle laissait en France. L'inquiétude la suivait sur toutes les routes et s'attachait à ses pas. Il lui fallait désormais s'éloigner du but qu'elle espérait atteindre au prix de tant d'efforts et de dangers. Maintenant qu'elle avait franchi pour la seconde fois la frontière qui la séparait de la patrie, elle voyait s'évanouir l'espoir si souvent caressé dans les rêves des proscrits.

CHAPITRE V

1793-1794

I

Elle recommençait donc, cette vie d'exil, avec ses amertumes, ses hasards et la perspective de toutes les privations qu'impose la misère !

Mme de Falaiseau rejoignit à Bruxelles ses enfants restés sous la garde de l'excellente Marianne. Elle y attendit, pleine d'anxiété, le résultat des suprèmes tentatives faites par son mari pour échapper aux conséquences des lois révolutionnaires.

Par des occasions sûres, il lui adressait les lignes suivantes, écrites à l'encre sympathique :

« Lille, mercredi 10 juillet 1793.

« Je suis tenu de payer la triple imposition, et de plus, de fournir la caution d'une année, et cette caution est ta sœur... Elle me mande que, mardi, on va dans la rue du Doyenné pour lever les scellés, qu'il faut que j'aille à Paris le plus tôt possible, après avoir signé les certificats, parce que ma procuration ne vaut rien.

« Malheureusement, la signature des certificats a encore manqué par la même raison que la dernière fois. Je le ferai dimanche, coûte que coûte. Je saurai à Paris plusieurs choses que ta sœur ne peut me dire que verbalement.

« On a arrêté le jour de ton départ une femme et deux religieuses qui s'en allaient, et avant-hier un pauvre domestique revenant de Guise.

« Je suis très inquiet de ces certificats de résidence. Les sections sont abominables, et deux témoins m'ont encore manqué.

« Il sera très difficile dorénavant d'avoir des nouvelles. »

M. de Falaiseau put encore faire parvenir plusieurs lettres à sa femme, de Lille et de Paris, où il alla à diverses reprises, espérant toujours obtenir sa radiation. Grâce à des sacrifices d'argent, grâce aux efforts de Mme du Camper, il allait réussir, lorsqu'une dénonciation du maire de Châtillon-sur-Loing fit échouer ces tentatives, et l'obligea de quitter la France où il eût été immédiatement arrêté. Le 4 octobre, il passait la frontière, et avant de rejoindre à Bruxelles sa femme et ses enfants, il se rendit en Hollande, à Bréda, dont le gouverneur, M. de Falaiseau, était son parent. Colonel et aide de camp du prince d'Orange, il restait le seul représentant d'une branche qui, lors de la révocation de l'édit de Nantes, était venue chercher un refuge à l'étranger. Ni lui ni ses deux sœurs ne s'étaient mariés.

Ils firent bon accueil à celui que leur recommandaient non seulement les liens du sang, mais les droits du malheur, et qui, proscrit par la Révolution, s'enfuyait de sa patrie, comme l'avait fait autrefois leur ancêtre.

Heureux d'avoir trouvé en Hollande un appui et une protection dans cette parenté, M. de Falaiseau revint à Bruxelles auprès de sa femme. Leur existence y était soumise aux tribulations des émigrés, mais une épreuve leur était alors épargnée, celle de la séparation, et si la route de l'exil était longue et pénible, ils y marchaient appuyés l'un sur l'autre.

Il fallut demander au travail de trop faibles ressources. M. de Falaiseau donna des leçons de tachygraphie (1). Il se mit à étudier l'anglais, dans l'espoir de trouver des moyens d'existence en Angleterre, où il fit un voyage au mois de février 1794. De Londres, il écrivait le 25 mars à Paul du Camper :

____

(1) Art d'écrire vite, au moyen d'abréviations.

« Je ne sais si tu as reçu nos lettres. J'étais rentré en France, mais j'en suis reparti au mois de septembre dernier, n'ayant pas réussi dans mes projets, et risquant ma tête tous les jours. J'ai laissé ton excellente mère à Paris, ne jouissant pas d'une très bonne santé, mais cependant meilleure que quand elle est partie de Londres... Nous avons chargé une personne qui a encore quelquefois le moyen de correspondre en France, de lui faire parvenir ta lettre ; mais j'ignore si elle réussira, car on a toutes les peines du monde à y arriver, et de plus on compromet terriblement les personnes à qui s'adressent les lettres. L'inquisition est affreuse. Depuis le mois de septembre je n'ai pu avoir des nouvelles de ta mère, ni de ta grand'mère. Cependant j'ai tout lieu de croire qu'elles sont tranquilles, parce qu'on a la liste des personnes arrêtées, et elles ne sont pas du nombre. Je suis établi jusqu'à nouvel ordre à Bruxelles avec ta tante, Alexis et Charles... J'ignore ce que nous deviendrons. Je n'ai presque pas d'argent et je ne sais quel parti prendre. J'ai bien des vues sur l'Inde ; mais tu sais combien le passage est difficile à obtenir, et d'ailleurs il faut avoir des fonds pour réussir... J'attends l'arrivée de Kerjean avec une vive impatience. Il me donnera là-dessus des avis et conseils...

« Tu n'as pas l'idée de l'état dans lequel est la France. Tous les nobles et gens riches, négociants, banquiers, sont arrêtés, et la guillotine en expédie tous les jours un grand nombre. Tous ceux qui ont de la fortune sont suspects, et en conséquence on les emprisonne et on séquestre leurs biens.

« Dans le Poitou, l'Anjou et en Bretagne, il s'est formé un parti de royalistes composé de paysans et de quelques gentilshommes. Ce parti pendant longtemps a eu de très grands succès, mais il vient d'éprouver des revers, de sorte qu'il est comme anéanti.

« L'anarchie est à son comble dans l'intérieur ; mais les armées républicaines ne s'en ressentent pas. Elles sont singulièrement aguerries, et leur nombre supplée à la discipline et à la tactique. Toulon, dont les Anglais s'étaient emparés, a été repris par les patriotes, et avant de l'évacuer, ils ont détruit les magasins, les arsenaux, et ont emmené ou brûlé quinze vaisseaux de ligne. Lyon qui s'était révolté est détruit, et plus de quinze mille de ses habitants ont péri par la guillotine et par le canon chargé à mitraille qu'on tirait sur eux ; nouveau genre de supplice, car on les attachait ensemble, deux ou trois cents à la fois, et on tirait dessus. »

M. de Kerjean arriva à Londres sans y retrouver M. de Falaiseau, qui était retourné à Bruxelles. Son séjour dans les Indes n'avait pas été profitable à sa fortune, et il ne pouvait rentrer en France sans s'y livrer à une mort certaine. Il était dans la plus cruelle incerti-

tude au sujet de sa mère et de sa sœur, Mme du
Camper.

« J'apprends, écrit-il le 30 juillet à M. de Falaiseau,
que vous n'avez pas de leurs nouvelles depuis septembre.
Il faut espérer que la Providence les préservera de toute
espèce de malheur. Écrivez-leur par la Suisse ou n'importe par où, que je suis arrivé bien portant, que j'ai
établi Paul à Pondichéry. Ces nouvelles les consoleront
et les tranquilliseront. »

Livrés aux mêmes inquiétudes que M. de Kerjean,
M. et Mme de Falaiseau restaient à Bruxelles jusqu'à ce
que les événements vinssent les en bannir. L'émigration
amenait des rencontres imprévues et rapprochait parfois sur la terre étrangère ceux qui avaient connu en
France l'intimité du voisinage.

Le comte Louis de Machault, que M. et Mme de Falaiseau avaient accueilli tant de fois à la Revaudière, lorsqu'il habitait le château de la Forêt, était à Spa lorsqu'il
apprit leur présence à Bruxelles. Aussitôt il échange
avec eux des lettres où il évoque la mémoire des années
heureuses, en exprimant l'espoir de les voir revenir :

« Malgré tous les agréments véritables de Bruxelles,
écrit-il à Mme de Falaiseau, nous nous sommes décidés
à passer l'hiver à Spa. Le bon marché, qui maîtrise
toutes les actions des pauvres émigrés, nous a fait
prendre ce parti. Nous avons loué une maison pour

60 livres par mois. Je viens d'assister à la location qu'à faite Mme de Boisdenemetz d'une grande maison pour madame sa mère et madame sa sœur, *payable en France*. Il y a plusieurs exemples de ces marchés. Il y en a beaucoup à Aix-la-Chapelle. Cela nous fait voir qu'il nous est permis de nous flatter que nous ne serons pas éternellement expatriés. »

« Je regarde la vente des biens-fonds comme très malheureuse, écrit-il à M. de Falaiseau, parce que les acquéreurs seront en partie nos habitants, et que chaque acquéreur est un ennemi déclaré qui ne nous pardonnera jamais de lui enlever des fonds dont il se croyait propriétaire légitime. »

La correpondance continue entre les émigrés, dont les pensées se tournent sans cesse vers les domaines où ils vécurent.

M. de Machault répond, le 18 janvier 1794, à une lettre de M. de Falaiseau :

« Vous me demandez ce que je suis devenu depuis le mois de juillet que j'ai quitté l'Angleterre. Je suis resté constamment habitant de Spa. Je m'en trouve à merveille. Nous y menons la vie de campagne; de longues promenades nous entretiennent en exercice le matin; une société aimable et liée, des thés, la redoute, nous font passer des soirées agréables.

« On trouvait assez de facilités pour faire des marchés payables en France : mais depuis quinze jours la confiance n'est plus la même. Notre sort est d'être sans cesse victimes des événements. De plusieurs individus dont j'avais la parole, il ne me reste que le boulanger et le cordonnier, qui consentent à n'être payés que sur les revenus de Chatres; je désire fort ne point les faire attendre. Hélas! quand reverrons-nous la Revaudière, la Forêt, ces lieux qui élevèrent notre enfance? Le premier vin que nous y boirons nous semblera délicieux. »

Les émigrés ne connaissaient plus que l'amer breuvage de l'adversité. Une de leurs plus cruelles épreuves était d'être chassés, par nos soldats victorieux, des asiles où ils s'étaient réfugiés.

La reddition d'Ypres et de Charleroi, la bataille de Fleurus perdue par les Autrichiens, la retraite de l'ennemi, présageaient de nouveaux succès aux armées de la République. Le 10 juillet, elles entraient à Bruxelles.

Malheur à l'émigré s'il tombe au pouvoir des Français, qui apportent les lois révolutionnaires dans les plis du drapeau! Il sera envoyé dans sa patrie, non pour y retrouver un foyer, mais pour comparaître devant le tribunal de sang et y entendre prononcer son arrêt de mort.

Forcés de quitter Bruxelles, M. et Mme de Falaiseau se retirèrent avec leurs enfants à la Haye, après avoir séjourné à Bréda chez les parents dont les rapprochait le souvenir d'une commune origine.

Triste destinée! La Révolution avait dépouillé les émigrés, et la guerre leur disputait jusqu'au toit de l'étranger où ils venaient abriter leur misérable existence.

II

Ces fréquents voyages, ces changements de résidence achevaient d'épuiser les dernières ressources. Heureux ceux qui pouvaient se dépouiller d'objets précieux emportés au départ de France!

On lisait alors dans les journaux anglais des annonces comme celle-ci :

Avis au public. — Diamants français, bijouterie, etc. La noblesse étrangère et autres personnes sont averties que chez M. Pope and Cᵒ, nᵒ 15, Old Burlington Street, on donnera le plus grand prix possible. L'argent sera payé à l'instant (1).

Des joailliers hollandais acquéraient également les bijoux des femmes émigrées, réduites à payer avec les

(1) FORNERON, *Histoire générale des émigrés,* t. II. p. 43.

débris de leur ancienne opulence le morceau de pain de chaque jour. Mme de Falaiseau dut, comme tant d'autres, sortir de son écrin les pierreries dont elle avait aimé à se parer, au temps de la prospérité.

Un joaillier de la Haye examina ces bijoux, et en fit l'estimation suivante :

Un bracelet de 900 à 1,000 florins.	900 florins (1).
La chaîne avec les six grosses pierres en barrière.	310 —
L'autre chaîne en perles avec le cartouche en brillants	220 —
Le petit collier en perles fines.	100 —
Les chatons enfilés.	200 —
Une bague composition prune, entourée de brillants	200 —
La bague fond bleu, semée de diamants et entourée de brillants.	130 —
La bague composition verte avec un grenat. . . .	45 —
La bague composition prune avec cartouche de huit roses.	15 —
La bague solitaire fond bleu.	120 —
	2.240 florins.

Le joaillier conseilla de vendre ces bijoux au fur et à mesure que se présenteraient des occasions favorables qu'il s'offrit de chercher, mission qui lui était souvent confiée par les émigrés réfugiés en Hollande. Il estimait que Mme de Falaiseau pourrait réaliser ainsi une somme de 250 louis.

(1) Le florin de Hollande valait à cette époque 25 sols de notre monnaie.

Ils s'en allèrent donc un à un, ces joyaux auxquels se rattachaient des souvenirs de bonheur. Le collier de perles, porté jadis au milieu du bruit joyeux des fêtes, venait maintenant secourir la misère des jours de larmes. Les bagues ne devaient plus orner des doigts occupés à raccommoder les vêtements usés de l'exil.

M. de Falaiseau vit arriver un jour à la Haye M. de Fontenay, son ancien ami, celui qui lui avait adressé des conseils sur le choix d'une femme. Devenu veuf, M. de Fontenay s'était remarié avec une simple villageoise d'une rare beauté. Grâce à l'éducation qu'il lui avait fait donner avant de l'épouser, elle se montrait aussi supérieure par son esprit que par ses vertus. La Révolution était venue troubler cette idylle qui reportait aux fictions romanesques de l'*Astrée*. M. et Mme de Fontenay avaient pris le chemin de l'exil avec leurs deux filles encore enfants, et se disposaient à aller en Angleterre pour y chercher un refuge.

Touchés de leur détresse, M. et Mme de Falaiseau leur remirent une lettre pour M. de Kerjean, qui se trouvait alors à Londres, et quoique réduits eux-mêmes à la pauvreté, ils glissèrent cinq guinées dans la bourse des voyageurs (1).

Les émigrés, dans leur misère, goûtaient ainsi la

(1) *Souvenirs* inédits de M. de Fontenay. (Archives du vicomte de Romanet.)

douceur d'alléger des souffrances et de se prêter un mutuel secours.

La pensée des absents ajoutait ses tourments aux âpres soucis de la vie matérielle. Mme de Kerjean et Mme du Camper existaient-elles encore? Avaient-elles pu tromper les yeux des terroristes dont la tyrannie étreignait la France? M. de Kerjean, toujours à Londres, l'ignorait même après les événements du 9 thermidor, qui avaient fait tomber la tête de Robespierre sur la terre rougie du sang de ses victimes.

« Le sort de cette malheureuse sœur et de ma mère, écrit-il le 18 août à Mme de Falaiseau, me cause les inquiétudes les plus cruelles. Je ne sais comment me flatter qu'elles puissent avoir échappé ou qu'elles échappent par la fuite à l'horrible proscription, à l'infernale boucherie au milieu de laquelle elles se trouvent avec autant de sujets d'être recherchées... Mille raisons s'opposent à ce qu'elles restent dans l'obscurité qui seule peut les préserver du sort qu'ont subi tant d'autres victimes de la fureur atroce et insatiable qui possède la France. Quelle espérance pourrais-je raisonnablement concevoir à leur égard? J'en vois bien peu. Tâchons au moins de ne pas anticiper sur l'événement affreux que nous avons tant de raisons de craindre. »

Les émigrés redoutaient sans cesse, en lisant les feuilles publiques, d'apprendre le supplice de leurs parents et de leurs amis. Elles étaient pour eux une source de douleurs et de craintes.

« Un jour, dit le duc de Doudeauville (1), que selon mon habitude à Aix-la-Chapelle je faisais à haute voix, dans un cabinet littéraire, ma lecture de journaux anglais et français, les auditeurs me virent pâlir, chanceler, et bientôt m'évanouir. J'avais lu du coin de l'œil, à l'article de Paris, ces lignes : *La citoyenne Durtal* (2) *et le citoyen de l'Aigle ont été exécutés sur la place de la Révolution.*

« Je fus frappé comme de la foudre. Ma sœur que j'aimais si tendrement ! Elle était veuve, et si on l'a tuée, me disais-je, ne tuera-t-on pas aussi la femme, la mère de l'émigré ?

« Mon existence devint un supplice continuel, ou plutôt je ne vivais plus ; les jours de poste, que j'attendais avec une mortelle impatience, m'apportaient les plus terribles angoisses. Je croyais, à chaque ligne du journal, trouver la condamnation des personnes qui m'étaient si chères. Comment résiste-t-on à de pareilles anxiétés (3) ? »

En proie aux mêmes alarmes que son frère, Mme de

____

(1) Marié à Mlle de Tellier de Louvois de Montmirail.
(2) La comtesse de Durtal, née la Rochefoucauld.
(3) *Vie de Mme de la Rochefoucauld, duchesse de Doudeauville.* Paris, 1878, 2ᵉ édit., p. 195.

Falaiseau adressait le **28** août cette lettre à Paul du Camper, alors à Madras :

« Tu sais sans doute, mon cher ami, que, malgré tous les soins et les peines que s'est donnés ton excellente mère, nous n'avons pu réussir à rentrer dans nos biens et à effacer notre arrêt de mort. C'était une chose impossible par le système de rigueur toujours croissante qu'exerçaient les monstres qui gouvernaient la France. Après avoir tenté tous les moyens pendant plusieurs mois, nous avons été obligés de nous enfuir, et je suis repartie de France avec mes enfants, en juin 93, et mon mari en septembre de la même année. Nous avons été obligés d'émigrer de nouveau, à pied, déguisés, presque nus, sans aucuns moyens pécuniaires.

« Ma sœur espérait nous faire passer de l'argent, ainsi qu'à toi, mais les expédients ont toujours été impossibles. Elle-même ainsi que ma mère et tous nos parents de France sont dans l'oppression et le dénuement. La nation s'est emparée de tous les biens des propriétaires, quels qu'ils soient. Elle confisque les uns, met des impositions énormes sur les autres, exige de tous des contributions continuelles, et ce qu'il y a de plus malheureux encore, c'est qu'elle exerce sa tyrannie sur les personnes et sur la vie.

« Ma mère et ma sœur étaient bien portantes et tranquilles en septembre 1793. Elles habitaient tantôt

Paris, dans un réduit obscur et étroit, n'ayant qu'une seule domestique, se cachant presque à tous les yeux et se bornant au nécessaire le plus strict, tantôt la campagne auprès de Paris, suivant les moments de trouble ou de tranquillité. Depuis cette époque, nous n'en avons aucune espèce de nouvelles; mais, connaissant leur prudence, nous nous flattons qu'elles échapperont à tout danger, et que nous ne les verrons jamais sur aucune des listes fatales... Nous n'avons plus de nouvelles de nos autres parents de France, excepté du pauvre M. de Bacquencourt dont nous avons appris le supplice. »

On n'avait alors de nouvelles de France que par le bourreau. La liste des victimes que le tribunal révolutionnaire avait envoyées à l'échafaud était publiée environ tous les quinze jours. Criée dans les rues de Paris et sous les fenêtres des prisons, elle se répandait à l'étranger, où elle était lue avec une douloureuse avidité. Mme de Falaiseau connut ainsi la mort de l'excellent parent dont la tendre affection avait souri à son berceau. Elle lui donna des regrets sincères, en tremblant d'avoir à pleurer d'autres pertes.

M. de Bacquencourt, arrêté le 7 septembre 1793 à Paris, rue Bergère, où il demeurait, avait subi les horreurs de la prison jusqu'au jour où il fut impliqué par Fouquier-Tinville dans la conspiration du Luxembourg, avec cinquante-neuf accusés. Tous comparurent le 7 juillet 1794 devant le tribunal révolutionnaire. Parmi eux se trouvaient le président de Nicolaï, qui avait sollicité l'honneur de défendre la reine Marie-Antoinette, et payait de sa vie cet acte de courage si glorieux pour sa mémoire; l'abbé de Fénelon, le bienfaiteur des petits Savoyards, et son neveu, ancien colonel, honorant l'un par les vertus chrétiennes, l'autre par la valeur guerrière, le nom qu'illustra l'archevêque de Cambrai. On remarquait aussi au nombre des accusés le prince d'Hénin, MM. d'Hautefort, de la Tour du Pin-Chambly, de Damas, de la Rochelambert, de la Baume, le marquis de Chiffrevast, octogénaire que Lecarpentier, représentant du peuple, avait envoyé de Valognes avec d'autres prisonniers destinés à la guillotine. Ils avaient été entassés dans des charrettes, et une seule chaise de poste se trouvant alors à Valognes, les détenus la laissèrent à M. de Chiffrevast, par respect pour son rang et son âge. Il arriva ainsi bien avant les charrettes, qui parvinrent seulement à Paris le 11 thermidor, après la chute de Robespierre, et subit le sort qu'évitèrent ses compagnons d'infortune, grâce à la lenteur de leur voyage.

Ysabeau de Monval, ancien greffier du Parlement de Paris, était compris dans cette même liste de prévenus. Dumas, président du tribunal révolutionnaire, dési-

gnant la salle d'audience où les bonnets phrygiens rem-
plaçaient les fleurs de lis de l'ancienne grand'chambre
du Parlement, lui dit avec une ironie féroce : « Tu dois
reconnaître cette salle? — Oui, je la reconnais, répondit
fièrement Monval. C'est ici qu'autrefois l'innocence
jugeait le crime et que maintenant le crime condamne
l'innocence! »

Les porte-clefs du Luxembourg osèrent attester
qu'aucune conspiration n'avait existé parmi les prisonniers dont ils avaient la surveillance, et Fouquier-Tinville, furieux de cette courageuse sincérité, requit l'arrestation et l'emprisonnement d'un de ces hommes,
dans l'espoir d'intimider les autres, qui persistèrent dans
leurs dépositions.

Boyaval, déserteur, Beausire, mari de la d'Oliva, dont
le rôle dans l'affaire du collier fut tristement célèbre, et
d'autres individus aussi méprisables, déposèrent contre
les victimes, et les témoignages de ces dénonciateurs,
dignes de pareils juges, motivèrent l'arrêt qui fit tomber
à la fois soixante têtes (1). M. de Bacquencourt périt
avec ceux que la même tyrannie vouait à la même mort.

Mme de Falaiseau ne fut rassurée que plus tard sur
l'existence de sa mère et de sa sœur. Réfugiée à Nogent-

____

(1) Campardon, *Le tribunal révolutionnaire de Paris,* t. I, p. 379,
516. — H. Wallon, *Histoire du tribunal révolutionnaire de Paris*
t. IV, p. 422.

sur-Seine chez ses amis, Mme de Kerjean avait traversé la Terreur sans être arrêtée. Mais si la prison lui fut épargnée, on lui donna des gardes dont la présence constituait un odieux espionnage et une charge onéreuse, car ces surveillants, pris parmi les « sans-culottes », étaient payés par ceux qui avaient à souffrir de leur présence et de leur grossièreté.

M. et Mme de Laleu, dont Mme de Kerjean recevait l'hospitalité, eurent un de leurs domestiques guillotiné pour avoir caché une somme d'argent qu'ils avaient voulu soustraire aux perquisitions. Ils furent eux-mêmes emprisonnés; mais leur captivité ne dura que cinq jours, et ils rachetèrent leur liberté moyennant une somme de cent mille livres, payant, comme tant d'autres, une rançon aux convoitises de la Révolution.

Mme du Camper avait continué pendant quelque temps de vivre cachée à Paris. Voulant fuir la capitale, elle alla se fixer à Villiers-sur-Marne (1), dans une maison de campagne où vint la chercher l'inquisition jacobine. Elle a raconté les circonstances de son arrestation :

« Je me croyais oubliée, dit-elle, et vivais assez tranquille, travaillant nuit et jour pour ma nourriture. Un jour, j'entends crier à la porte : *De par la loi, ouvrez!* Les autorités de Villiers entrent. On fouille

____

(1) Canton de Sussy, département de Seine-et-Oise

partout ; on ne trouve rien. J'étais aimée dans le village. On obtint qu'on ne m'emmènerait pas et qu'on me laisserait mon jardinier pour gardien. »

La décision prise par le comité de surveillance de l'endroit est l'objet d'une pièce curieuse qui montre à quelles mains était livrée alors la France. La voici avec son orthographe :

« Ce jourd'huy 17 ventôse deuxième année de la République française, une et indivisible.

« Nous étant transportés, nous comitet de surveilliance chez la citoyenne veuve Campert pour faire la visite ordonnée par deux citoient comissaire du comitet de surtez généralle ayant pouvoir de la Convention, en ayant fait notre devoir avec eux, n'ayant rien trouvet chez la ditte citoienne de suspect, nous lont laisser et abandonner en arrestations chez elle à notre pouvoir dont nous avons choisy un vray sans culotte qui est un citoient nommé Tillien son jardinier que nous connoissons estre dans le cas de faire ses fonctions dont les-dits comissaires sus nommée nous en ont donnée ordre et a notre responsabilité. Et a signez avec nous

« TILLIEN.

« CLAVOT, membre.   MERCIER, présidant. »

Malgré cette attestation de civisme, il est permis de

supposer que Tillien, le jardinier, n'était pas un gardien bien farouche, et que Mme du Camper, qu'entourait la sympathie populaire, n'eut pas trop à se plaindre de son surveillant.

Elle se félicita d'avoir pu fléchir les autorités révolutionnaires de Villiers, qui, comme on vient de le voir, n'avaient qu'une imparfaite connaissance de la langue française. Mais sa retraite était découverte, et elle ne tarda pas à être de nouveau troublée par les terroristes, à qui elle était signalée.

« Trois mois après, écrit Mme du Camper, ils m'emmenèrent à Paris, aux Anglaises. Le lendemain, je reçus dans une terrine 25,000 francs en assignats. « Je « dois cette somme à Kerjean, votre frère, et je vous la « remets », m'écrivait M. Léger, qui, de retour à Paris depuis peu, m'envoyait ce secours.

« Je trouvai nombreuse et grande société dans ma prison. Deux mois après, à l'heure du dîner, trois charrettes et des gardes arrivent. Les hommes sont enlevés. Nous ignorions où on les transférait ; c'était au Luxembourg. Ils ont presque tous péri. Le lendemain, on vint nous chercher. Il faisait un orage affreux ; il pleuvait à torrents. On nous entasse dans des charrettes, et nous parcourons la route aux clameurs de la populace qui criait : *Aristocrates, à la guillotine!*

« Enfin, nous arrivons trempées. On nous met dans

une grande pièce où des porte-clefs nous fouillent, l'une après l'autre. J'avais caché mon argent, gardant seulement 200 francs. Ils ne me laissèrent que 5 francs.

« Nous entrons tous dans une pièce longue et sale. Des prisonniers vinrent nous offrir leurs soins et leurs services, et nous apprirent que nous étions au dépôt de la Conciergerie, qui jadis était le collège du Plessis. Le lendemain, nos effets arrivent dans cette prison; jetés dans la cour, ils y passèrent trois jours sous la pluie.

« Nos nouvelles compagnes nous aidèrent de leur mieux. Nos souffrances dépassaient celles que retrace l'*Almanach des prisons*. Je crachais le sang. Un porte-clefs eut pitié de moi, me protégea et me procura les moyens d'écrire, d'avoir des nouvelles de ma mère par M. Léger, qui travaillait à ma liberté. En s'occupant de moi, il fut arrêté, puis à force d'argent libéré. Il m'envoya un écrit en me priant de le signer sans crainte, parce qu'il serait nul. Il m'y réclamait comme sa femme, et avait reçu l'ordre de la marine de se rendre à Toulon. Je signai, mais j'avais peu d'espoir.

« Le 9 thermidor amena la chute de Robespierre. Nous fûmes renfermées vingt-quatre heures sans manger. Le 10, je sortis et fus chez ma mère. M. Léger voulut me rendre l'acte. Ma reconnaissance et son dévouement m'en empêchèrent. »

Mme du Camper devint ainsi la femme de celui dont

l'attachement s'était manifesté avec tant de courage et de délicatesse, et qui avait exposé sa vie pour elle. Les confiscations révolutionnaires ne l'avaient pas épargnée en Bretagne. Elle était frappée dans sa fortune ; mais avec la liberté elle retrouvait le bonheur dans une union scellée par tant d'épreuves. Image du dévouement, elle s'était prodiguée pour les siens au milieu des périls, et elle avait entrevu l'échafaud. Elle suivit son mari dans les pays lointains où l'appelait sa carrière, et put goûter enfin la paix des jours sereins et des affections fidèles (1).

M. de Kerjean, qui n'avait pu résister au désir de revoir sa mère et sa sœur, était rentré en France après le 9 thermidor. Il fut arrêté à Paris. On l'accusa d'avoir continué de porter la croix de Saint-Louis et fait célébrer à Pondichéry un service pour Louis XVI. Il dut sa délivrance à l'intervention de Barras.

Désormais rassurée sur des vies longtemps menacées, Mme de Falaiseau n'avait plus à souffrir que des pri-

(1) Elle mourut en 1832. De son mariage avec M. Léger, préfet colonial à l'île de France de 1803 à 1810, et mort en 1813 préfet maritime de Brest, elle eut une fille, Pauline, qui épousa le vicomte de Marigny, fils du vice-amiral de ce nom, grand-croix de Saint-Louis, sous-gouverneur du Dauphin (Louis XVII), et de Mlle de Kersaint, et cousin germain, par sa mère, de la duchesse de Duras (Claire de Kersaint), l'amie de Mme de Staël et de Chateaubriand. Des cinq enfants de M. de Marigny et de Pauline Léger, il ne resta que la comtesse de Lesguern, qui a laissé un fils et deux filles : la comtesse de Roquefeuil et la vicomtesse de Réals.

vations quotidiennes. De nouvelles espérances de maternité ne lui permirent pas d'accompagner son mari dans le voyage qu'il fit à Londres avec l'espoir d'y trouver des moyens d'existence. Il fut déçu dans son attente; mais il revit Kerjean, son beau-frère, et put échanger avec lui, dans d'intimes entretiens, les douloureuses pensées que leur inspiraient les malheurs de leur famille et ceux de la France. Il reçut, pendant son séjour en Angleterre, cette lettre de Mme de Falaiseau qui témoigne de la confiance qu'elle puisait dans sa foi religieuse, dans son.dévouement conjugal et sa tendresse maternelle :

« Je t'attends tous les jours, mon cher ami, et j'imagine que c'est le désir de m'amener mon frère et notre bon ami de La Rochethulon (1) qui retarde ton retour. Vous serez les bienvenus l'un et l'autre, car j'ai été cruellement tourmentée depuis quelques jours. Notre Alexis a eu la rougeole avec des symptômes de gravité qui m'ont beaucoup inquiétée. Mais il paraît que ce n'est qu'une crise de croissance et de sa dentition de sept ans, quoiqu'il n'en ait encore que six. Il est maintenant en pleine convalescence et commence à jouer et courir dans la chambre.

(1) Le marquis de la Rochethulon, dont le nom reviendra plus d'une fois dans la suite de ce récit, avait épousé Mlle de la Roche-Évreux, dont il eut un fils, marié à Mlle de Lorges.

« Il y a peu de cœurs aussi tendres que ceux de nos enfants, et ils sont sûrement destinés à faire notre bonheur par leur sensibilité. L'un t'embrasse, l'autre t'appelle sans cesse.

« J'avance fort heureusement dans ma grossesse, et je ne me suis pas ressentie de la fatigue des derniers jours.

« Il me semble que ta politique n'est pas plus gaie à Londres qu'elle ne l'était ici. Mon pauvre ami, je ne puis m'empêcher de croire cependant, malgré toutes les combinaisons sinistres, que l'ordre éternel de la nature doit ramener celui qui existait, et anéantir le désordre actuel. Je crois que les criminels doivent finir par être châtiés et les innocents par être récompensés. Voilà une vérité fondamentale, et toutes les petites intrigues des cabinets ou des politiques doivent céder à cette loi. Ainsi je dors en paix et j'attends avec confiance.

« Je conviens que nos ressources s'épuisent et tirent à leur fin. Je conviens qu'il est fâcheux que la coalition se divise; mais beaucoup de gens croient que ce n'est qu'en apparence et pour mieux déguiser la force des combinaisons qu'ils méditent, et chacun pense que notre destinée va être décidée sous peu. J'espère bien que ce sera à notre avantage; mais dans tous les cas, je suis résignée à tous les événements et préférerais la décision de notre sort à une attente plus longue.

« Je me sens la force de supporter toutes les situations, même la plus pénible, sans me trouver malheureuse, pourvu que je conserve près de moi les êtres qui me sont chers. Je me trouverai heureuse dans quelque position que la Providence me mette, si je possède mon mari, mes enfants, et si je puis être réunie à ma mère et à mes plus proches parents. Oui, mon ami, je me trouverai heureuse, dussè-je travailler pour vivre. Tu frémis à cette idée, mon pauvre ami? Moi, je ne m'y livre pas, parce que je ne la crois pas possible, mais je la calcule de sang-froid et la supporterai de même.

« En attendant, je m'abandonne à l'espoir d'une prompte délivrance pour ne pas perdre ma gaieté et mon courage, aussi nécessaires l'un que l'autre à la conservation de mon enfant qui est le bien le plus précieux qui dépende de moi.

« Fais-en autant, mon cher ami, et laisse le maître souverain de nos destinées disposer de la tienne et de celle de tout ce qui nous est cher. »

Avec de pareils sentiments, Mme de Falaiseau pouvait suivre sans défaillance les rudes sentiers de la misère et de la douleur.

Les vertus sont comme les fleurs des montagnes. Le souffle de la tempête passe sur elles sans en ternir l'éclat, et elles croissent toujours brillantes sur les sommets arides de l'adversité.

CHAPITRE VI

AMSTERDAM. — JOURS DE DÉTRESSE.

1795

I

Quelques rayons de bonheur venaient parfois sous le ciel gris de Hollande illuminer la triste existence des proscrits. Dans cet intérieur de la Haye, où régnait la pauvreté, de douces affections, de précieuses intimités allégeaient les dures privations et le regret de la patrie absente. C'était le seul luxe de ces émigrés fuyant devant des armées victorieuses ; mais il les consolait des mauvais jours.

M. de Kerjean, qui n'avait pas retrouvé sa sœur en Angleterre, se décida à venir la voir à la Haye, à la fin de 1794. Il passa peu de temps auprès d'elle.

Pendant ces heures trop rapidement écoulées, de chers souvenirs furent évoqués, bien des projets discutés, et la douceur de cette réunion passagère fit presque oublier les douleurs du présent, les inquiétudes de l'avenir. Ce fut la trêve de Dieu dans une des haltes de l'exil.

De vrais amis, ceux que donne la communauté des infortunes, se pressaient autour du foyer que rassemblaient les misères et les peines. De ce nombre était le vicomte de Bouillé, considéré comme un membre de la famille, M. de Pleumartin, M. de Folleville, récemment arrivé d'Angleterre.

Parmi ces affections, il n'en était pas de plus dévouée que celle du marquis et de la marquise de la Rochethulon. Leur fils s'associait aux enfants de M. et de Mme de Falaiseau dans ces jeux inséparables d'un âge dont l'heureuse insouciance sourit aux chagrins qu'elle ignore. Les fruits amers de la douleur ne sont pas faits pour ces jeunes âmes, arbres trop frêles qui ne portent que des fleurs.

Mme de Falaiseau a retracé la vie qu'elle menait alors à la Haye, et son journal recommence avec l'année 1795, qui vint lui apporter un surcroît d'épreuves et de souffrances :

« Voici quel était l'emploi de notre journée : la matinée était consacrée à notre particulier. Mme de la Rochethulon se levait de bonne heure et restait dans sa chambre jusqu'au dîner. J'en faisais de même dans la mienne, ma santé me forçant de rester tard au lit. J'y déjeunais, et le reste de la matinée était consacré à lire, écrire, à commencer d'instruire mon fils aîné, et à m'occuper aussi de mon petit Charles. Les dimanches faisaient exception. Nous allions à la messe ensemble, et de là faire quelques visites ou nous promener. Il se faisait des courses en traîneaux sur les prairies glacées de Delft, qui était notre but ordinaire. Nous dînions à trois heures. Nous restions entre nous jusqu'à six. Les hommes sortaient alors ; il nous arrivait du monde et souvent en grand nombre jusqu'à dix heures. Nous travaillions ou faisions une partie ; mais le plus souvent nous étions occupés de nouvelles plus ou moins alarmantes sur les progrès toujours croissants des Français, sur la prolongation de ce cruel et désastreux hiver, sur le désir et l'espoir du dégel, enfin les conjectures sur le danger présent ou prochain du pays et les projets de départ qui en étaient le résultat.

« A dix heures, nous soupions et nous faisions en particulier le résumé des nouvelles du jour et de la conduite qu'elles devaient nous forcer à tenir. Nous étions presque heureux, mais tourmentés par la crainte trop fondée de ne pouvoir l'être longtemps. Tous mes désirs se bornaient à accoucher dans le lieu où j'étais, à nourrir, à conserver mon enfant, et à avoir une fille.

« La gelée constante et rigoureuse de ce terrible hiver rendait chaque jour les progrès des Français plus faciles et la position de la Hollande plus dangereuse. Tous les yeux, toutes les oreilles étaient tournés vers le Wall. Ce passage était sans cesse la nouvelle du jour et occasionnait des frayeurs et des départs plus ou moins fondés. Notre destinée à tous était l'Angleterre, et nous serions partis à l'instant sans le moindre regret. Mais mon état de grossesse avancée y mettait obstacle. J'avais fait deux mois auparavant un triste essai d'embarquement qui m'avait fait retomber dans mon premier état de faiblesse et de souffrance. J'étais dans mon neuvième mois depuis le 20 décembre, et de l'avis de tous les médecins, il était impossible de songer à m'embarquer sans me résigner à accoucher au premier mouvement du vaisseau, et à y périr peut-être faute de secours. Il paraissait même dangereux de me faire entreprendre un voyage par terre.

« Rien n'égalait le malheur de ma position. Je voyais autour de moi tout le monde s'en effrayer, et moi seule je m'efforçais de rester calme pour tâcher de conserver la vie à l'être que je devais mettre au monde. Je sentais que mes forces physiques ne pourraient résister à la moindre agitation d'esprit. Je les réunissais toutes pour m'arracher à la crainte qui agitait tous les autres. Hélas ! combien leur sort me paraissait digne d'envie ! Libres de leur personne, ils n'étaient combattus par rien et pouvaient sans aucun danger prendre le parti que les circonstances leur suggéraient. Pour moi, il existait des dangers de tous les côtés. Si je m'embarquais, je courais risque de faire périr mon enfant par les efforts qu'occasionne la mer. Une malheureuse femme qui venait de s'embarquer à Scheveningen venait d'en faire la triste expérience ; elle était accouchée à deux lieues en mer, et l'on avait été obligé de la rapporter mourante sur le rivage.

« Pour partir par terre, il fallait aller jusqu'en Allemagne et se résigner à faire une route très longue, très chère, m'éloigner absolument de mon but qui était l'Angleterre, me séparer de mon mari, de mes enfants, de mes amis, pour errer de ville en ville et peut-être n'y avoir pas plus de tranquillité et moins de secours de toute espèce.

« Le parti le plus sage était donc d'attendre et d'espérer chaque jour que je serais délivrée avant l'arrivée des Français, qu'enfin le dégel, les armées, les défenses naturelles de ce pays viendraient à mon secours...

« J'étais si fatiguée de changer de place que je n'aspirais qu'à rester où j'étais, et ma santé semblait l'exiger par-dessus tout. Mais ceux qui m'entouraient semblaient frémir de cette idée, et croire qu'il serait plus sage de m'éloigner par terre. Ils se décidèrent eux-mêmes à partir. M. et Mme de la Rochethulon fixèrent le jour pour s'embarquer avec leur cousin, mon mari, mes enfants et mon domestique, dans un bateau pêcheur que le marquis de Bouillé avait obtenu du gouvernement. Je devais rester seule avec Fanny, ma femme de chambre, à la Haye, pour y attendre les événements et m'embarquer avec mon enfant, dès que cela me serait possible.

« On annonce enfin, le 12 janvier, ce terrible passage du Wall, la retraite de l'armée anglaise sur Devinter, et par conséquent l'entrée de l'armée française. C'était là le moment de cette séparation que mon cœur avait toujours cherché à éloigner, parce qu'il ne se sentait pas en état de le supporter.

« On fixe le jour du départ en pleurant sur mon sort. J'en sens toute l'horreur et verse aussi des larmes bien amères. Mon mari, ne pouvant se déterminer à me laisser ainsi dans ce total abandon, veut rester auprès de moi. L'idée du danger que je lui ferai courir m'effraye plus que le mien et me détermine à tenter de fuir par terre le plus loin que je pourrai. Le vicomte de Bouillé offre de me conduire en Allemagne, pendant que mon mari conduira mes enfants en Angleterre. Mais la véritable amitié de M. et de Mme de la Rochethulon le délivra de ce soin. Ils se chargèrent de conduire mes enfants avec le leur, de les garder, de les soigner, enfin, de les mener à mon frère, de s'y réunir, de leur tenir lieu de père et de mère. Nous acceptons leur offre véritablement fraternelle, et décidons que Lapierre les suivra ; que mon mari, M. de Bouillé et moi irons tant que la terre pourra nous porter.

« J'annonçai à Fanny mon départ pour le lendemain ; mais il était décidé que tout devait concourir à mon abandon. Fanny s'était engagée à se marier avec un jeune domestique des Pays-Bas. Elle ne pouvait me promettre de me suivre hors de la Hollande, puisque l'entrée des Français l'empêcherait ensuite d'y revenir. Elle avait voulu me le cacher dans l'espoir que je resterais à la Haye et la crainte de me faire de la peine. Elle ne put me quitter au dernier moment et se décida à rester jusqu'après mes couches.

« Nous nous flattions un peu de pouvoir être tranquilles à Amsterdam, puisque Utrecht n'était pas encore pris.

« Toute la journée du 13 et du 14, on ne voyait que départs, arrangements de voitures et de bateaux. La cruelle saison rendait tous les voyages pénibles. Le port d'Elvoltflen était fermé par cinq lieues de glace ; il ne restait que la route des bateaux pêcheurs pour l'Angleterre, ou la route d'Amsterdam par terre, celle d'Utrecht étant coupée par l'ennemi.

« Le 13, on dit que le siège d'Utrecht est commencé, qu'on va passer le Leck, notre dernière barrière, qu'il n'y a pas un instant à perdre pour ceux qui veulent aller par terre, la route d'Allemagne pouvant être coupée. Le soir, on dit qu'elle l'est déjà, qu'il est impossible de partir; mais l'on apprend le lendemain qu'il est encore possible de passer.

« Nous retenons des chevaux et une voiture pour quarante-deux florins, afin de partir le mercredi, à quatre heures du matin.

« Mon fils aîné était parti malade ; en couchant par terre, il avait attrapé, à cause de l'humidité, une fluxion dans la tête et la fièvre. Je lui fis arracher une dent, la fièvre se passa. C'est la première fois de ma vie que j'ai été fâchée de la guérison de mon enfant. J'aurais souhaité que la maladie le forçât de rester, tant cette séparation, la première depuis leur naissance, me paraissait dure. Je voulais les emmener en Allemagne ; mais tout le monde me représenta que c'était un embarras et des frais de plus, que notre commune destinée était l'Angleterre, qu'il valait mieux les y transporter de suite, qu'enfin c'était le désir de leur père et de leur oncle. J'y souscrivis.

« Ce dernier jour fut déchirant. On ne voyait que des êtres malheureux, déplorant de dépenser sur les routes l'argent qui les avait fait vivre. Les uns ne peuvent partir, faute de ressources, et sont obligés d'attendre leurs ennemis ; d'autres ne savent s'ils donneront la préférence à la terre ou à la mer, à l'Allemagne ou à l'Angleterre, en ne voyant partout que dangers, cherté, incertitude sur l'avenir. Parmi les personnes avec lesquelles j'étais le plus liée, Mme de Graville, qui avait voulu rester à la Haye, partit pour l'Angleterre, après avoir arrêté une place dans une voiture, ainsi que Mmes de Funel et de Ternay. Mme de Paysac, au moment d'accoucher, resta à la Haye. Son mari, qui voulait y rester aussi, s'embarqua avec M. de la Rochethulon.

« Mme de Mac Mahon, qui venait d'accoucher depuis douze jours, et dont j'enviais le sort, s'embarqua avec son enfant sur le bâtiment de M. de Bouillé. On m'a dit depuis qu'ils avaient essuyé une tempête qui lui avait fait porter le lait à la tête, et qu'elle était morte en arrivant à terre. M. de la Rianderie, Caroline de Clermont et toute la légion de Phaff s'embarquèrent à Scheveningen pour Brème; mais les glaces s'y opposant, ils ont été obligés de changer de route et d'aller en Angleterre par Hambourg. Mme de Milou, nourrissant son enfant de quatre mois avec lequel elle avait été déjà obligée de fuir de Dusseldorf, quelques jours après être accouchée, voulait partir à pied ou en charrette pour s'embarquer le soir. On disait le stathouder et les princesses partis ou devant partir dans la nuit. La terreur et le désespoir régnaient partout. On se quittait avec la crainte de ne se revoir jamais.

« Le jour de la séparation arriva. Le mercredi

15 janvier, la voiture se trouva prête à six heures du matin. La veille au soir, Bomblé, accoucheur français qui devait être le mien, était venu me dire que la princesse de Berghes (1), dans un état de grossesse très avancée, devait l'emmener à Amsterdam, et de là à Zwoll, et que nous devrions nous arranger pour partir ensemble, parce qu'il pourrait nous être utile à toutes deux. J'avais été chez elle à cet effet ; mais elle n'avait pas encore de chevaux ; ses préparatifs n'étaient pas encore terminés, et elle était dans l'angoisse de l'indécision. Nous nous donnâmes rendez-vous le lendemain à huit heures, et ensuite à Amsterdam, aux *Armes d'Emden*.

« Le vicomte de Bouillé, qui sans nous serait parti pour l'Angleterre, nous donna la grande marque d'amitié de changer de destination et de suivre la nôtre, pour nous être de secours en cas de besoin, ainsi que son laquais.

« M. et Mme de la Rochethulon, leur enfant, M. de Pleumartin, mes deux enfants, leur domestique et le mien, devaient s'embarquer le même jour, dans le

(1) Marie-Louise-Agnès de Saint-Blimond, morte en 1832, avait épousé François-Désiré-Marc-Ghislain, prince de Berghes-Saint-Winock, qui mourut en 1802. Des sept enfants issus de leur mariage, trois seulement survécurent : Alphonse, duc de Berghes, qui épousa la princesse de Broglie ; le prince Louis de Berghes, qui ne laissa pas d'enfants de son mariage avec Mlle de Marin, et la princesse Amélie de Berghes, morte sans alliance.

bateau de pêcheur accordé au marquis de Bouillé, avec lui, Mme et Mlle de Jobal, M. et Mme de Mac Mahon, leurs enfants, M. d'Entrechaux, officier de marine, qualité intéressante dans la circonstance présente, où l'on pouvait craindre les fausses routes, les côtes de France et l'escadre française.

« Ah ! que cette dernière nuit fut cruelle pour mon cœur ! Suivant leur douce coutume, mes deux enfants vinrent déjeuner près de mon lit. Je les couvris de baisers et de larmes. Je les recommandai aux soins paternels de mes amis de la Rochethulon, leur donnai ma bénédiction, priai Dieu de les préserver de tout danger et partis enfin à neuf heures du matin avec mon mari, M. de Bouillé et Fanny.

« Le temps était d'un froid rigoureux, mais superbe ; nous avions une voiture bien fermée, quatre bons chevaux. Nous avions d'abord un peu d'inquiétude pour la sûreté de la route ; mais tout paraissait si calme qu'elle se dissipa. Nous arrivâmes à Amsterdam à six heures du soir. »

M. et Mme de Falaiseau retrouvèrent à Amsterdam leurs cousines hollandaises, Mlles de Falaiseau, qui étaient venues se réfugier dans cette ville depuis le siège de Bréda. Elles étaient très effrayées des événements, et leurs indécisions, leurs inquiétudes n'étaient pas faites pour rassurer des émigrés livrés eux-mêmes aux

plus cruelles perplexités. Quel parti prendre? Fallait-il
s'éloigner encore et braver les difficultés de la route?
L'état de Mme de Falaiseau ne lui permettait pas de
s'aventurer sur la mer glacée pour y faire douze lieues
en traîneau. Il était presque impossible de trouver des
chevaux ; ils étaient partout réquisitionnés par les Anglais qui battaient en retraite, laissant les voyageurs
errer à pied sur les chemins et les dévalisant parfois.

Des Hollandais donnaient le conseil de gagner la
Noord-Holland par les glaces du Zuyderzée, trompant les
fugitifs, leur indiquant de fausses directions dans le but,
croyait-on, de rendre toute retraite impossible et de
s'emparer des malheureux émigrés pour les offrir en
otage aux vainqueurs.

Mme de Falaiseau, torturée par l'incertitude, finit
par se décider à rester à Amsterdam pour y attendre le
moment prochain de sa délivrance, et son mari dut se
résoudre à s'en éloigner pour ne pas tomber au pouvoir
des Français et ne pas subir la législation révolutionnaire.

Après bien des recherches, bien des refus essuyés
auprès de ceux qui craignaient de s'exposer aux ven-
geances de l'armée française, en recevant des émigrés
sous leur toit, Mme de Falaiseau trouva un logement
chez une personne que son mari avait connue autrefois pendant un voyage en Suisse. Elle s'appelait

Mme Lardy, et ne consentit pas sans peine à la recevoir.

« Elle n'avait pas l'air de se soucier du tout de cette charge, nous dit Mme de Falaiseau. Cela pouvait beaucoup la compromettre. Une femme prête d'accoucher était si gênante, une femme de chambre si embarrassante! Cela dérangeait tant la propreté d'une maison hollandaise! Tout était si cher!

« Enfin, par grâce, on voulut bien me faire espérer qu'on se déciderait à me supporter et qu'on me rendrait réponse le soir, à condition que je serais en pension chez la dame. L'on me montra l'unique chambre qu'on me destinait. Elle était au rez-de-chaussée, pavée en dalles et pierres, et la seule fenêtre qu'elle avait n'étant qu'à deux pieds de distance d'un grand mur qui en interceptait tout le jour, il ne le laissait entrevoir que par un carreau d'en haut. Il y avait un lit pour moi, et l'on devait mettre un matelas par terre pour ma femme de chambre.

« Je demandai inutilement un petit coin pour qu'elle pût s'y tenir au moins le jour. On me dit qu'il n'y avait rien pour le moment. Il fallait prendre cela pour cent vingt florins par mois, sans feu ni lumière, ce qui faisait soixante florins pour cette abominable chambre et deux florins par jour pour la nourriture de ma femme de chambre et la mienne. Mais en revanche, on me promit que je serais parfaitement, que je ne manquerais de rien, et qu'enfin l'on aurait pour moi tous les soins, les attentions, les égards que mon état exigeait.

« Il fut décidé que si le mari y consentait et si le mien partait le lendemain matin, l'on viendrait me chercher à mon auberge pour m'amener à mon nouveau gîte avec mes bagages, à midi. Nous retournâmes dîner à la *Bible anglaise*, bien tristement.

« J'écrivis à l'instant même à la Haye pour qu'on m'envoyât mes enfants, s'ils n'étaient pas partis. Puisque je ne voyageais pas, il n'y aurait pas eu d'inconvénients et il y aurait eu bien de la douceur à les avoir avec moi. Mais il était trop tard, et je n'en entendis plus parler.

« Les nouvelles empiraient et pressaient le départ des hommes. On disait les Français à Utrecht. J'écrivis à Londres. Il me sembla que je disais adieu à la nature. J'étais dans la disposition où l'on doit se trouver en faisant son testament et dictant ses dernières volontés. J'étais cependant soutenue par l'espoir que cette séparation ne durerait qu'un mois, et mon parti une fois pris, je tâchai de le soutenir avec force, de ne point affliger mes deux compagnons, qui avaient l'air d'y prendre un intérêt égal et de s'en affliger plus que de leur propre sort. Ils devaient partir ensemble ; mais cela ne put se faire, à cause des bagages et du manque de temps pour procéder à de nouveaux arrangements.

« Mon mari partit à sept heures du matin pour aller à Elburg par la glace, avec MM. de Poterat, de Dammartin et de Saint-Paul ; le vicomte de Bouillé partit à neuf heures, ainsi que les Vergennes, Marlanges et Massay, pour aller à Enckhuysen, dans la Noord-Holland, et y traverser le Zuyderzée sur la glace.

« Il ne me restait plus dans le monde entier que Fanny, à laquelle j'étais déjà attachée, que cette situation me rendait plus nécessaire et que je savais ne pouvoir conserver longtemps. J'étais encore à l'auberge, sans savoir même où était la maison qui devait me cacher. « Je n'ai plus que vous, ma chère Fanny, lui dis-je, en lui tendant la main. Je ne sais ce qui m'arrivera, mais surtout je vous recommande l'enfant que je mettrai au monde. »

« Elle m'embrassa en pleurant et me promit tous ses soins. Je me mis à pleurer aussi, en me reprochant tout ce qui pouvait affaiblir mon cœur et faire tort à mon état. Je pris la résolution de jeter, autant que possible, un voile sur ce qui était de nature à m'attendrir et à m'affliger. Je me confiai à Dieu ; je me répétai que surtout il fallait conserver mes forces pour sortir de cette position douloureuse, et que c'était un double devoir pour conserver la vie à l'être que je portais. Cette idée me rendit mon courage, et elle m'a toujours soutenue depuis, quand il était près de faiblir.

« A midi, il n'était encore arrivé personne pour me

chercher, et me souvenant qu'on m'avait dit que Mme Lardy était très indécise et changeante, je commençais à me figurer que peut-être elle avait changé d'avis, et qu'il ne me restait d'autre gîte pour me cacher que l'auberge.

« A près de deux heures, je vis venir le prince de Berghes. Ayant appris que j'avais trouvé un logement sûr, il désirait que sa femme en fît autant, et il venait me prier d'engager mes hôtes à la recevoir aussi. Cette commission me fit plaisir. Elle me donnait une compagne. Je lui promis d'y employer tous mes soins. On vint me chercher à ce moment, et il me conduisit jusqu'à mon nouveau logement, en attendant qu'il revînt le soir ou le lendemain chercher la réponse.

« J'arrivai donc à trois heures chez mes hôtes, où je fus reçue avec intérêt. Voici de quoi était composé le ménage : Mme Lardy, âgée d'environ trente-six ans, grande, bien faite. Malgré une extrême maigreur, des dents toutes gâtées et l'apparence d'une mauvaise santé, on voyait qu'elle avait été très jolie. Son mari, homme grand, maigre et laid, ayant environ quarante ans, l'air bon, occupé de sa femme, et sensible aux malheurs des émigrés ; un fils de quatorze ans et une fille de douze, tous deux jolis, l'air doux et infiniment attachés à leur mère, qui, elle-même, semblait plutôt leur sœur ou leur amie par son ton avec eux.

« La maison était propre et gentille, comme toutes les maisons hollandaises. Elle était située sur le Prince-Groat ou canal du Prince, près l'Amstel et la porte d'Utrecht, à l'extrémité de la ville.

« On retint à dîner le baron de Bony, qui les connaissait, à cause de moi. Cet intérieur me paraissait doux et flatteur, et j'y trouvai une grande analogie avec la situation décrite dans quelques romans anglais. Je me plus, comme leurs auteurs, à examiner les particularités, les nuances des caractères et les usages. La femme était Française, se disant de bonne famille, mais élevée en Suisse et y ayant épousé un graveur. De là ils avaient été à Surinam, où ils avaient un frère riche. Ils disaient avoir fait de grandes pertes, et comparaient la différence de leur gène présente et leur aisance passée avec la nôtre. Je trouvais qu'ils étaient plus heureux, puisqu'ils avaient encore un asile, et sentais que je me trouverais fortunée d'en posséder un jour un pareil dans quelque coin de terre que ce soit avec ma famille. La fille s'appelait Laure, le garçon Charles. Ce nom me rappelait mon second enfant. A chaque instant je croyais l'entendre appeler, et cela renouvelait mes regrets.

« Le mari avait été accompagner le mien jusqu'à une demi-lieue, ainsi qu'un M. Noufre, Suisse aussi et paraissant obligeant. Ils m'assurèrent que le soir même mon mari serait de l'autre côté de la mer.

« Les Lardy me semblaient bonnes gens, et je commençais à croire que je devais me trouver heureuse d'avoir rencontré un pareil asile, plutôt que d'errer sur les glaces, au risque d'y périr de froid ou de manquer de secours, moi et mon nouveau-né. On arrangea ma chambre.

« Le soir, on prit du thé. Je vis arriver quelques hommes de leur connaissance. C'était autant d'observations nouvelles sur mes compagnons étrangers. Le premier fut un M. Rémy, gros Hollandais qui, pour toute conversation, prononça quatre mots obligeants à la vérité, et fuma une pipe qu'on lui offrit, après m'en avoir demandé la permission. Il vint ensuite un cousin suisse, un négociant nommé M. Mouchet. Tous furent mis dans la confidence de mon secret et me laissèrent espérer que je ne serais pas inquiétée. Arriva ensuite le frère de la maîtresse de la maison. Ce personnage me parut curieux à examiner. C'est un homme de cinquante ans, Suisse d'origine comme sa sœur, et établi je ne sais pourquoi en Hollande, après avoir habité la France. Une belle figure, une stature élevée, le teint frais, un ton doctoral et l'air d'être sûr qu'en parlant toute la famille doit l'écouter avec conviction. Ajoutez à cela un gros rire affecté de temps à autre, surtout quand on n'est pas de son opinion, et qui semble vous dire : « Il n'est pas donné au vulgaire de découvrir ce qui m'est connu. » Du reste, l'air d'un assez bon homme. Toute la famille lui témoignait du respect.

« On lui dit qui j'étais. Comme rien ne se passait sans son aveu, il en était déjà instruit. Il me fit beaucoup d'honnêtetés, m'assura qu'il n'y avait rien à craindre pour une femme ; qu'on avait eu raison de faire partir les hommes, parce que ceux-là avaient mérité la colère des Français en se battant contre leur patrie. Et, là-dessus, il commença à louer le système d'égalité des Français, et à plaindre les préjugés des émigrés. Je soutins ma cause avec politesse, mais sans rien lui céder. Il eut l'air de trouver du plaisir à la discussion et la soutint avec déférence. Je n'eus pas de peine à voir qu'il défendait cette cause beaucoup plus par intérêt personnel et par l'espoir de jouer un rôle dans le nouveau régime que par connaissance intime de la Révolution française, dont il ignorait jusqu'aux éléments les plus simples et les événements les plus essentiels. Comme il avait l'air de primer dans la maison, je crus l'instant propice pour parler de la princesse de Berghes. Mes hôtes firent des difficultés, craignant une augmentation de danger et d'embarras. Mais notre homme, après m'avoir demandé qui c'était et avoir su que c'était la princesse de Berghes, malgré sa haine pour les distinctions de la noblesse, et son amour pour l'égalité, décida qu'il fallait la recevoir, tâcher de la secourir et avoir des

égards pour elle. On finit la soirée par le thé, le café,
souper ordinaire des Hollandais, et j'allai me coucher
assez contente des hôtes que le hasard m'avait donnés,
et avec l'espoir d'y trouver douceur et protection. »

II

Le lendemain dimanche, Mme de Falaiseau voulut
aller entendre la messe. On lui indiqua le chemin de
l'église catholique française. En suivant ces rues dont
la longueur lui paraissait interminable, en entendant
résonner à ses oreilles une langue étrangère, elle sentit
peser sur elle l'isolement dans une ville où elle venait,
pauvre et inconnue, chercher un asile précaire.

Après la messe, elle s'arrêta chez ses cousines,
Mlles de Falaiseau, qui s'alarmèrent de la voir sortie.
Elles lui apprirent que la ville était sommée de se
rendre, que déjà l'on avait aperçu des uniformes français,
et que la plus grande agitation régnait dans les clubs.
Elles lui firent promettre de ne plus sortir et de cacher
son nom, craignant d'être compromises par une émigrée, déjà suspectes elles-mêmes à cause de leur attachement à la dynastie régnante et de la situation de

leur frère auprès du prince d'Orange, qu'on disait en fuite avec sa famille.

Mme de Falaiseau fit parvenir ces mauvaises nouvelles au prince de Berghes, logé avec sa femme aux *Armes d'Emden,* hôtel que rendait peu sûr pour des émigrés le voisinage d'un club révolutionnaire.

Elle éprouva bientôt une grande surprise en voyant revenir M. de Falaiseau avec un de ses compagnons, M. de Saint-Paul. Ils avaient erré, la veille, sur la glace, repoussés par le vent qui les avait empêchés d'aller à Elburg. On les avait conduits à deux lieues d'Enckhuysen. Le passage du Zuyderzée était impossible, à cause de la glace qui, offrant trop de résistance pour une traversée en bateau, n'en avait pas assez pour qu'on pût le franchir à pied ou en traîneau.

Sur ces entrefaites arriva le prince de Berghes. L'hôtel où il logeait était en pleine révolution. Sa femme, privée de nourriture et enfermée dans une chambre avec ses trois enfants, craignait de rester et n'osait sortir. Au rez-de-chaussée et dans la rue, des milliers de gens distribuaient des cocardes tricolores aux cris de : Vivent les Français! vive la liberté!

Le prince de Berghes venait réclamer pour sa femme l'asile demandé par l'entremise de Mme de Falaiseau. Mme Lardy fit d'abord beaucoup d'objections et de difficultés. Elle était effrayée de cacher tant de personnes à la fois. Cependant elle consentit à louer à Mme de Berghes une espèce de grenier sans meubles.

L'état-major français était dans la ville. On engagea MM. de Falaiseau et de Saint-Paul à quitter Amsterdam le soir même avec des bateliers qui arrivèrent pour leur servir de guides. Ils partirent à neuf heures du soir, à pied, sur la glace, pour rejoindre à une demi-lieue leurs compagnons de route et continuer leur voyage le lendemain.

Mme de Falaiseau attendit toute la soirée M. et Mme de Berghes. Ils n'avaient pu sortir qu'à quatre heures du matin de l'hôtel, cerné par une multitude en armes qui eût massacré tout émigré français. Ils s'enfuirent par une porte d'écurie, et gagnèrent à pied l'extrémité de la ville par le froid le plus rigoureux qu'on eût jamais vu en Hollande. La princesse de Berghes, épuisée de fatigue, était obligée de s'asseoir de temps en temps sur la pierre glacée, pour reprendre des forces. Elle arriva enfin à cinq heures du matin près de Mme de Falaiseau, mourante de faim et de froid. Le prince de Berghes s'occupa de faire transporter les bagages et partit le lendemain pour la Haye, avec l'intention de s'embarquer à Scheveningen.

Mmes de Berghes et de Falaiseau ayant donné à leurs maris l'argent nécessaire à leur voyage, n'avaient gardé pour elles que quelques bijoux qui n'étaient pas encore vendus. M. de Falaiseau avait emporté vingt louis, et il n'en restait que dix à sa femme.

Dans leurs cruelles épreuves, c'était pour les deux pauvres proscrites un bonheur d'être réunies l'une à l'autre, doublement rapprochées par la communauté du malheur et par celle de sentiments qu'éveillait en elles la pensée des enfants qu'elles allaient mettre au monde.

« Nous voilà donc Mme de Berghes et moi chez Mme Lardy, écrit Mme de Falaiseau, partageant sa table, admises dans sa société et mêlées à ses petits détails de famille. Nous nous félicitons réciproquement d'être deux pour nous consoler, et de pouvoir au moins parler et sentir ensemble, puisque notre position avait tant de conformité.

« Il était temps d'être établies. La ville avait capitulé la veille, et les Français y entrèrent à dix heures du matin. Ils arrivèrent par la porte d'Utrecht, qui était à cent pas de nous, et on les voyait assez distinctement par la fenêtre. Ils étaient précédés et suivis d'une foule immense de peuple qui criait : Vive la nation ! Nous les aperçûmes presque tous couverts de redingotes ou capotes de différentes couleurs, beaucoup en simples habits, tous sales et déguenillés, leurs armes en mauvais état, et ne donnant guère l'idée d'une armée qui faisait fuir devant elle toutes les puissances.

« Ils allèrent aussitôt à l'Hôtel de ville pour y planter l'arbre de la liberté. Ils vinrent ensuite au Vernheuse, ou maison de force auprès de la porte d'Utrecht, délivrer les prisonniers, et firent surtout un pompeux étalage de ceux que le stathouder avait fait incarcérer dernièrement pour leurs opinions révolutionnaires. Nous les vîmes passer dans des voitures, escortés par une foule immense. L'un d'entre eux, M. Crainof, médecin, fut élu maire. On composa tout de suite une municipalité provisoire, à l'instar de celles des Français, et l'on passa le reste du jour à danser et chanter, malgré le froid, sur les places publiques, autour des arbres de la liberté. On en fit de même dans les salles de l'Hôtel de ville, où beaucoup de femmes très riches et très bien mises, mêlées à celles du peuple, dansèrent la *Carmagnole*, parées de rubans tricolores. Tous les hommes le prirent à l'instant et même toutes les femmes. Je n'ai jamais pu me résoudre à le porter.

« Nous attendions avec inquiétude les premiers ordres émanés de la nouvelle autorité. On redoutait qu'il n'y fût question de recherches sur les émigrés. Cela ne manqua pas. On fit afficher l'ordre à tous les propriétaires de déclarer le nom, la profession et le dernier domicile de leurs locataires, sous les peines les plus rigoureuses. Tous se soumirent à cette loi, et nous sûmes dès le lendemain que les généraux français avaient la liste de tous les émigrés cachés dans Amsterdam. Elle était considérable; mais on nous dit que l'esprit de modérantisme ayant succédé au régime de sang, il y avait apparence qu'on ne nous tourmenterait pas, pourvu que nous restassions bien cachées. La loi étant toujours contre nous, les généraux seraient forcés de nous faire arrêter, si l'on nous dénonçait.

« Du reste, la révolution se passa avec tout l'ordre et la modération possibles. Il n'y eut pas un pillage, pas un meurtre. On fusilla un carmagnole qui avait voulu voler quelque chose chez son hôte. On distribua des soldats dans toutes les maisons, et nous en eûmes quatre couchés dès la première nuit dans la nôtre. Nous nous en aperçûmes facilement au bruit qu'ils firent en entrant. Aussi nous tînmes-nous bien enfermées dans nos chambres.

« Nous fûmes bien étonnées à neuf heures du soir de voir revenir le prince de Berghes. Le chariot de la Haye n'était pas parti, parce que les portes avaient été fermées aussitôt après l'arrivée des Français. On disait qu'il partirait le lendemain. Nous fûmes très inquiètes. Il avait laissé ses domestiques à l'auberge, et était venu voir sa femme. Il y retourna le lendemain matin. Le chariot était parti dans la nuit avec son monde. Il n'en partit pas d'autre depuis. Le voilà donc forcé de rester. Il était fort tranquille et n'a jamais paru un instant inquiet, ni chagrin. Il cherchait, au contraire, à rassurer sa femme et à égayer son entourage.

« La journée se passa à former des projets de départ pour Enckhuysen pour le lendemain. Les Français devant être à la Haye, les bateaux de pêcheurs ne pourraient plus partir pour l'Angleterre. On s'occupa de chercher une cachette ou un moyen de le sauver en cas de recherches, et l'on décida qu'il se mettrait d'abord dans une niche à pigeons qui donnait de sa chambre sur le toit, et de là s'enfuirait de toit en toit, s'il était poursuivi. Ce moyen n'était pas rassurant pour sa malheureuse femme.

« Je n'étais pas plus tranquille au sujet de mon mari. Ses conducteurs, qui devaient revenir ce jour-là, n'arrivaient pas, et je craignais qu'ils n'eussent tous été surpris par l'arrivée si prompte des Français et peut-être arrêtés.

« Je ne sais si ce fut l'effet de ces vives émotions et d'une situation extraordinairement pénible ou tout simplement l'époque fixée par la nature, mais nous ne dormîmes ni l'une ni l'autre dans la nuit, et commençâmes à sentir des douleurs. Le matin, dès sept heures, j'entendis beaucoup de bruit dans l'escalier. Supposant que c'était peut-être mon mari qui revenait, ou une de ces visites domiciliaires dont on parlait sans cesse, j'envoyai voir ce que c'était. On me dit que Mme de

Berghes allait accoucher. Ne m'en croyant pas si près
moi-même, je montai aussitôt les deux espèces d'échelles
qui conduisaient à son grenier. Je la trouvai étendue sur
une paillasse, dans le galetas où avaient couché près
d'elle son mari, ses enfants et trois femmes de chambre.
On venait d'envoyer chercher une sage-femme. Je lui
offris mes soins en attendant, et nous fîmes d'amères
réflexions sur la ressemblance de notre position avec
celle des femmes du peuple les plus misérables. Elles
ne purent être longues, car les douleurs me prirent à
mon tour.

« Me voilà prise aussi, dis-je à Mme de Berghes, et je
vais sur mon grabat.

« Nous nous embrassâmes, nous souhaitant de bon
cœur d'heureuses délivrances. Elle se félicita d'avoir
conservé son mari, et je m'affligeai de n'avoir pas le
mien.

« Je descendis dans ma cave. Il y faisait un froid si
terrible que je fus obligée de la quitter pour aller me
chauffer chez mon hôte. Il n'y avait pas un seul fauteuil
dans la maison où je pusse m'asseoir. La plupart des
Hollandais ne connaissent que des chaises de paille bien
hautes et bien droites, et celles-là étaient du nombre...

« Je rentrai dans ma chambre glacée, où j'éprouvais
le frisson. Il était environ dix heures. Je me jetai sur ma
paillasse, et en faisant réflexion sur cet isolement total,

sur ce dénuement complet, je ne pus m'empêcher de pleurer à chaudes larmes. Je pensai que s'il m'arrivait quelque accident, je n'aurais pas la consolation en mourant de jeter les yeux sur une personne qui m'intéressât. Cette idée m'ôta un moment tout courage, et je crus être au dernier terme du malheur.

« Mais la Providence vint à mon secours. Ce fut elle, sans doute, qui me tira de cet état d'anéantissement, me fit prendre la résolution de me confier à elle, d'être plus forte dans le malheur et de faire tous mes efforts pour le surmonter, afin de conserver la vie à mon enfant...

« Le froid m'avait saisie, mes forces m'abandonnaient. Vous mîmes de l'eau chaude dans une bouteille pour me réchauffer un peu les pieds; mais elle se cassa, et il fallut attendre bien longtemps avant qu'on eût été en acheter une autre. Heureusement, on avait fait présent à Fanny d'une demi-bouteille de vin de Malaga. Elle m'en donna; cela me réchauffa, me rendit des forces, et j'accouchai à midi.

« Ce fut un grand bonheur pour moi que d'entendre par les cris de mon enfant qu'il existait, mais c'en fut un bien plus grand encore quand on me dit que c'était une fille.

« Mon Dieu, m'écriai-je, je vous remercie! Bénissez, conservez mon enfant.

« Je la vouai pour un an à la Vierge. Je la recommandai à Fanny. J'aurais voulu la couvrir de bénédictions, de protections. Dès cet instant, il n'existait plus
de malheurs pour moi. »

C'était bien la pauvreté qui présidait à ce berceau ;
mais elle souriait à l'espérance. L'enfant reçut les noms
d'Adèle-Catherine-Wilhelmine (1). Tandis qu'elle naissait dans une espèce de cave, le 21 janvier, douloureux
anniversaire pour les cœurs français, les vagissements
d'un autre enfant se faisaient entendre dans le grenier
où Mme de Berghes mettait au monde un fils (2).

Les deux mères ne purent échanger leurs vœux ;
mais du fond de leurs tristes réduits montait vers le ciel
la même prière pour les deux petits êtres qui, dans ces
jours de détresse, commençaient leur fragile existence.

Devenue octogénaire, la comtesse Adèle de Falaiseau
rappelait les misères et les douleurs qui avaient accompagné son entrée dans la vie. En voyant ce pâle visage,
ces cheveux blanchis par les années, on se reportait aux
temps malheureux dont sa naissance évoquait la mémoire.
On admirait quelles épreuves avait supportées cette

---

(1) Reçue chanoinesse du chapitre de Sainte-Anne de Munich, la
comtesse Adèle de Falaiseau se consacra aux œuvres de piété et de
charité, spécialement à celle des enfants délaissés, où elle fut la colla-
boratrice et l'amie de la comtesse de Saisseval, née de Lastic. Elle mourut au château des Fougerets, en 1879.

(2) Armand de Berghes, mort le 3 novembre 1800 à Altona.

génération qui résistait à la vieillesse comme elle avait résisté aux privations et aux souffrances.

Elle semblait elle-même une vision de l'époque que nous retracent fidèlement ces récits. Elle aimait à en recueillir les reliques dans le sanctuaire de ses souvenirs.

Je crois la voir encore avec sa physionomie austère, sa dignité simple, sa mise antique, se confondant presque avec les portraits de famille au milieu desquels erraient ses pensées mélancoliques. Mais alors elle se renfermait volontiers dans une immobilité silencieuse comme le recueillement qui précède les approches du soir. Elle s'avançait, sans la craindre, vers la tombe, y entrevoyant les jours de paix que n'avait pas connus son berceau.

III

Le retour des bateliers qui avaient conduit les fugitifs, suivit de près la délivrance de Mme de Falaiseau. Il lui causa de l'inquiétude, en lui donnant des nouvelles incertaines de son mari, qu'ils avaient laissé, disaient-ils, sur la glace, à un quart de lieue d'Harderwyck, et non à Elburg, où il eût été exposé à être pillé par les Anglais.

Qu'allait-il devenir, victime peut-être du froid, ou des eaux glacées qui pouvaient s'entr'ouvrir sous ses pas?

Mme de Falaiseau eut besoin de rappeler tout son courage. Elle serra sa fille contre son cœur, en confiant à Dieu le sort de son mari et de ceux qui lui étaient chers.

A ses inquiétudes s'ajoutaient les appréhensions causées par la présence de l'armée française dans la ville où se cachaient des émigrés. M. et Mme Lardy éclataient en durs reproches et témoignaient le désir de voir partir les deux jeunes femmes aussitôt que leur état le permettrait. Après les avoir laissées manquer des choses les plus nécessaires, ils abusaient de la situation pour les rançonner, et au lieu d'adoucir une telle infortune, ils y cherchaient le moyen de satisfaire leur avidité.

Le soir du 21 janvier, on vint marquer à la craie les maisons d'Amsterdam destinées à recevoir les soldats français. A neuf heures du soir Mme de Falaiseau entendit le tumulte infernal produit par ces nouveaux hôtes, dont les jurements et les cris l'empêchèrent de se livrer au sommeil.

Les deux nouveau-nés furent baptisés dans l'église catholique française, où les conduisirent la sage-femme et sa fille qui signèrent sur les registres, en l'absence de membres de leurs familles. On donna pour parrain à la petite Adèle M. de Falaiseau, gouverneur de la ville de

Bréda, dont il soutenait alors le siège, et pour marraine Mme Floyer, sa grand'tante, habitant l'Angleterre. L'étrangère qui tenait l'enfant dans ses bras, répondit seule à la voix de l'Église accueillant les proscrits de la terre et leur montrant la patrie éternelle.

Mme de Falaiseau, dans l'abandon où elle se trouvait, sollicita la visite de ses cousines Mlles de Falaiseau, et les fit prier de venir voir la filleule de leur frère.

« Mais la peur, dit-elle, les avait gagnées à un point extrême, et paralysait leur bon cœur. Elles répondirent qu'elles ne viendraient pas me voir, qu'elles ne pouvaient m'être d'aucune utilité, qu'elles étaient désolées de me savoir à Amsterdam, et que sur toutes choses il fallait que je changeasse de nom, que je ne dise pas que j'étais leur parente, que je ne parlasse pas d'elles, et que je n'envoyasse pas chez elles, parce que ce serait les compromettre ainsi que leurs hôtes, qui étaient en danger comme orangistes, sans en retirer moi-même aucun avantage.

« Je leur fis demander si elles ne pouvaient pas me faire chercher, dans la ville, un poêle pour réchauffer ma cave, un matelas pour coucher ma femme de chambre, et quelques autres choses nécessaires. La réponse fut qu'elles étaient désolées de ne pouvoir m'être utiles à rien. Il fallut m'en passer et retomber dans mon dénuement absolu. J'aurais désiré seulement avoir une bonne

nourriture. Mais il m'était impossible d'y mettre le prix,
ni de l'obtenir de mon hôtesse. Elle avait calculé qu'une
femme en couche devait être au régime et qu'elle y
gagnerait la totalité de ma pension. Elle ne voulait pas
en démordre, ni permettre à aucun domestique de sortir
de la maison pour aller rien acheter, dans la crainte que
cela ne la compromît.

« Cet état ne devait durer qu'un mois, suivant mon
espoir; ainsi chaque jour m'approchait du terme. Les
Français paraissaient être entrés comme amis, n'avaient
fait aucun acte de violence, et tout faisait croire qu'il en
serait toujours de même.

« Ce qui me faisait le plus de peine, c'était de ne
pouvoir plus espérer avoir aucune nouvelle de mon
mari, ni de mes enfants. En voyant la princesse de
Berghes entourée de tous les êtres qui l'intéressaient,
son mari, ses enfants, j'enviais son sort. Elle était plus
faible et plus malade que moi. N'ayant qu'une seule
chambre au grenier pour elle, son mari, quatre enfants,
quatre domestiques, le bruit, le mauvais air l'empê-
chaient de reprendre ni repos, ni force.

« Pour moi, ma santé était excellente. Ma petite était
forte et vivante, et en meilleur état que le petit de
Berghes. J'écrivais sans cesse dès les premiers jours à
mon mari, dans tous les lieux du monde, pour le tranquilliser sur mon sort, et je sentais qu'il devait être plus

malheureux que moi de m'avoir laissée seule au milieu de tant de dangers.

« On commençait à dire que les émigrés qui avaient été à Enckhuysen n'avaient pu franchir les glaces du Zuyderzée. En effet, je fus bien étonnée le 25, à neuf heures du soir, de voir arriver chez moi deux grands jeunes gens que je pris d'abord pour des officiers carmagnoles, et qui étaient deux émigrés envoyés par le vicomte de Bouillé chez moi. Ils avaient été députés par tous les autres pour chercher dans la Noord-Holland et même à Amsterdam des moyens de s'en aller et de se cacher. On ne pouvait traverser le Zuyderzée parce qu'il était trop gelé pour le passer en barque, et trop peu pour le franchir à pied ou sur des traîneaux. On ne pouvait s'embarquer au Texel sur la grande mer, parce que les bords étaient gelés et les vaisseaux encombrés dans les glaçons. Le commissaire anglais essayait en vain de faire travailler, à force d'or, pour dégager un bâtiment et s'y faire transporter avec sa famille et la duchesse de la Force, qui était entrée comme femme de chambre de sa femme, n'ayant plus aucune ressource. La légion de Béon, celle de Damas et sept ou huit cents personnes de tout âge et de tout sexe étaient dans le même cas.

« Ces messieurs s'attendant à chaque instant à se voir prendre par des Français, je les engageai à rester cachés à Amsterdam et à conseiller aux autres d'en faire autant. A moins qu'il n'y eût un moyen sûr de s'en aller, je trouvai plus facile d'être ignoré dans une grande ville que dans les petits villages et auberges. Mais on craignait de revenir et d'être inquiété dans la ville.

« Ah! combien je me trouvais heureuse d'être restée et de n'avoir pas erré ainsi d'auberge en auberge, exposée mille fois à périr de froid, mon enfant et moi, et à faire une énorme dépense! Mais laissons un moment ma situation particulière pour m'occuper des malheurs de nos compagnons d'infortune.

« On vit, avec bien de l'étonnement, arriver à Amsterdam, le 27 janvier, un grand nombre d'émigrés, hommes, femmes, enfants, vieillards, conduits comme des criminels sur des charrettes, la plupart découvertes, par des hussards français, à l'Hôtel de ville et dans le virkaus ou maison de force.

« On dit que les Français n'avaient pas voulu envoyer dans la Noord-Holland dès les premiers jours de leur arrivée à Amsterdam, pour laisser le temps aux émigrés de se sauver. Mais les Hollandais, les Bataves, plus cruels que les jacobins et qui avaient tous donné à ces malheureux le perfide conseil d'aller à Enckhuysen, avaient résolu de les livrer en holocauste aux Français. En conséquence, ils leur avaient ôté tous les moyens de sortir de cette fatale contrée, soit en leur demandant des prix excessifs, soit en leur montrant l'impossibilité de franchir le Zuyderzée. C'était en effet très difficile. Non seulement on était souvent arrêté par des montagnes de glace, hautes de quinze et vingt pieds, mais encore par des courants d'eau vive qu'il était impossible de passer à pied, ni en traîneau. D'autres fois, l'on trouvait des endroits où la glace n'ayant pas assez d'épaiseur, elle racquait et s'enfonçait sous le moindre poids. Plusieurs personnes et des chevaux ont été ainsi engloutis. Quelques émigrés, après avoir tenté ce passage pénible, manquant de force, de subsistances et de guides, étaient revenus à Enckhuysen et de là à Amsterdam, où ils restèrent cachés pendant tout l'hiver.

« D'autres essayaient de courir de ports en ports et de rives en rives, pour chercher un moyen de s'enfuir. Enfin, le 26, sachant que les Français arrivaient dans la Noord-Holland, on prit le parti de laisser les femmes, les enfants et les vieillards, et de faire partir les hommes qui avaient porté les armes, au péril même de leur vie.

« Sans doute, ce fut un moment bien cruel que celui qui sépara des pères, des mères, des enfants, des maris, des femmes, et qui livrait les uns à la vengeance de leurs ennemis et à la sévérité des décrets de mort, qui exposait les autres à errer sur des mers de glace,

par un froid sans exemple et avec la crainte d'y être
englouti ou d'y périr de froid et de lassitude.

« Le comte de Martanges, commissaire des princes,
MM. de Vergennes, de Bouillé, de Romance, de Saint-
Laurent, et cent cinquante autres personnes, partirent le
2 février à huit heures du matin, trois heures avant l'arrivée dans Enckhuysen des Français, qui les suivirent et
firent quelques pas sur leurs traces. Mais leurs chevaux
refusant d'aller sur la glace, ils y renoncèrent.

« Une partie des émigrés, après avoir fait quinze
lieues pour éviter les courants dégelés et gravi des montagnes de glace, les uns dans de petits traîneaux poussés par des hommes, les autres à pied avec des cram-
pons ou des patins, arriva enfin de l'autre côté du bord
et toucha terre avec bien du plaisir. Mais l'autre partie,
s'étant égarée, fut obligée de passer la nuit dans une
petite île, au milieu de la mer, et de se remettre en chemin, le lendemain, avec d'autant plus de dangers qu'il y
avait eu un faux dégel qui rendait la glace beaucoup
moins ferme. Ils virent une douzaine d'hommes morts
la veille de froid ou de fatigue et arrivèrent enfin à terre
le matin.

« Quelques-uns plus heureux, comme Mme de Mar-
clais et sa famille, MM. Folleville et de Pissy, avaient,
à force d'argent, pris une barque que douze hommes
traînaient tant que la glace offrait de la résistance, et

quand ils trouvaient l'eau, ils se jetaient alors dans la barque et la faisaient aller à force de rames. Par ce moyen, ils ne furent que cinq heures à arriver à Staveren, sur l'autre bord. Il leur en a coûté presque à tous trente louis pour arriver à Brême. En passant par Groningue, ils tombèrent dans une insurrection. Les Bataves voulaient les arrêter; ils furent aussi très exposés à Lère, car ils n'étaient séparés des Français que par une rivière gelée qu'on passait à pied et ne furent en sûreté qu'à Brême.

« On dit que quelques-uns sont montés dans des barques de pêcheurs, le long de la côte. D'autres, comme le comte d'Havrincourt, sont restés cachés chez des paysans jusqu'au mois d'avril, et après le dégel se sont embarqués pour aller en Allemagne ou à Hambourg.

« J'ai entendu dire à plusieurs de ces malheureux voyageurs que plus d'une fois, abattus par la fatigue, le froid et le peu d'espoir d'arriver à l'autre bord, ils avaient été tentés de se coucher sur la glace et d'attendre sans effort le terme de leur vie.

« Les princes de Salm et de Hohenlohe furent arrêtés à Helvoot et dénoncés par un capitaine de vaisseau neutre auquel ils avaient proposé de les conduire à Londres. Ils furent transportés à Paris.

« Les personnes qui étaient restées à Enckhuysen ne

tardèrent pas à y voir arriver les Français. Il n'y avait que des détachements de hussards. La première qui fut atteinte par eux fut la marquise d'Asfeld et sa mère, la comtesse de Mailié. Quatre hussards entrèrent dans leur chambre. Deux d'entre eux les dépouillèrent absolument pendant que les deux autres leur tenaient le pistolet ou le sabre sur la tête. Ces malheureuses allèrent avertir les autres de se tenir sur leurs gardes. Plusieurs firent des dépôts à leurs hôtes, qui furent tous plus ou moins infidèles. Le soir, on enleva Mme d'Asfeld pour la conduire dans un hôpital où elle se trouva seule avec des gens qui ne parlaient pas sa langue et avaient l'air de pleurer sur son sort. Sa malheureuse mère, la croyant perdue, y fut transportée quelques heures après, ainsi que Mmes de Vergennes, ses deux petites filles, Mmes de Massay, de Folleville, Mlles d'Havrincourt, etc. Elles ne virent que des Hollandais pour leur garde. On leur dit qu'on les renfermait ainsi pour éviter qu'elles ne fussent pillées par des partis de hussards qui passaient de temps en temps. Mais voyant qu'elles étaient exactement gardées, elles n'en augurèrent rien de bon, et restèrent dans cet état et cette ignorance pendant deux jours. Le 28, elles virent enfin entrer des officiers carmagnoles qui leur dirent :

« Citoyennes, vous êtes nos prisonnières; il faut nous suivre. Nous allons vous conduire à Amsterdam. »

« On leur donna une heure pour faire leurs préparatifs. La foule se pressa autour d'elles pour les voir et leur adresser des injures. On les mit dans des chariots de poste et on les conduisit, ainsi que leurs bagages, à Amsterdam, à l'Hôtel de ville. Les uns furent mis au cachot, les autres dans de grandes salles où on leur donna de la paille pour se coucher.

« Il en arriva autant à ceux qui avaient été dans les autres localités de la Noord-Holland. Mme de Campigny, son père, M. de Fénelon, l'évêque de Clermont, l'abbé de la Séponse, le chevalier de Saint-Souplet, Mmes de Neuilly et de la Salle, M. Hocquart, Mme de Beaurepaire, Mme de la Mollère, son mari et quatre enfants furent arrêtés à Heldre. Les femmes avaient pris le parti d'attendre les Français. Elles ne furent pas pillées ; mais les hommes, à qui les bourgmestres avaient dit de partir dans les vingt-quatre heures ou qu'ils ne répondaient pas d'eux, se mirent en route à pied dans l'intention d'aller plutôt trouver le corps d'armée et quelques généraux, que de se laisser surprendre par des hussards. Ils ne purent les éviter et en rencontrèrent une douzaine à un quart de lieue qui les dévalisèrent entièrement. Ils leur prirent bourse, montre, ceinture, bijoux, en les tenant au collet, leur présentant le pistolet et leur disant : « Donne-nous tout ce que tu as. Il te restera assez pour « le peu de temps que tu as à vivre. »

« Quelques-uns dirent : « Donne-nous tout, et nous « te laisserons aller. » On leur donnait ; ils laissaient faire quelques pas et couraient ensuite à eux pour les reprendre et les ramener. Quelques guides qui se trouvèrent avec d'autres leur dirent, au moment où ils virent les hussards : « Donnez-nous vos effets, et nous en répondons. » On les leur donna, et jamais on n'a pu les ravoir.

« Enfin, partout, il paraît que ce sont les Hollandais qui ont livré les malheureux émigrés, et qui leur ont fait le plus de mal possible.

« On conduisit tous ces infortunés dans des chariots couverts ou des charrettes escortées par les hussards du 8e régiment et des chasseurs jusqu'à Amsterdam, où ils furent mis d'abord dans des cachots et des salles de l'Hôtel de ville.

« Un officier municipal vint, accompagné d'un prêtre, leur demander s'ils voulaient se confesser et leur dire que probablement ils seraient fusillés dans vingt-quatre heures.

« Qu'on se figure l'impression que dut faire un pareil discours sur plus de cent malheureux de tout âge, de tout sexe et de tout caractère. Ils attendirent la mort toute la nuit. Cependant on leur fit un interrogatoire fort doux. On demandait le nom, l'âge, la qualité de chacun, les causes de leur émigration. On ajoutait : « Vous n'avez pas porté les armes contre la République ? »

Sans presque attendre la réponse, on écrivait *non*, et l'on faisait signer le procès-verbal.

« M. de la Plagne, qui avait perdu un bras à l'armée de Condé, interrogé s'il avait porté les armes, dit : *Oui ! j'ai servi à l'armée de Condé et j'y ai perdu un bras.*

« On lui dit tout bas : *Vous êtes donc fou ? Vous voulez donc vous faire guillotiner ?*

« On répéta tout haut : *Avez-vous porté les armes contre la République ?* — *Non*, répondit-il. Et l'on écrivit : *Non*.

« Il en a été de même partout. Dans toutes les conversations particulières que quelques-uns des émigrés avaient eues avec les officiers généraux, ils ont toujours dit : « Nous savons bien que tous les hommes qui sont parmi vous, que tous les émigrés ont porté les armes dans la campagne de 1792 avec les princes. Mais celle-là ne compte pas. Nous ne fusillons que ceux qui sont pris les armes à la main. Cependant le décret de mort est formel contre vous tous. Ainsi, nous ne pouvons savoir quel sera votre jugement. Peut-être serez-vous envoyés dans vos départements pour être jugés ; peut-être serez-vous renfermés jusqu'à la paix. Nous vous plaignons tous infiniment, et voudrions pouvoir adoucir vos malheurs, mais nous ne sommes pas les maîtres. »

« Pichegru ajouta : « Si nous l'avions été, jamais vous n'auriez été arrêtés. » Dans une autre occasion, il s'écria : « Ne se lassera-t-on jamais de persécuter les honnêtes gens? »

« En général, les Français et surtout les officiers supérieurs avaient l'air fâché qu'on eût arrêté les émigrés; mais lorsqu'on l'avait fait, on ne pouvait s'empêcher de les juger.

« Il est difficile de se faire une idée de l'horreur de ma position. Nos hôtes, désolés de nous avoir et craignant d'être compromis, ne nous laissaient rien ignorer de ce qui se passait : ils augmentaient même les dangers. A chaque instant, on venait nous dire : « Voilà encore un nouveau chariot d'émigrés. »

« Ma femme de chambre sortant un jour, aperçut la voiture de Mme de Folleville et une autre contenant ses gens, Mlles d'Havrincourt et plusieurs personnes. Une d'elles la reconnut et l'appela. Il y avait de quoi la faire arrêter par les hussards et conduire en prison. Elle eut la présence d'esprit de ne pas répondre et de disparaître, effrayée, se promettant de ne plus sortir. Elle était si courageuse qu'elle sortit cependant depuis souvent pour porter mes lettres à la poste; elle seule voulait s'en charger.

« A chaque instant je croyais qu'on allait me dire que mon mari était du nombre des prisonniers. Je craignais pour lui, pour tous nos amis, en particulier pour le vicomte de Bouillé, qui n'avait pris cette direction que pour nous être utile.

« On disait qu'une tempête affreuse avait fait périr plusieurs bâtiments pêcheurs. Je n'avais de lettres de qui que ce fût dans la nature. Je tremblais pour mon mari, pour mes enfants. J'étais dans une espèce de prison, sans un parent, sans un ami, sans aucun moyen de me distraire de mes inquiétudes, faible encore, craignant que ma pauvre enfant que je nourrissais ne se ressentît de mes agitations et de mes peines.

« Je me voyais refuser jusqu'aux aliments nécessaires à mon état. A peine pouvais-je obtenir un bouillon. Je manquais de linge. Ce cruel hiver avait tari toutes les eaux déjà si rares et si chères à Amsterdam. Aucune blanchisseuse ne voulait travailler, et mes hôtes me refusaient le peu d'eau qu'on pouvait dégeler dans une citerne, parce qu'ils la gardaient pour leur usage.

« Mon courage sembla m'abandonner. Ma santé s'altéra. Je crus que c'était fait de moi et de ma pauvre petite.

« La Providence vint à mon aide. M. et Mme de Berghes m'envoyèrent de bons aliments, m'offrirent leurs services, ceux de leurs domestiques ; enfin ils me donnèrent toutes les consolations qui dépendaient d'eux. La princesse était plus absorbée que moi encore, et n'était pas plus en état de descendre chez moi, que moi de monter chez elle. Mais le prince venait sans cesse. Il me donnait de l'espérance, m'assurait que nous sor-

tirions de Hollande dès que je serais rétablie. Cette
idée me ranimait et me faisait faire mille efforts pour
conserver ou recouvrer la santé, afin d'être plus tôt en
état de partir. La présence de M. et de Mme de Berghes
était un bienfait de la Providence auquel je dois sans
doute la vie et celle de ma fille, et me confirma dans
l'idée qu'elle ménage toujours à ceux qui ont confiance
en elle des consolations équivalentes aux peines qu'ils
doivent éprouver.

« Pour comble de malheurs, il fallait encore que
Fanny, ma femme de chambre, un sujet excellent, la
seule personne qui m'appartint, me fût enlevée. Elle
devait se marier à la Haye. Son prétendu ayant entendu
dire que nous étions toutes en prison, vint à Amsterdam et voulait absolument l'emmener, quinze jours
après mes couches. Elle refusa, lui dit qu'elle irait le
rejoindre plus tard. Il partit; mais au bout de huit jours,
il lui écrivit que si elle ne venait pas tout de suite, elle
ne devait plus compter sur lui. Elle fut obligée de partir,
pleurant à chaudes larmes. Rien n'était plus difficile que
d'avoir quelqu'un pour la remplacer. On n'en trouva
point, et je fus obligée de prendre au hasard une fille à
la semaine...

« Je ne pus m'empêcher de fondre en larmes, en
pressant mon Adèle sur mon cœur. L'idée me vint que
si c'était un spectacle digne de la divinité de voir un

être aux prises avec le malheur, elle daignerait jeter les yeux sur moi, et je tâchai de m'en rendre digne.

« Peu à peu, je ressentis l'effet de mes efforts sur moi-même et des soins de mes amis. Ma santé se rétablit peu à peu ; je pris un peu plus de nourriture, grâce à Mme de Berghes qui m'en envoyait en cachette. Je commençai à changer de chambre, et j'observai que malgré le penchant qu'on éprouve à rester dans les lieux où l'on a été vivement affecté, il ne faut pas se livrer à ce poison séducteur qui vous rappelle et augmente vos souvenirs et vos maux ; qu'il faut chercher au contraire à se vaincre soi-même, en s'arrachant de ces lieux et en se livrant avec abandon et reconnaissance à ceux mêmes qui nous contrarient pour nous offrir quelques moyens de distraction.

« J'allai prendre mes repas chez mes hôtes ; je commençai même à monter dans la chambre de Mme de Berghes. La nécessité de converser nous arrache forcément à nos pensées. Cet entourage nombreux était un changement et un contraste avec mon isolement absolu.

« Je retrouvais Mme de Berghes, son mari, leurs domestiques, leurs enfants, un abbé de leur connaissance, nommé l'abbé Girolet, qui venait quelquefois et nous donnait des nouvelles de l'archevêque de Tours (1)

____

(1) M. de Couzié.

ou des prisonniers; un ancien colonel wallon du régiment où avait servi le prince de Berghes et pouvant lui
accorder quelques protections, le Père le Clerc, digne
pasteur qui consacrait tous ses jours, ses soins et sa
bonté au soulagement et à la consolation de ses malheureux compatriotes.

« Le soin d'écrire des lettres qui souvent ne partaient
pas, celui d'allaiter nos enfants, la lecture des gazettes,
quand nous pouvions nous en procurer, des projets
vains et illusoires de départ, tout cela faisait un peu de
diversion au vide affreux des premiers moments. Le
médecin m'ordonna, pour me redonner un peu d'appétit
et de force, de faire de l'exercice et de prendre l'air.
Mais comment se montrer dans les rues garnies de
Français? Avec qui sortir? Personne de la maison ne
voulait me conduire. On disait que c'était imprudent.
Il l'eût été encore plus de sortir avec le prince de
Berghes ou avec ses domestiques, tous Français et ne
sachant pas la langue du pays. Un jour, il vint chez mon
hôtesse un jeune officier hollandais qui connaissait
Mlles de Falaiseau. Je profitai de l'occasion et le priai
de me conduire chez elles le lendemain. Il y consentit et
vint me chercher à midi. Il faisait un brouillard à ne
pas voir devant soi. Mais comme je n'avais jamais vu le
soleil depuis longtemps et à peine le jour dans ma
chambre, je croyais que c'était l'état ordinaire d'Ams-

terdam, et cela ne m'arrêta pas. Aussi eus-je l'air d'une imbécile quand, Mlles de Falaiseau me demandant comment j'avais pu sortir par un temps pareil, je leur répondis que je croyais qu'il en faisait toujours un semblable dans cette ville. Elles n'avaient pas osé venir me voir une seule fois, ni même envoyer savoir de mes nouvelles dans la crainte de se compromettre. Elles furent très effrayées de mon apparition, me couvrirent la tête de coiffes et de voiles pour le retour, me recommandèrent le silence dans la rue, me parlèrent de nouvelles arrestations et m'enjoignirent fortement, mais amicalement, de ne plus recommencer une pareille imprudence. Je les assurai que ce n'en était pas une, mais sans les convaincre. Pour les tranquilliser, je leur promis de ne plus revenir chez elles de longtemps.

« Mon guide me ramena saine et sauve à mon gîte. Mais mon inquiétude fut grande quand mes hôtes m'apprirent, le soir, de la part de mes cousines, que mon conducteur avait été arrêté en sortant de chez moi, et qu'il était en prison. L'on ne douta pas que ce ne fût pour avoir fréquenté, conduit et reconduit une émigrée, et l'on s'attendait à voir arriver des émissaires qui m'en feraient autant.

« J'obtins avec bien de la peine qu'on allât à la prison savoir si la détention était réelle et quelle en était la cause. On y alla le lendemain. On apprit que mon guide était bien véritablement en prison, mais on ne put le voir. Ce ne fut que quelques jours après que nous apprîmes par l'officier lui-même qu'il venait de sortir de prison; qu'il y avait été mis en effet pour m'avoir conduite et pour avoir quitté son poste sans permission, un jour qu'il était de garde. Il lui en avait coûté six louis et trois jours de prison pour son obligeance. Je me promis bien de ne pas la lui faire répéter, et j'eus du regret d'avoir si mal débuté.

« Deux jours auparavant, nous avions été faire nos relevailles, la princesse et moi, trois semaines après être accouchées. Nous prîmes une voiture et allâmes à l'église française. Ce fut de bien bon cœur que nous rendîmes grâces à Dieu de la naissance et de la conservation de nos enfants. Nous lui demandâmes de nous faire sortir promptement de ce lieu d'exil et de malheur, et de nous rejoindre à nos familles. Oh ! combien surtout je le priai de me réunir à mon mari et à mes autres enfants ! Hélas ! j'ignorais s'ils existaient encore. Combien j'enviais le sort de ma compagne ! Combien, la voyant entourée, je la trouvais plus heureuse que moi ! »

L'aspect de la ville que traversa Mme de Falaiseau ne pouvait qu'attrister ses regards. Partout se montraient les arbres de la liberté, les trois couleurs, les uniformes rappelant aux émigrés leurs malheurs et des périls toujours redoutés. Le son de la langue française, autrefois

si douce à leurs oreilles, leur arrivait comme une perpé-
tuelle menace. L'hiver enfin les poursuivait avec une
implacable rigueur. Il suspendait le cours des eaux dans
les canaux de la ville, et les glaces de la mer ne laissaient pas d'issue aux fugitifs, qu'elles enserraient
comme les murs d'une prison.

« Il n'y avait d'autre parti à prendre que de se sou-
mettre et d'attendre avec résignation, dit, en continuant
son récit, Mme de Falaiseau. Nous espérions et redou-
tions en même temps le jugement des émigrés prisonniers. S'il devait être favorable, nous pourrions peut-être
y gagner ; mais s'il était sévère, notre position devien-
drait plus critique. On nous recommandait surtout la
plus grande prudence, le plus grand mystère et de la
patience, jusqu'à ce jugement qu'on craignait surtout
pour ceux qui avaient porté les armes. Ils avaient été
conduits comme des criminels dans des charrettes ou de
mauvaises voitures, de ville en ville, de prison en prison, presque dépouillés de tous leurs effets. Ils avaient,
dans presque toutes les villes, éprouvé les traitements
les plus durs, et la populace leur avait prodigué les
insultes. Le peuple, au lieu de se livrer à la compassion
en voyant des femmes, des enfants, des vieillards
traînés ainsi de prison en prison et éprouvant les rigueurs
d'un hiver affreux, environnait leurs voitures avec une
joie insolente et brutale.

« *Voici du gibier de guillotine !* s'écriaient-ils. *Ah ! les voilà donc, ces émigrés qui voulaient nous faire tous périr ! Nous les tenons. Nous verrons la mine qu'ils feront à la petite fenêtre.*

« Une de ces dames, la marquise de Folleville, la seule qui eût conservé sa voiture, attirait le plus leur attention. *Tiens,* disaient-ils, *c'est la princesse.* Une autre qui avait un voile noir passait pour la Mère abbesse. *Il faudra leur laver la tête avec du plomb pour les mieux débarbouiller.* Tels étaient leurs propos en voyant les émigrés.

« Lorsqu'il fallut passer le Wall, si fatal pour eux depuis longtemps, il se trouva trop dégelé pour supporter des voitures sur les bords. On mit de légères planches pour les franchir à pied. Mlle de Neuilly sentit la planche tourner et fut précipitée dans le fleuve. Heureusement, un hussard s'élança auprès d'elle et la rattrapa évanouie et trempée, sans avoir d'autres vêtements pour changer.

« On retint aux prisonniers leurs effets, avec promesse de les leur renvoyer après le dégel. Ils ne les ont jamais revus depuis, et ont achevé de perdre ainsi ce qui avait échappé aux premiers hussards.

« Quelques généraux les traitaient avec assez d'égards en particulier ; mais ils montraient toujours en public beaucoup de sévérité. Ils étaient à Bréda, dans quatre maisons d'arrêt, environnés d'une garde nombreuse et sévère, couchés la plupart sur la paille, entassés dans la même chambre, hommes et femmes, enfants et vieillards, maîtres et domestiques. La plupart, ayant été pillés et volés, n'avaient pas de quoi pourvoir à leur subsistance et étaient obligés de s'en tenir à la viande et au pain de munition qu'on leur donnait. On les menaçait de les envoyer dans l'intérieur de la France pour être jugés par leur département, ou à Douai jusqu'à la paix. Il leur était défendu de sortir. Cependant quelques-uns en obtinrent la permission, accompagnés d'un garde. On leur laissa pendant un temps la liberté d'écrire ; ensuite on la leur ôta.

« En général, après avoir subi la première grossièreté de la populace et de la soldatesque à leur entrée dans les villes, les émigrés éprouvaient des traitements plus doux, des honnêtetés, des marques d'intérêt et de considération de la part des généraux et des officiers français. Ils adoucissaient leur sort le plus possible. Enfin, après deux mois, ils furent condamnés à la déportation. On les amena à la Haye, où ils furent reçus avec enthousiasme par toute la société hollandaise. On leur avait fait préparer l'hôtel du baron de Breteuil. Tous les habitants réclamèrent à l'envi ceux de leur connaissance pour les loger, et plusieurs leur apportèrent de l'argent, des vêtements, des aliments, avec l'effusion de cœur de gens attachés à leur prince, qui honorent les malheureuses victimes d'une cause à peu près semblable.

« Ils arrivèrent le 1er avril à Amsterdam. Le commandant vint leur dire, comme celui de la Haye, qu'ils avaient la liberté d'aller loger où ils voudraient, pourvu qu'ils promissent de se rendre au Virkaus ou maison d'arrêt, au premier appel.

« Plusieurs proposèrent des cautions. « Je n'en ai pas besoin, répondit le commandant. La parole de gens d'honneur comme vous me suffit. »

Les lois révolutionnaires n'étant pas abolies, saisissaient les émigrés sur le territoire étranger qu'occupaient les armées françaises. Mais la modération n'était plus seulement dans le caractère de beaucoup de généraux ; elle se faisait sentir en France et avait succédé au régime de sang, qui avait succombé le 9 thermidor avec Robespierre. On ne condamna donc pas à mort les réfugiés d'Amsterdam ; on leur appliqua la peine la moins rigoureuse, celle de la déportation, et Hambourg leur fut assigné comme résidence.

« On fit dire à ceux qui étaient cachés qu'ils pouvaient jouir de la même liberté, lisons-nous dans le journal de Mme de Falaiseau. Alors chacun sortit de son gite. Il était fort intéressant de se retrouver, de se raconter ses incidents particuliers. Les uns s'étaient dit Brabançons, les autres Suisses, et avaient fait quelques métiers :

maîtres de français, maîtres de musique. D'autres, plus malheureux, avaient presque péri de misère, n'osant ni se montrer, ni réclamer des secours. Plusieurs femmes étaient entrées au service d'Anglaises et de Hollandaises.

« Le dégel étant arrivé, on fit fréter un bâtiment pour conduire les déportés à Hambourg, On les recommanda publiquement à l'église comme des *persécutés pour la justice*. Ils s'embarquèrent le 13 avril. Quelques personnes, craignant ce trajet par mer, demandèrent à être conduites par terre. Cela souffrit des difficultés. Cependant on l'obtint. Je fus mise de ce nombre. On me donna un passeport de déportée, et nous partîmes le 1er mai, Mme de Vergennes, ses deux filles, Mme de Maillé, Mme d'Asfeld, M. de Cormier et moi.

« Nous étions dans deux voitures avec des chevaux de réquisition et un hussard d'escorte, qui avait l'ordre de nous conduire jusqu'aux premiers postes étrangers et de veiller à ce que nous fussions bien reçus et bien traités par tous. En effet, jamais voyage ne fut plus doux que celui-là.

« Je regrettai notre petit établissement d'Amsterdam, car nous n'étions plus chez Mme Lardy. Au bout de deux mois de séjour, c'est-à-dire vers le 20 mars, nous lui déclarâmes que nous étions à bout de ressources, et que nous ne pouvions plus payer cent florins par mois

pour chacun de nos gîtes et un florin par jour pour la
nourriture de chacune de nous. Elle nous déclara à son
tour ne vouloir pas s'exposer à l'embarras et aux dangers de nous loger sans une somme très forte, et comme
le jugement des prisonniers n'était pas encore rendu
alors et que nul ne se souciait de recevoir des émigrés,
nous nous trouvâmes forcées, Mme de Berghes et moi,
de prendre une petite maison à nous seules, au risque
d'avoir nos noms à donner de nouveau et de loger des
carmagnoles qui changeaient de domicile toutes les
décades, c'est-à-dire tous les dix jours.

« Malgré nos dénominations de Suissesses, ils n'en
étaient pas les dupes. Mais plusieurs d'entre eux ne
prirent que plus d'intérêt à nous. Jamais ils ne nous
appelèrent que *madame,* et ne se permirent de propos
inconvenants. L'un d'eux, qui nous reconnut, nous rendit
tous les services possibles; il faisait passer nos lettres,
recevait les réponses, et nous avons éprouvé plus de
services des carmagnoles que de tous les Hollandais de
cette classe réunis.

« Depuis que nous étions à notre petit ménage, nous
jouissions de sa douceur et de notre liberté avec le délire
de petites filles qui sortent d'un couvent austère, et rien
n'était plus doux, plus paisible et même plus gai que
notre intérieur. Nous rendions nos occupations fruc-
tueuses en travaillant pour les carmagnoles, ce qui nous

était bien payé, mais non d'une manière ostensible, car on conservait toujours sa dignité, et ils ne manquaient jamais de nous rendre ce qu'ils croyaient nous devoir.

« Enfin, je suis partie le 1er mai, et ces égards ont continué pendant tout le voyage. Les commandants de place et les officiers venaient nous voir; ils nous faisaient espérer un prochain changement et le prompt retour des émigrés...

« Il est sûr que l'opinion en général a fait des progrès énormes depuis trois mois et qu'elle en fait sans cesse. Tout nous donne l'espoir d'un retour prochain à l'ordre, à la paix et au bonheur général. »

Cet espoir allait être déçu comme tant d'autres auxquels les émigrés se livraient si volontiers. Le terme de leurs malheurs n'était pas encore arrivé, et pour beaucoup il ne devait jamais venir.

Tandis que la déportation atteignait en Hollande ceux qui avaient cru y trouver un refuge assuré contre la persécution révolutionnaire, M. de Falaiseau était en Angleterre, où il avait mis Alexis et Charles en pension, à deux lieues de Londres. Après les avoir confiés aux paternelles sollicitudes de M. et de Mme de la Rochethulon, il vint rejoindre sa femme à Hambourg, impatient de la revoir après une séparation pleine d'anxiétés, et d'embrasser l'enfant qu'il ne connaissait pas encore, cette fille née dans la détresse, à Amsterdam, au milieu des inquiétudes et des larmes.

Les privations semblaient moins dures à M. et à Mme de Falaiseau quand ils les partageaient. Mais réunis l'un à l'autre, ils s'affligeaient de la dispersion de la famille. Leurs pensées étaient sans cesse en France, dans la patrie à laquelle les attachaient les liens de l'affection, du souvenir, de l'espérance. Elles allaient surtout en Angleterre, près des deux enfants élevés loin d'eux, et dont l'absence rendait plus amers encore les jours d'exil et de misère.

CHAPITRE VII

HAMBOURG. — NOUVELLES ÉPREUVES.

1796-1801

I

Rien de plus poignant que les souffrances et le
dénuement des émigrés qu'on rencontre alors à travers l'Europe où leur cause, leurs infortunes inspirent
le respect et la pitié.

« C'est quelque chose, a dit Chateaubriand, qu'un
malheur honoré, et le nôtre l'était (1). »

Réfugié à Londres, le futur auteur du *Génie du chris-
tianisme* y éprouvait les horreurs et les angoisses de la
pauvreté. Il lui arriva de rester cinq jours sans manger.
Pour tromper sa faim, il suçait des morceaux de linge
trempés dans de l'eau, ou mâchait de l'herbe et du

(1) *Mémoires d'outre-tombe.* t. II, p. 79.

papier. Dépourvu de draps, son lit consistait dans un matelas sur lequel il s'étendait en grelottant avec l'unique couverture qu'il possédait. Il y ajoutait ses vêtements, et une chaise placée sur lui le défendait contre l'excès du froid (1).

La comtesse de Saisseval (2), qui avait émigré en 1791 à Bruxelles avec sa mère, son mari et ses trois filles dont l'aînée avait six ans, connut en Hollande les tribulations de cette vie errante où des Français fuyaient devant des armées françaises pour échapper aux rigueurs des lois révolutionnaires. Ayant vu s'épuiser ses ressources, cette malheureuse famille fut sur le point de manquer de l'argent nécessaire pour payer le passage, dont le prix était exigé d'avance, sur les navires où l'on transportait en Angleterre les émigrés.

Madame Victoire de France, qui avait trouvé asile dans les États de sa nièce, la reine de Piémont (3), prévoyant la détresse de Mme de Saisseval, lui envoya un collier de perles, en la priant de le vendre pour subvenir à ses besoins. Ce secours inattendu, envoyé d'une manière

----

(1) *Mémoires d'outre-tombe*, t. II, p. 94.

(2) Charlotte-Hélène de Lastic, née en 1764, fille du marquis de Lastic et de Mlle de Ménars. Dame d'honneur de Mesdames, filles de Louis XV, puis de Madame Élisabeth de France, elle avait épousé en 1781 le comte de Saisseval, colonel de cavalerie, dont elle eut la marquise de Leusse, la comtesse de Lézardière et une fille qui ne fut pas mariée. Elle mourut en 1849, dans les sentiments de la plus haute piété.

(3) Clotilde de France, sœur de Louis XVI.

si délicate et si touchante, permit aux fugitifs de gagner l'Angleterre. Ils débarquèrent par un froid rigoureux, au milieu d'une neige épaisse dont les flocons ne cessaient de couvrir la terre glacée. Ils durent errer, une partie de la nuit, sur le rivage, sans trouver un gîte. Ils semblaient si misérables qu'un passant mit une pièce de monnaie dans la main d'une des petites filles, qui s'écria aussitôt : « Maman, je puis dire maintenant que j'ai faim, puisque voilà de quoi acheter du pain. »

Pendant plusieurs années, Mme de Saisseval lutta contre la misère par le travail. Sa mère fléchissait sous le poids de l'âge. Son mari avait perdu la raison, à la suite de blessures reçues à l'armée de Condé. Elle était seule à gagner la vie de toute la famille. Ses talents lui vinrent en aide. Elle peignit des miniatures qui trouvèrent des amateurs. Elle confectionna des chapeaux de paille dont la vogue régna en Amérique. Mais elle fut victime d'un correspondant qui s'appropria son invention, au moment où elle allait lui donner la fortune. Elle broda ensuite des robes blanches d'organdi. Chacune était vendue une guinée (1).

Il y avait alors un abbé Gautier, émigré, dont la charité instruisait les enfants des proscrits pour en faire des professeurs qu'il plaçait chez de riches Anglais.

____

(1) 24 francs.

Il faisait connaître aussi parmi ses nombreuses relations les ouvrages des femmes dont l'aiguille était la seule ressource. Il se chargea de procurer à Mme de Saisseval des acheteurs. Ayant appris que les mêmes robes vendues par une ouvrière anglaise doublaient de prix, il remarqua qu'au lieu d'être enveloppées dans de simples feuilles de papier, elles étaient renfermées dans d'élégants cartons ornés de nœuds de rubans. Muni de cartons semblables, il dit à Mme de Saisseval : « Donnez-moi vos robes. J'ai le pressentiment qu'elles seront bien vendues aujourd'hui. — Que Dieu vous entende, répondit la pauvre femme, car le terme de la maison de santé où se trouve mon mari va bientôt échoir, et je n'ai rien pu mettre de côté pour le payer. »

L'abbé, grâce aux cartons et aux rubans qu'il avait pris soin d'y mettre lui-même, eut le plaisir de vendre trois guinées au lieu d'une les robes dont le salaire était si impatiemment attendu.

Lady Jerningham, qui avait séjourné en France avant la Révolution, y avait connu Mme de Saisseval, alors environnée de l'éclat de la fortune et des prestiges de la Cour.

Sachant de quel talent elle était douée pour la lecture et la déclamation, elle l'invita à venir dans son salon pour charmer par sa diction les invités qu'elle y réunissait, sans lui rien dire de son but charitable. L'élite de l'aristocratie fut fidèle au rendez-vous. Chaque personne était taxée à une guinée par lady Jerningham, qui remit à Mme de Saisseval la généreuse offrande de la sympathie anglaise.

« Au milieu des plus douloureux moments de notre détresse, a raconté Mme de Saisseval, ma mère était tombée malade, exténuée par les chagrins et les privations de tout genre auxquels son grand âge la rendait plus sensible encore. En Angleterre, les visites des médecins étant hors de prix, les pauvres ne sollicitent de conseils que des pharmaciens pour le traitement à faire suivre à leurs malades. Mais outre que je n'avais même pas la possibilité de m'acquitter envers ceux-ci, comment me rassurer sur une vie si chère par les faibles lumières de ceux qui n'avaient pas fait des études spéciales?... Je n'aspirais donc qu'aux conseils d'un homme de l'art pour connaître les moyens à employer pour sauver les jours de ma pauvre mère. De quoi n'est-on pas capable quand le cœur est fortement ému ?

« Oubliant alors toute timidité et discrétion, j'allai chez celui que j'avais entendu citer comme le plus habile médecin de Londres, le premier médecin du roi d'Angleterre, et lui parlant avec l'accent de l'angoisse et de la douleur qui me dominaient, je lui dis par mes larmes, plus encore que par mes paroles :

« Monsieur le docteur, je ne possède rien, je suis

épouse et mère. Mais aussi je suis fille, et la reconnaissance étant mon premier devoir, j'ai offert à Dieu le
sacrifice de ce que j'ai de plus cher pour la conservation
de ma pauvre mère, dangereusement malade. Monsieur
le docteur je vous en conjure, venez lui donner vos
soins. C'est Dieu qui vous le rendra...

« La malade fut visitée, soignée et guérie par cette
célébrité de la science que les plus opulents avaient
peine à se procurer. »

Les vertus, le charme et la distinction de Mme de
Saisseval et de Mme de Lastic n'avaient pas tardé à
attirer dans leur intérieur une foule d'émigrés qui se
groupaient autour d'elles, et y retrouvaient l'image la
plus parfaite de la société française, bannie et dépouillée
par la Révolution.

La plus grande pièce de leur appartement était, le
matin, une chapelle où des évêques et des prêtres venaient
dire la messe; puis elle se métamorphosait tour à tour
en salle de travail et en salle à manger. Le soir, elle
devenait un salon que fréquentaient les représentants
des familles à la fois les plus illustres et les plus malheureuses.

« Bien que manquant souvent du nécessaire, dit
Mme de Saisseval, nous avons toujours pu fournir la
chandelle pour le saint Sacrifice. Une seule fois il nous
fallut accepter les deux sous offerts par l'évêque de

Quimper (1), car n'ayant plus rien du tout, sans ce petit acompte qui laissa croire au boulanger que les grosses pièces avaient pu être oubliées au logis, je ne sais si nous aurions eu du pain pour cette journée.

« Après les messes, on faisait disparaître les insignes de la chapelle, le même local devant servir d'atelier, et l'on commençait le travail avec courage par la pensée des bénédictions que le début de la journée y avait répandues. Souvent on avait des commandes considérables auxquelles ma mère et moi ne pouvions satisfaire. Dans ce cas, nous en faisions prévenir nos compatriotes moins favorisées, qui alors venaient nous aider, et prenaient part aussi au salaire, selon le temps qu'elles avaient pu y consacrer. C'était sur le pied de deux pence par heure (représentant quelques sous de notre monnaie française) quand on ne parlait pas trop.

« Les allants et venants portaient les ouvrages et faisaient les commissions ; les ecclésiastiques émigrés se chargeaient ordinairement de faire les provisions ; puis venait le frugal, bien frugal repas. Ma mère se chargeait de cette partie, son âge ne lui permettant plus d'être bonne ouvrière.

« Quand le travail était fini, on s'amusait un peu, c'était nécessaire. Oh ! oui, je crois vraiment que nous ne pou-

____

(1) M. de Saint-Luc.

vions nous le reprocher et que cela nous était nécessaire, à nous pauvres émigrés, devenus ouvriers, pour nous reposer l'esprit du travail, des privations et surtout des sollicitudes de la journée. Elles étaient telles pour moi, entre les soins que j'avais à rendre à mon mari, à ma mère, à mes enfants, dont les derniers me furent enlevés en bas âge, que, pénétrée du sentiment de ma propre faiblesse en tous points, et dominée par la crainte de ne pas remplir mes devoirs avec toute la fidélité d'un cœur qui aime Dieu et n'aspire qu'à ne le point offenser, je réunissais toutes mes forces pour demander le courage nécessaire pour passer la journée actuelle. Quelquefois même, je me surprenais à espérer que le bon Dieu ne m'affligeait autant que parce que, dans ses vues de miséricorde, il comptait m'appeler promptement à lui. Et puis, en pensant à ceux qui avaient encore tant besoin de mes soins, je chassais ce désir comme une mauvaise pensée, et je recommençais à demander à Dieu le courage du jour, sans oser lui parler du lendemain.

« Enfin, lorsqu'on n'y voyait plus pour travailler, notre journée finie, nous faisions disparaître de nouveau toutes les traces de l'atelier pour le transformer en salon, où nous réunissions nos amis et nous délassions tous ensemble des travaux du jour avec une gaieté dont les Anglais ne pouvaient revenir. Lorsque tout notre monde était parti, nous redressions l'autel près duquel nous devions, le lendemain, puiser le courage d'une nouvelle journée. »

Lorsque Mme de Saisseval perdit son mari, en 1798, elle était trop pauvre pour en porter le deuil. Elle et ses filles mirent leurs robes de couleur au mont-de-piété pour acheter des robes noires, et un ecclésiastique paya les frais de l'enterrement (1).

Partout les femmes de l'aristocratie, habituées aux délicatesses du monde et aux recherches du bien-être, font alors l'apprentissage de la pauvreté. Au milieu des privations, du dénuement, de la détresse, elles restent grandes dames par les manières, par l'esprit et par le cœur.

La comtesse de Rochechouart (2), pendant l'invasion française en Hollande, s'était réfugiée à Altona, où les émigrés se pressaient en moins grand nombre que dans la ville de Hambourg.

« Nous en fûmes réduits, a dit son fils, à travailler pour gagner notre vie. Ma mère dessinait parfaitement. Elle composait de petits sujets pour éventails, sacs à ouvrage appelés *ridicules,* et boîtes de toutes les gran-

----

(1) *Notes inédites sur la comtesse de Saisseval,* recueillies par la comtesse Adèle DE FALAISEAU.

(2) Élisabeth-Armide Durey de Morsan, mariée en 1775 à Louis-Pierre-Jules-César, comte de Rochechouart, colonel du régiment d'Auvergne, infanterie.

deurs. Mon frère et moi, nous nous chargions du col-
lage et du cartonnage ; nous fabriquions également des
chapeaux de paille pour dames. En ma qualité de cadet,
j'avais la mission de présenter tous les objets sortant de
notre fabrique dans les magasins les mieux achalandés
d'Altona et de Hambourg. Obligé de faire valoir ma
marchandise, je dus étudier la langue allemande.
J'éprouvais souvent des rebuffades de ces bons Allemands, qui essayaient toujours naturellement d'obtenir
à bon marché les objets que je venais leur offrir ; je ne
cédais qu'à la dernière extrémité, connaissant la valeur
de ma marchandise par le temps que l'on mettait à la
confectionner ou par la difficulté de l'exécution. Un
jour, je n'avais rien pu placer dans aucun magasin ; je
revins à la maison avec tout ce que j'avais emporté ; il
ne restait plus un sou dans la bourse ; boulangers et
bouchers ne faisaient pas crédit aux émigrés. Pour
tromper notre faim, il fallut se promener et attendre
l'heure de la soirée de la marquise de Bouillé. Tous les
soirs, elle faisait servir un souper. Ce soir-là, la société
fut émerveillée de notre appétit, que partageait également ma pauvre mère.

« Ce genre de vie amenait bien des réflexions : c'est
une triste chose que la misère ! Le courage et la résignation de ma mère étaient admirables. Que l'on se
figure une des femmes les plus séduisantes de la Cour,

destinée à avoir une grande fortune — elle avait eu
un million de dot, somme énorme pour l'époque, —
douée de tous les agréments qui font le charme de la
société, pleine d'esprit, tombée tout à coup, et sans
transition, dans une position voisine de la mendicité,
avec peu d'espoir d'en sortir ! Elle ne se laissa pas
abattre un instant par l'adversité ; sa force morale dou-
bla sa force physique. Après les épreuves de la journée,
elle allait le soir dans le monde et retrouvait toute sa
verve et son esprit...

« Pendant les heures de travail, ma mère nous char-
mait par le récit, toujours varié, de quelques aventures
de la Cour, nous mettant ainsi au courant de toutes les
intrigues dont elle avait eu connaissance ; elle nous parlait sans cesse de notre famille, des devoirs qu'imposait
un grand nom, nous donnait le goût des bonnes manières
et de la bonne compagnie (1). »

La marquise Costa écrivait de Lausanne, en 1794 :
« Sans Maistre, qui nous a recueillis, il nous eût fallu
coucher sur les cailloux de la route et y mourir de
froid... Mme d'Argouges et Mme de Talmont sont tom-
bées ici en sabots, sans linge, sans domestiques, huchées
sur des tonneaux dans un char ; c'était une pitié : cela

____

(1) *Souvenirs sur la Révolution, l'Empire et la Restauration*, par
le général comte DE ROCHECHOUART, publiés par son fils, p. 18, 20.

m'a fait pleurer... Mme de Talmont m'a priée de lui procurer à travailler (1). »

Du travail! voilà ce que demandent toutes celles qui, naguère, ont vécu dans l'opulence et traversaient, souriantes et parées, les somptueuses galeries de Versailles pour aller saluer le roi et la reine de France, dont les têtes ont été tranchées par le bourreau.

La duchesse de Lorge, née de Jaucourt, ourle des chemises et borde des souliers. La marquise de Virieu est couturière, la marquise de Jumilhac lingère, la comtesse de Périgord institutrice, la duchesse de Guiche garde-malade, Mlle de Montmorency porteuse d'eau. La marquise de Chabannes dirige à Londres une école, et la comtesse de Boisgelin donne des leçons de piano. La comtesse de Neuilly tient à Hambourg un magasin de modes, de linge et de parfumerie. Sa fille fait des bagues en crin, brode des fleurs sur des rubans pour des ceintures, tresse des bourses de perles et de filet. Un la Vieuxville est commissionnaire à Erlang, un Mailly typographe. M. de Vassé fonde à Minden une teinturerie, avec M. et Mme de Genouillac et leur femme de chambre. Le comte de Caumont est relieur, et Mme de Gontaut peint des boîtes (2).

(1) *Un Homme d'autrefois,* par le marquis Costa de Beauregard, p. 207.
(2) Forneron, *Histoire des émigrés,* t. I, p. 375, 390, 395; t. II, p. 46; t. III, p. 82. — E. Daudet, *Histoire de l'émigration : Coblentz,* p. 133, 135, 136.

La ville de Hambourg, dont le commerce était florissant, offrait des ressources aux émigrés ; ils y trouvaient
l'emploi de leurs industries et de leurs talents. Mme de
Falaiseau ne restait pas inactive parmi ces proscrits, qui
n'étaient pas sûrs d'obtenir des hommes le pain quotidien demandé chaque jour à Dieu. Elle coloriait,
aidée de son mari, les gravures de l'*Histoire naturelle* de Buffon et donnait ainsi plus de prix aux volumes, qui trouvaient des acheteurs. Elle confectionnait aussi des ouvrages de broderie et des calendriers
perpétuels autour desquels son pinceau traçait des ornements. Si modiques que fussent ces bénéfices, elle
remerciait le ciel du secours qu'ils apportaient à l'indigence de son logis.

On conserve encore, au fond d'une vieille bourse, le
premier argent que lui procura son travail. La pièce de
monnaie hollandaise s'est transmise à l'égal d'un trésor.
Quoique légère, elle représente un poids bien lourd,
celui des souffrances et des privations endurées pendant
les mauvais jours.

Soutenu par l'espoir de recouvrer les débris de sa
fortune et de rentrer en possession des biens qui
n'avaient pas encore été vendus, M. de Falaiseau fit
encore un voyage en France, en 1796. Malgré les
influences modératrices qui commençaient à se faire
sentir, après le régime de la Terreur, le retour des

émigrés dans leur patrie présentait des difficultés et des
périls auxquels ils essayaient de se soustraire, au moyen
de passeports délivrés avec complaisance, ou de faux
certificats de résidence dont la fabrication était l'objet
d'une véritable industrie. Mais sur une simple dénonciation, l'émigré pouvait être arrêté et fusillé dans la
plaine de Grenelle (1).

L'opposition faite par le Directoire à la rentrée des
proscrits avait pour complices les détenteurs des biens
nationaux, que la présence des propriétaires légitimes
inquiétait comme une menace et troublait comme un
remords. L'ancien seigneur était l'ennemi pour les
paysans qui jouissaient de ses domaines et auxquels on
aurait pu appliquer les paroles de l'Écriture : « Ils mois-
sonnent le champ qui n'est pas à eux, et ils vendan-
gent la vigne de ceux qu'ils ont opprimés par la violence (2). »

Des émigrés pouvaient être inscrits sur la liste de surveillance ; mais il leur fallait subir le contrôle ombra-
geux de la police, et s'exposer, par des papiers suspects,
aux sévérités d'un comité qu'animait encore l'esprit
révolutionnaire. Les radiations étaient dues souvent à de
puissantes influences et à la corruption. M. de Falaiseau,
tout occupé de la sienne, ne désespérait pas de réussir,

(1) Forneron, *Histoire des émigrés*, t. II, p. 220.
(2) Livre de Job, ch. XXIX, v. 6.

quand le coup d'État du 18 fructidor ramena la France à un régime qui a mérité le nom de « seconde Terreur ». Toutes les lois contre les émigrés furent remises en vigueur. Ils eurent quinze jours pour sortir de France, et l'on n'excepta même pas ceux qui avaient obtenu leur radiation.

M. de Falaiseau se hâta de passer la frontière, et il revint à Hambourg, d'où il écrivait, le 28 septembre 1797, à Kerjean, son beau-frère, qui était retourné dans les Indes :

« J'ai été maintenu sur la liste des émigrés, moi et Adélaïde, par un arrêté définitif du Directoire. Malgré ce triste jugement, les députés du nouveau tiers étant bons, l'opinion favorable aux émigrés, et le projet étant formé de revenir sur les lois révolutionnaires, je me suis entêté à rester en France pour solliciter la revision de cette affaire, malgré les risques que je courais, car j'étais hors la loi. J'ai continué de dresser de nouvelles batteries, et j'avais de nouvelles espérances quand, dans la nuit du 3 au 4 de ce mois, le Directoire a fait arrêter le plus qu'il lui a été possible de députés du bon côté, et les jacobins étant à sa disposition, il a été le maître de faire rendre le décret qu'il a voulu par le reste des membres des Assemblées qui sont jacobins ou nuls. 65 membres ont été condamnés à la déportation avec deux directeurs : Barthélemy et Carnot.

« Le régime militaire va, sans doute, succéder au premier. Les armées seront maîtresses comme à la fin de l'Empire romain, et le Directoire sera peut-être égorgé avant un an. Je regarde la France comme perdue sans ressource. Elle n'a vraiment plus de constitution ni même de caractère national. On déteste le Directoire, c'est un fait constant, et personne ne bouge ni ne bougera. La bravoure et l'énergie se sont réfugiées dans les camps. Le Directoire, pour abattre la Constitution, s'est servi des armées ; il dépend d'elles, et le premier général ambitieux et entreprenant culbutera le Directoire...

« Je suis venu retrouver ma pauvre Adélaïde, qui est horriblement changée, et dont la santé n'est nullement bonne... Elle travaille à l'aiguille autant qu'elle peut, et moi, je cherche à être employé dans une maison de commerce pour la partie française. Mais c'est presque impossible. »

Quelques lignes sont tracées, au bas de cette lettre, de la main de Mme de Falaiseau :

« Quoique au comble du malheur, c'est encore une consolation pour moi de penser que nous avons conservé les êtres qui nous sont les plus chers. Puissions-nous un jour ensemble avoir une destinée plus heureuse ! »

La santé de Mme de Falaiseau s'altéra profondément. Une fièvre pernicieuse la mit au bord du tombeau. Elle prit ses dernières dispositions en vue d'une mort prochaine. Par testament daté du 20 novembre 1797, elle institue le comte Constantin de Vergennes (1) son exécuteur testamentaire, en souvenir des liens d'affection qui unissaient leurs familles, ou à son défaut le marquis de la Rochethulon, dont la sollicitude veillait en Angleterre sur Alexis et sur Charles de Falaiseau.

Après avoir témoigné sa tendresse pour son mari, sa mère, ses parents, ses amis, et demandé qu'on remît à ceux qu'elle avait le plus particulièrement aimés, des bagues renfermant des mèches de ses cheveux, elle s'occupe des dispositions relatives à sa fortune, dans le cas où l'on en obtiendrait la restitution. Elle exprime le vœu qu'une partie de cette fortune serve à secourir les émigrés dont elle a partagé les souffrances, et qui n'auraient pas vu encore la fin de leurs misères et de leurs adversités. C'était bien le *non ignara mali* du poète.

« Je désire, dit-elle, si mes enfants jouissent de mes biens avant que la totalité des émigrés jouissent des leurs, qu'il soit consacré un quart de mes revenus tous les ans pour le soulagement des autres émigrés, soit de leurs parents, de leurs amis ou des plus malheureux… Cette disposition est une suite de celle que j'avais l'in-

(1) Fils du ministre de Louis XVI, il avait été ministre de France à Trèves et reçut en cette qualité les frères du Roi, lorsqu'ils vinrent en 1792 à Coblentz. Mme de Vergennes, sa mère, vendit alors un écrin renfermant des diamants d'une valeur de cinq cent mille francs dont elle fit don aux princes pour leur venir en aide.

tention d'exécuter, si j'avais joui de quelques biens avant nos compatriotes et compagnons d'émigration. C'est une espèce d'hommage rendu à l'exemple de ceux qui nous ont soulagés dans nos malheurs, et une compensation juste envers ceux dont le sort malheureux aura été le plus prolongé. Cette clause n'aura lieu qu'autant que mes enfants auront plus que le nécessaire. »

Privée du bonheur de récompenser des dévouements fidèles et désintéressés, elle recommandait aux futures libéralités de son mari et de ses enfants, Lapierre, ce serviteur de l'infortune qui avait toujours suivi ses anciens maîtres et continuait de les servir sans gages.

Elle n'oubliait ni Sophie, sa femme de chambre, rentrée en France en 1792, ni Marianne, qui avait entouré de tant de soins l'enfance de ses deux fils, ni Fanny, cette Hollandaise dont l'assistance lui avait été si secourable pendant les jours de détresse passés à Amsterdam.

Après avoir vu la mort s'approcher d'elle, Mme de Falaiseau revint à la vie. Elle se sentait encore nécessaire ici-bas, et il lui restait une noble tâche, celle d'aider à souffrir.

Sa tristesse et sa résignation se lisent dans ces lignes écrites le 29 août 1798, d'une main affaiblie, et adressées à son neveu, Paul du Camper, qui se trouvait alors à Madras :

« Il fut un temps où notre sort nous promettait des jours heureux. Quelle douceur nous avions et nous aurions eue toujours à les partager avec toi, la tendre mère, la mienne et mon bon frère ! Mais, hélas ! tout a changé. Nous sommes tous séparés, dispersés au hasard, tous malheureux et dans l'ignorance de notre sort futur. Le nôtre est actuellement bien pénible.

« Ma santé, après avoir résisté longtemps, a succombé depuis un an à l'excès du malheur et du travail. J'ai pensé mourir. Je suis mieux à présent, mais encore sans force. Mon courage n'est cependant pas abattu, et j'espère que nous éprouverons quelques adoucissements à notre dure situation.

« Les circonstances qui me privent de mes deux fils sont un surcroît d'inquiétude. Ma petite fille et mon mari sont avec moi, et leur présence est mon bonheur.

« Ma mère et ma sœur sont, l'une à Paris, l'autre en Bretagne, mes deux fils à Londres, nous à Hambourg, où nous avons toujours été retenus par nos intérêts en France, la neutralité du pays, les secours de quelques personnes bienfaisantes, et la loi des événements. »

L'horizon restait bien sombre. De nouveaux tourments vinrent augmenter les épreuves de M. et de Mme de Falaiseau. Alexis, leur fils aîné, élevé en Angleterre avec son frère Charles, était tombé dans un escalier sur le genou, et la gravité de cette chute faisait craindre qu'il fût à jamais estropié. Il était arrivé à Hambourg, appuyé sur des béquilles.

Dans son retour, il n'y avait plus de place pour la joie, comme si le malheur était le seul hôte qui pût venir frapper à la porte des émigrés.

II

Alexis resta quelque temps à Hambourg, sans qu'aucun symptôme favorable permît d'espérer sa guérison. Son père écrit, le 1ᵉʳ octobre 1799, au marquis de la Rochethulon :

« Notre Alexis est arrivé ici, mon cher et excellent ami. De vos mains paternelles il a passé dans les nôtres. Recevez nos actions de grâces de vos tendres soins pour lui. Hélas ! qu'il a dû vous donner d'inquiétudes et de peines ! Qu'il nous en donne par l'état affligeant dans lequel nous l'avons reçu ! Nous ne l'avons reconnu ni au moral, ni au physique. Sa figure s'est allongée, ses yeux ont grandi et ont pris une expression qu'ils n'avaient pas. Son moral a gagné aussi. Il a beaucoup d'intelligence et de raisonnement, une âme aimante à l'excès. S'il n'est pas destiné à guérir, il sera bien plus malheureux qu'un autre. Cette idée m'afflige extrèmement. »

Un douloureux événement vint alors émouvoir M. et Mme de Falaiseau comme pour les préparer à celui dont ils étaient eux-mêmes menacés. Le comte Constantin de Vergennes, leur ami, qui habitait leur maison, perdit sa fille, et cette mort prématurée attrista profondément la colonie, dont les membres étaient unis par la misère et par les deuils.

L'arrivée de M. et de Mme de Changy apporta une consolation passagère à ces épreuves. Ils venaient de Brunswick et se rendaient en France sans y avoir obtenu encore leur radiation. Ils y étaient rappelés par les intérêts de leur fortune, qui n'avait pas sombré tout entière, le père de M. de Changy n'ayant pas quitté la terre de Vanzé en Nivernais, où il était mort récemment.

Leur fidèle amitié ne put s'arrêter longtemps, et au bout de quinze jours il fallut échanger de pénibles adieux.

Les médecins avaient conseillé les eaux d'Aix-la-Chapelle pour Alexis. M. de Falaiseau l'y conduisit, consacrant à ce voyage les faibles ressources qui lui restaient. Alexis s'éloigna d'une mère qu'étreignaient de funèbres pressentiments, et tandis qu'il séjournait à Aix-la-Chapelle, M. de Falaiseau, toujours poursuivi par le désir d'être rayé de la liste des émigrés, allait en France pour y recommencer de nouvelles démarches. Reconnu et arrêté, il fut emprisonné au Temple, au mois de mai 1800.

On se figure son chagrin d'être séparé de tous les siens, ses inquiétudes pour son enfant malade et resté seul dans une ville étrangère. Il était venu, après de longues années d'exil, réclamer ses droits de Français dans sa patrie, et il y trouvait la captivité. On lui donna la chambre qu'avait occupée l'infortuné Louis XVI. Que de souvenirs l'assaillaient en ce lieu témoin de tant de douleurs et où semblait errer l'ombre du Roi martyr!

Les prisonniers étaient alors nombreux au Temple. Parmi eux on remarquait beaucoup de royalistes suspects au premier Consul ou impliqués dans les tentatives de restauration monarchique : le chevalier d'Andigné, les comtes de Bourmont et de Suzannet, le prince de la Trémoïlle, le prince de Léon, le marquis de la Prévalaye, MM. de Coigny, de Juigné, de Pontevès, de la Laurencie, de Becdelièvre, de Montbrun, de Caylus, de Pontevès, de Montchenu, d'Oilliamson, de Rivarol, d'Agoult, de Fontette, etc.; des hommes de lettres comme Bertin, Michaud et Fiévée. Le comte de Barruel-Beauvert expiait alors dans cette prison une brochure publiée par lui contre Bonaparte. Il cite M. de Falaiseau parmi ses compagnons de captivité et se plaint des souffrances endurées dans ce triste séjour, au milieu des chaleurs de l'été.

« Ne prenant point de relâche, dit-il, dans nos peines physiques et morales, respirant un mauvais air, prenant une nourriture fort chère et fort mal apprêtée, nous tombâmes malades, mais les uns après les autres. C'était bien heureux, car nous n'avions pas d'infirmerie. Nos femmes n'étaient pas toujours là, et plus de domestiques à notre disposition. Nous nous rendîmes tous les services qui dépendaient de nous ; mais ce ne pouvait être que dans la journée, d'énormes verrous bruyans, retentissans, nous séparant toutes les nuits (1). »

La détention de M. de Falaiseau dura trois mois. Il lut enfin sa liberté dans ces mots :

Ministère de la police générale de la République.

« Paris, 14 messidor an 8°.

« Le ministre ordonne au concierge du Temple de mettre sur-le-champ en liberté Étienne-Odile Falaiseau, sous le nom de Morneu, lequel demeurera sous la surveillance du préfet de police, chargé de l'exécution du présent arrêté.

« *Le ministre de la police générale,*

« FOUCHÉ. »

(1) *Lettres sur quelques particularités secrètes de l'histoire pendant l'interrègne des Bourbons.* Paris, 1815, 3 vol. in-8°, t. II, p. 81, 92.

A quelle influence l'ancien terroriste, devenu le courtisan de César, avait-il obéi en laissant délivrer l'émigré? La cause du père malheureux avait-elle plaidé en faveur du royaliste?

A peine libre, M. de Falaiseau retourna auprès de son fils, qui dépérissait à vue d'œil. Il le ramena à Paris, malgré le peu d'espoir laissé par un mal dont on ne pouvait arrêter les progrès.

L'enfant qui passe du berceau à la tombe quitte la vie sans la connaître. Le vieillard en a goûté les joies comme il en a épuisé les souffrances. Mais celui qui sentait en lui s'épanouir l'existence peut dire en la perdant :

> Mon beau voyage encor est si loin de sa fin !
> Je pars, et des ormeaux qui bordent le chemin
>   J'ai passé les premiers à peine.
> Au banquet de la vie à peine commencé,
> Un instant seulement mes lèvres ont pressé
>   La coupe en mes mains encor pleine (1).

Témoin de cette lente agonie, M. de Falaiseau ne s'éloignait du chevet de son fils que pour travailler à se faire rayer de la liste des émigrés. Mme de Falaiseau n'y figurait plus. Sa radiation avait été accordée. Elle était à Hambourg, retenue par le délabrement de sa santé, et elle se préparait à revenir en France. Les privations et

(1) André Chénier, *La jeune captive*.

les épreuves l'avaient changée au point de la rendre méconnaissable.

« Si je puis arracher mes enfants à l'affreuse misère que nous avons éprouvée depuis quelque temps, écrit-elle le 1er février 1801 à Paul du Camper, je me trouverai bien heureuse ; mais c'est encore incertain, car tous nos biens sont vendus, hors la seule maison que nous occupions...

« Mon pauvre Alexis est à Paris avec son père, dans un état bien triste, ayant la certitude d'être estropié, pas celle d'exister ! Je souffre cruellement de cette idée déchirante.

« Ma mère est à Paris, d'une santé affaiblie par l'âge et les chagrins. La mienne est bien détruite par nos souffrances, le travail et l'inquiétude ; mais mon cœur est toujours le même. »

M. de Falaiseau, caché rue de Seine et toujours émigré aux yeux de la loi, voyait l'état de son fils s'aggraver. Il écrivait alors à M. de la Rochethulon :

« Paris, 16 septembre 1801.

« Mes affaires ne se terminent pas, mon cher ami, et mon malheureux trimestre en prison en retardera beaucoup la fin. Je commence à désespérer de pouvoir jamais retrouver quelque chose des débris de mon ancienne fortune. Les difficultés qu'on éprouve pour les moindres choses sont vraiment désespérantes, surtout lorsqu'on n'a pas été fait pour le triste métier de solliciteur, et que tout se révolte en soi aux moindres démarches qu'il prescrit. Cependant, la pensée que je travaille pour donner du pain à ma femme et à mes enfants soutiendra mon courage dans ce nouveau métier, je l'espère, comme elle l'a soutenu en pays étranger pour y pourvoir du travail de mes mains.

« Tout cela serait pourtant compté pour rien, si la santé de mon malheureux Alexis était bonne et pouvait me laisser quelque ombre d'espoir. Mais j'ai la douleur de le voir passer par tous les degrés pour arriver à la mort. Une fièvre lente le dévore, et les médecins ne me laissent plus rien à espérer.

« Dans le dénuement où je me trouve, le courage m'abandonne à l'aspect des privations de tous genres dont je ne me plaindrais pas si mon malheureux enfant n'était condamné à les partager avec moi. Ne pouvant subvenir aux frais qu'entraînerait une troisième personne à loger et à nourrir, je n'ai pu prendre qu'une femme de ménage qui vient deux heures par jour. Ces soins ne pouvant pas suffire à mon pauvre Alexis, que je laisse absolument seul lorsque mes affaires m'obligent de sortir, j'ai loué deux petites chambres en face l'hos-

pice de la Charité, afin d'être plus près des secours qu'on
y trouve.

« Dans mon malheur, je dois bénir le sort de m'avoir
fait prendre ce parti qui laisse toute facilité au zèle angé-
lique des Sœurs hospitalières de cette maison, de donner
tous leurs soins à mon malheureux enfant. Elles viennent le panser trois fois par jour, et sont aussi ingénieuses à le distraire qu'à le soulager. Elles lui apportent
mille petites douceurs que ma position ne me permettrait pas de lui procurer. Mais tout cela ne fait qu'adoucir une existence qui chaque jour devient plus douloureuse.

« Voilà, mon ami, le spectacle déchirant que j'ai
sans cesse sous les yeux. Ajoutez que cet enfant a toutes
les qualités possibles du cœur et de l'esprit, du courage,
de la patience, la sensibilité la plus douce et la plus
naturelle, de la vertu et le plus tendre attachement pour
ses parents. Voilà ce que je perds et ce que je pleure
dans mon infortuné fils. S'il conservait la vie et la santé
avec de telles qualités, croyez-vous, mon ami, que
j'eusse regardé la perte de ma fortune comme le plus
grand des malheurs?

« Je viens de mander ces tristes détails à ma malheureuse femme, qui est retenue à Hambourg et n'aspire
qu'au moment de nous rejoindre. Elle doit se mettre en
route ces jours-ci avec notre petite Adèle. Quel triste

spectacle l'attend ici, dans ce même lieu où elle n'est pas revenue depuis notre premier départ !

« Mais laissons ce tableau déchirant, et permettez, mon excellent ami, que j'éprouve une douce sensation en vous témoignant ma vive reconnaissance de tout ce que vous faites encore pour mon petit Charles, après ce que vous avez fait pour mon Alexis. Je ne trouve pas de termes assez forts pour rendre ce que je sens. J'espère qu'un jour à venir, mes enfants sentiront ce qu'ils vous doivent, et auront pour ceux qui leur ont servi de père et de mère cette tendresse filiale qui vous est si bien acquise. »

Toutes les souffrances semblent réunies dans la pauvre chambre où l'enfant achève sa courte existence. Mais la charité chrétienne a été fidèle au rendez-vous que lui donnent à toutes les époques les misères d'ici-bas. Elle apparaît sous les traits de ces femmes dont l'humilité cherche à cacher les vertus, messagères du ciel descendues sur la terre pour essuyer des larmes.

Aux consolations qu'apporte le dévouement religieux venaient se joindre celles de l'amitié.

Revenus à Paris, M. et Mme de Changy faisaient de fréquentes visites au malade, dont ils admiraient la touchante résignation. « Nous voyions souvent, dit Mme de Changy, ce jeune homme qui souffrait avec une patience et un courage héroïques. Sur son lit de douleur, je le trouvais lisant le livre de l'*Imitation* en anglais (1). »

Il cessa de tourner les pages où il puisait le courage et la résignation, quand se ferma le livre de sa vie, et M. de Falaiseau, surmontant sa douleur, retrace à M. de la Rochethulon les derniers moments de celui qu'il avait en vain disputé à la mort :

« 3 octobre 1801.

« Ah! mon cher ami, je n'ai plus mon Alexis! Il a expiré dans mes bras hier matin, après trois jours d'agonie, ayant conservé toute sa tête, toute sa raison, et cette touchante sensibilité qui le caractérisait. Que de marques de tendresse ne m'a-t-il pas données! Que ne m'a-t-il pas dit avant d'expirer!

« Pourquoi pleurez-vous? me disait-il. Je ne vous ai donné que des peines, que des chagrins. Ne restez pas là et conservez-vous pour ma chère maman, pour mon frère, pour ma sœur. Vous ferez leur bonheur comme vous avez fait le mien, et moi, je prierai pour vous tous. »

« Voilà, mon ami, ce qu'il me disait en recevant le viatique, car il est mort comme un ange et avec la plus touchante piété. Je ne l'ai pas quitté un seul instant; il me manque dans tous les moments. C'était un ami de

____

(1) *Souvenirs inédits de la comtesse de Changy.*

quarante ans, et pourtant il en avait à peine treize. Je suis anéanti. Ah! perdre ses enfants, c'est le plus grand de tous les malheurs.

« Mon ami, cette perte me fait trembler pour la santé de Charles. Ramenez-le-moi en rentrant en France. La malheureuse mère arrivait en toute hâte pour soigner son enfant. Elle est en route; elle sera ici sous peu de jours et elle ne trouvera plus que moi. Comment lui apprendre l'étendue de notre malheur?

« Vous avez aussi perdu un de vos enfants dans celui que je pleure. Adieu. La voix touchante de mon malheureux fils retentit à mes oreilles. Je ne puis vous en dire davantage. »

Mme de Falaiseau avait vendu tout ce qu'elle possédait pour revenir en France. Elle était avec sa fille, âgée de cinq ans, à Bréda, chez ses cousines, Mlles de Falaiseau, lorsque lui parvint la funèbre nouvelle. Elle fut quelque temps dans un état affreux. Quand elle eut repris des forces, elle continua son voyage, et arriva au mois de novembre à Paris.

Il y avait dix ans qu'elle en était partie, jeune encore, remplie de ces illusions emportées par le vent sinistre des révolutions, comme les feuilles mortes que le vent faisait tomber maintenant des arbres dépouillés. Elle revenait le cœur déchiré, vieillie par les épreuves, les privations et le chagrin.

Qu'elles avaient été longues, ces dix années de misère et d'exil! Que d'existences elles avaient brisées! Que de morts tombés sur la route! Et lorsqu'ils rentraient dans leur patrie, les émigrés se voyaient bannis de la demeure où ils avaient vécu les jours radieux de la jeunesse et où ils avaient espéré fermer les yeux.

CHAPITRE VIII

1801-1812

I

« La mode est maintenant de rentrer comme jadis de sortir », écrivait après le 18 brumaire un émigré (1).

Ce qu'était ce retour pour les proscrits, quels sentiments s'éveillaient en eux à l'aspect des bouleversements et des transformations qui frappaient les esprits et les yeux, il est facile de se le figurer. Une femme arrivant en 1800 de Brême, où elle avait séjourné pendant l'émigration, traduit ainsi les impressions qu'elle éprouva en revoyant Paris :

« Revenir dans sa patrie après dix années d'absence et de malheur, y revenir pour n'y trouver que ruines et

(1) Le comte DE NEUILLY, *Souvenirs,* publiés par son neveu, Maurice DE BARBEREY, p. 326.

débris d'une grande fortune, quel événement! quelle arrivée! Paris se ressentait encore de la Terreur, qui avait laissé des traces. Cette capitale était loin d'être alors ce qu'elle est aujourd'hui. Et pourtant elle me parut un séjour enchanté. Voir des rues bien éclairées, jusqu'à des transparents à la porte des restaurants, ne fût-ce que pour dire : *Riz au lait,* tout cela prenait à mes yeux un air de fête, comparativement aux villes allemandes que nous avons vues.

« Nous descendîmes rue de Lille (rue de Bourbon), où ma tante, Mlle Mahé de la Bourdonnais, et sa nièce, nous attendaient. Que de choses à se dire après une si longue absence et dans de telles circonstances ! Après une longue causerie, ma tante nous conduisit rue de l'Université, hôtel des Ministres, où une seule chambre nous réunit toutes les quatre. Il nous fallait aller à l'économie, car notre voyage nous avait coûté vingt-neuf louis, et il n'en restait plus guère dans l'escarcelle.

« Ennuyées comme nous l'étions en Allemagne d'un langage que nous comprenions mal, ce fut pour nous une vive jouissance d'entendre parler français. Mais cette terre de France que nous revoyions avec bonheur comme patrie, que d'émotions elle nous causait! Une de nos premières courses fut le faubourg Saint-Honoré. Il nous fallut traverser la place Louis XV, devenue place de la Révolution... Oh! comme les cœurs se serrèrent !

Que de sang français l'avait arrosée ! Et ce drapeau trico-
lore qui flottait sur les Tuileries, et ce langage républicain ! Car on se traitait encore de citoyen... Tout nous
étonnait et nous serrait le cœur (1). »

C'est encore un émigré, le vicomte Walsh, qui retrace en termes pénétrants les émotions que lui causa
la vue des côtes de France où il abordait à Calais, au
mois d'août 1802, en revenant de l'Angleterre qu'il
avait habitée pendant les années de la proscription. Un
rayon de soleil, perçant la brume, fit briller tout à coup
la cité française que les passagers saluèrent de leurs
acclamations, puis, à la faveur de la brise, ils enten-
dirent l'horloge du beffroi qui sonnait dix heures.

« Il nous sembla, écrit M. Walsh, qu'elle *parlait
français.* »

À Calais, en attendant la diligence qui devait les conduire à Paris, les voyageurs parcourent la ville ; ils
entrent dans les églises profanées où se lisent des in-
scriptions révolutionnaires.

« Nous partîmes de Calais le soir... et quand par un
beau soleil comme n'en a pas l'Angleterre, notre lourde
diligence roula sur la grande route, entre les campagnes

(1) *Souvenirs d'une octogénaire,* Pauline DE NOINVILLE (1777-1863).
Ces Souvenirs inédits m'ont été obligeamment communiqués par la famille de l'auteur. Mlle Durey de Noinville appartenait à la même
famille que le président de Meinières et que la comtesse de Rochechouart, née Durey de Morsan, dont il a été question précédemment.

verdoyantes de la patrie, nous respirâmes bien mieux. Les révolutions laissent leurs traces bien plus profondes dans les villes que dans les champs; là, chaque printemps, chaque été fait pousser des fleurs et de la verdure où les Vandales avaient fait des ruines...

« Si en débarquant à Calais, nous avions ressenti une profonde, une sainte émotion, quand nous touchâmes au cœur de la France, nos sensations devinrent bien plus vives encore.

« Le terrible, l'épouvantable incendie qui avait enflammé et dévasté le monde, son premier foyer n'avait-il pas été Paris? Si les pleurs et le sang, comme les grandes eaux du déluge, avaient inondé la terre, n'était-ce pas de Paris que le torrent avait débordé?... Maintenant, nous distinguions ses clochers, les dômes de ses églises et les toits de ses palais. Dans ses églises, on avait voulu détrôner Dieu; dans ses palais, on avait insulté à la royauté, égorgé ses défenseurs, et, tout à côté, on avait décapité un roi ami du peuple et une reine héroïque. Comme Jérusalem, Paris avait bu le sang de ses justes et de ses prophètes; et cependant, nous avions hâte d'y arriver : nous la savions légère, oublieuse, ingrate, coupable, et nous l'aimions en dépit de tout (1). »

____

(1) *Souvenirs de cinquante ans*, p. 388.

De cruels souvenirs se mêlaient au bonheur de fouler la terre de France, et un incident, une rencontre imprévue venaient parfois les ranimer avec une douloureuse intensité. Un émigré, rentré depuis peu, passait à Paris, dans une rue voisine de Saint-Roch. Surpris par la pluie, il se réfugie chez un marchand de bric-à-brac. Parmi les tableaux entassés pêle-mêle dans l'obscur magasin avec leurs cadres mutilés, un portrait frappe soudain ses yeux : c'était celui de son frère qui avait péri sur l'échafaud (1).

La Révolution était tombée aux pieds d'un dictateur. Tous se précipitaient vers le nouveau maître qui effaçait les noms inscrits sur les tables de proscription.

Les uns étaient vaincus par l'irrésistible désir de revoir la France, d'autres séduits par l'éclat de cette jeune gloire qui promettait l'ordre et la sécurité à un pays fatigué de crimes et d'anarchie.

Ce pouvoir qui faisait espérer aux exilés la fin de leurs maux, n'était pas moins bien accueilli des anciens révolutionnaires, car il leur permettait de jouir du fruit de leurs conquêtes.

Revenus dans le pays où s'étaient accomplis tant de changements, les émigrés semblaient être les Français d'un autre âge. Les destructions jacobines et les recon-

(1) Duchesse d'Abrantès, *Histoire des salons de Paris*, t. IV, p. 100

structions de la société nouvelle leur montraient une France où ils ne retrouvaient plus celle qu'ils avaient quittée.

Les demandes de radiation se pressaient sous les yeux de Bonaparte. Elles avaient pour adversaires les représentants du parti révolutionnaire, qui convoitaient les honneurs après s'être emparés des fortunes (1). Parmi eux, nul n'était plus ardent que Fouché. Cet homme, qui avait participé aux plus grands forfaits de la Terreur et que la Convention elle-même avait flétri, dans un rapport du 9 août 1795, où elle demandait son expulsion « comme un voleur et un terroriste dont la conduite atroce et criminelle communiquait le déshonneur et l'opprobre à toute assemblée », ce parvenu du crime s'était rendu maître de domaines immenses, lorsque l'on achetait à vil prix les biens de ceux dont on faisait tomber les têtes.

Personne ne croyait les émigrés assez forts pour rétablir l'ancien régime, eux que la nécessité réduisait à être

---

(1) Sous le Directoire, les radiations impliquaient la restitution des biens non vendus. Les propriétaires légitimes qui rentraient en possession de ces biens étaient considérés comme n'ayant jamais émigré. Le premier Consul se montra moins généreux, et, par arrêté du 16 thermidor an IX, il excepta des domaines restitués les bois de trois cents arpents et au-dessus. Cette prohibition avait pour prétexte les coupes de bois pratiquées sans ménagement par les émigrés rentrés. Le premier Consul craignait surtout de leur rendre trop d'influence en leur faisant recouvrer leurs richesses. (THIBAUDEAU, *le Consulat*, t. II, p. 206.)

les solliciteurs du régime nouveau ; mais ils étaient un souvenir importun, un reproche pour tous ceux qui avaient usurpé leur place et jouissaient de leurs fortunes.

Tandis qu'Abrial, ministre de la justice, favorisait toutes les demandes de radiation, Fouché s'efforçait d'y mettre obstacle, multipliait les exigences, se procurait l'état de ceux qui avaient servi dans l'armée de Condé, encourageait les dénonciateurs, faisait constater l'émigration par des lettres saisies ou par l'attestation des lieux où avaient résidé les proscrits. Sur huit mille quatre-vingt-trois demandes, formulées le 13 octobre 1800, il réussit à en faire ajourner ou écarter mille sept cent quarante-sept. Ceux qui n'avaient pas obtenu leur radiation ou étaient rentrés en France sans la solliciter, se voyaient jetés dans le dépôt de la police, et Fouché les y maintenait parfois, malgré les jugements du tribunal ordonnant leur mise en liberté.

Le 19 octobre 1800, on compte cent quarante-cinq mille noms sur la liste des émigrés, malgré les treize mille radiations du Directoire et les douze cents du gouvernement consulaire. Le 9 mai 1805, le chiffre des individus atteints par les lois contre l'émigration s'élève encore à deux cent mille.

Un décret des consuls du 26 avril 1802 autorisa le retour de tous les émigrés qui n'étaient pas exclus nominativement, en les plaçant sous la surveillance du gouvernement et en fixant des conditions à leur résidence. Une nouvelle liste d'émigrés parut encore le 15 novembre 1807, signée de Napoléon « en notre palais impérial de Fontainebleau ». On y porte Chateaubriand, qui s'était retiré après le meurtre du duc d'Enghien, et l'on signale en divers pays étrangers des Français d'un nom connu (1).

Les demandes de radiation se succédèrent jusqu'en 1813 (2), et à la chute de Napoléon, il y avait encore beaucoup d'émigrés qui ne rentrèrent qu'avec les Bourbons. Ceux-là préféraient la continuation de leur vie d'exil aux nouvelles épreuves qui les attendaient en France. Les départs se multipliaient, la solitude se faisait autour d'eux, sans ébranler leur résolution.

De ce nombre était la comtesse de Neuilly (3) qui persistait à ne pas suivre ses enfants en France, et n'y revint qu'en 1814, avec le roi légitime.

« J'aime mieux faire ce que je fais ici, écrivait-elle de Hambourg, le 9 juin 1800, à sa fille, que d'aller

____

(1) Forneron, *Histoire des émigrés,* t. II, p. 358, 364, 373, 375; t. III, p. 66.

(2) Ernest Daudet, *Les émigrés et la seconde coalition,* p. 287.

(3) Marie-Catherine-Rosalie de Beauchamp, mariée en 1776 au comte de Neuilly, mort en 1788. Son fils, écuyer cavalcadour de Louis XVIII, colonel de cavalerie, chevalier de Saint-Louis, est l'auteur de *Souvenirs sur l'émigration,* et sa fille, Clémentine de Neuilly, épousa en 1806 M. de Barberey, officier de l'armée de Condé.

m'humilier là-bas et demander l'aumône à la porte du coquin qui jouit de mon bien. »

« Qu'irais-je faire dans un pays qui m'est devenu odieux ? lui écrivait-elle encore en 1802. Me mettre à la merci des événements, dans la dépendance des personnes qui me sont étrangères et auxquelles je ne voudrais devoir aucun service ni avoir pour rien au monde la moindre obligation personnelle... Je resterai paisiblement où je suis, vivant de mon industrie et de mon travail ; pauvre, mais malheureuse seulement par les circonstances et non point par les personnes ; gagnant mon existence journalière avec peine, mais enfin la gagnant sans dépendre de personne, sans bassesse, sans humiliation, sans hanter la mauvaise compagnie. Ici, l'on est l'égal de tout le monde en vendant à l'aulne, et je ne perds rien de ma considération dans la bonne société...

« En France, je ne pourrais avoir que des sujets de peine, de chagrin ; l'état des choses si différent de ce qu'il était pour moi, pour mes amis, pour les gens de ma caste, révolterait mon cœur, mon esprit et mes yeux... (1). »

Triste fruit des révolutions et des discordes civiles qui se survivent dans l'amertume des souvenirs, dans

____

(1) *Souvenirs du comte de Neuilly,* p. 314 et 336.

le conflit des sentiments, et troublent l'âme d'un pays, après avoir taché de sang les pages de son Histoire !

Lorsque commencèrent à s'entr'ouvrir les portes de la patrie, beaucoup d'émigrés attendaient, en se cachant, la solution pour laquelle on faisait agir toutes les influences. La vénalité, qui avait joué un si grand rôle dans l'histoire de la Révolution, était la meilleure protection qu'on pût invoquer. On était presque sûr de réussir quand on avait « une bourse de louis » à donner aux agents du ministre de la police (1).

Le comte de Puymaigre, revenu de l'émigration en 1803, attaqua les ventes de ses biens, faites en dehors des formes légales de l'époque. Il souleva l'animosité des intéressés, mais finit par obtenir justice. « Je dois dire toutefois, a-t-il raconté, qu'il me fallut séduire un vieux coquin de jacobin, chef de bureau à la préfecture. Cet homme avait la manie des diamants ; je mets donc à mon doigt une bague de mon père, ornée d'un brillant de la valeur d'une quinzaine de louis, et je vais hardiment entretenir le chef de bureau de mon affaire. Il commença par me rudoyer, mais à la vue de ma bague scintillante, il se radoucit, et sa transition fut : « *Vous avez là un joli diamant ; il est d'une belle eau. — Gar-*

____

(1) FORNERON, t. II, p. 365.

dez-le, monsieur; je n'ai plus besoin de ces colifi-chets, et nous en réglerons le prix plus tard. — Mon-sieur, me répondit-il sans plus de façons oratoires, vos acquéreurs sont des gueux, et vous gagnerez votre affaire. »

« En effet, je la gagnai deux jours après, et j'en tirai par transaction douze à quinze mille francs.

« Cela me mit en goût, et j'en entamai une plus consi-dérable où je prouvai même qu'il y avait eu friponnerie et connivence entre les autorités d'alors et les acqué-reurs. L'instruction dura longtemps. Je gagnai au con-seil de préfecture; mais comme il s'agissait de quarante à cinquante mille francs, tout le corps des acquéreurs fut en rumeur, et je fus condamné par un arrêté du Conseil d'État, rendu sous les auspices d'un des plus vils coquins de la Révolution (1). »

La radiation, pour laquelle M. de Falaiseau avait tant de fois exposé sa vie, rencontra des difficultés et des résistances. Ses sentiments royalistes étaient connus; il avait servi dans l'armée des princes. Ses sollicitations, ses démarches seraient peut-être restées inutiles sans l'intervention du général Gudin (2) auprès du premier Consul. A sa prière et en considération des services du

(1) *Souvenirs du comte de Puymaigre sur la Révolution, l'Empire et la Restauration,* p. 101.

(2) Mort en 1812. Il possédait en Orléanais des terres voisines de celles de M. de Falaiseau.

général, Bonaparte consentit à rayer en 1801 M. de Falaiseau de la liste des émigrés.

Vendus comme biens nationaux, Escrignelles et la Revaudière étaient entre des mains étrangères. Le seuil de ces demeures était interdit à M. et Mme de Falaiseau, dont le souvenir habitait encore le pays auquel les rattachaient tous les liens du passé, et où ils avaient connu le bonheur (1). Ils y conservaient des affections victorieuses de tant d'événements.

Un ancien jardinier nommé Collignon avait appris le retour de M. de Falaiseau en France.

Prévoyant qu'il aurait besoin de l'argent que depuis longtemps il n'avait pu lui faire parvenir, il partit à pied pour Paris, et muni d'une somme de 800 francs, il alla se placer sur le pont Royal. Ne doutant pas que celui qu'il cherchait ne fût connu de tout le monde, il arrêtait tous les passants pour leur dire : « Avez-vous vu M. de Falaiseau, mon maître? » Cette naïve question, répétée avec une imperturbable confiance, n'obtenait que des réponses négatives et provoquait le sourire de la plupart de ceux à qui elle s'adressait. Son attente fut trompée les deux premiers jours, pendant lesquels il renouvela sa demande avec autant de persévérance que d'ingénuité. Le troisième jour, il vit arriver M. de Fa-

(1) Le château d'Escrignelles, racheté en 1815 par le marquis de Falaiseau, appartient aujourd'hui à son petit-fils.

laiseau lui-même, sur le pont où il avait repris son poste accoutumé, et ce ne fut pas sans émotion que le paysan et l'émigré s'abordèrent dans la capitale où, après des années si malheureuses et si troublées, ils semblaient s'être donné rendez-vous, éprouvant l'un pour l'autre les mêmes sentiments qu'autrefois.

M. et Mme de Changy, plus heureux que M. et Mme de Falaiseau, avaient repris possession de leur terre patrimoniale du Nivernais, conservée par le père de M. de Changy et sauvée par lui de la confiscation révolutionnaire. C'est encore à Mme de Changy que j'emprunte les pages où elle décrit les douceurs et les tristesses du retour :

« Quelques petits remboursements nous mirent à même d'acheter un bon cheval et une patache qui me causèrent plus de joie qu'autrefois le plus brillant équipage. Cette modeste voiture nous donna la facilité de nous distraire par de fréquents voyages chez ma sœur, Mme de Luricu, à Saint-Amand, où nous étions toujours reçus avec amitié. Mais là, que d'amertumes n'avais-je pas encore à dévorer !

« C'était le lieu le plus voisin de ce château de la Maisonfort dont il ne restait plus que des ruines, et où j'avais passé le temps le plus heureux de ma vie, dans cet âge brillant de ma jeunesse et de la fortune de ma famille. Combien, dans le triste pèlerinage que j'y fis, j'ai senti le néant des grandeurs et aussi le chagrin de leur survivre ! Tout avait disparu, et je ne trouvais plus qu'une solitude désolée dans ces lieux où tout avait été joie et fête pour moi. Là s'étaient engloutis les honneurs et la considération dont avaient joui nos plus belles générations, pendant que la nôtre, proscrite, errante et dépouillée, mangeait le pain de l'exil et de la douleur.

« Celui qui avait acquis mes biens de la nation pour la valeur d'une paire de bœufs, me traitait avec l'insolence de l'égalité. Ce protégé de ma famille, qui en était devenu le fermier et presque l'ami, rendu par la Révolution l'acquéreur de mes biens, avait conclu, avant mon mariage, avec mon homme d'affaires, un marché de coupes de bois assez avantageux, puisqu'il me dit qu'il gardait mon domaine pour se dédommager du gain qu'il aurait dû faire sur cette acquisition, devenue nulle par le fait de mon émigration... Tel fut l'arrangement réglé par lui, et dont j'avais tenu à avoir la confirmation de sa propre bouche, et tel était l'effet de la corruption révolutionnaire, que lui et les siens n'en furent pas moins considérés comme de très honnêtes gens... »

Vanzé, le domaine que M. de Changy recueillait alors de ses parents, était pour sa femme et pour lui le port où ils rentraient après l'orage. Ils s'installèrent dans cette demeure qu'ils avaient quittée en 1791.

« C'est avec courage, dit Mme de Changy, que nous entreprîmes de réparer les dévastations du temps et de la Révolution... Nous reprîmes, dans notre patache, ce chemin qui nous avait vus, douze ans auparavant, rouler en poste vers l'exil, et ce rapprochement entre le passé et le présent me rappelle une aventure arrivée à mon mari, à cette époque.

« Un jour qu'il allait en diligence et réfléchissait à ces jours d'autrefois où il parcourait si souvent cette route en brillant équipage, il fut interpellé par un voyageur qui simulait, en le rencontrant, la joie familière d'une ancienne connaissance, et lui dit après de sots compliments sur son retour : « Nous nous sommes souvent vus jadis sur cette route. »

« M. de Changy coupa court à ce gros rire en lui répondant : « C'est vrai. J'y passais souvent à quatre « chevaux quand vous y rouliez des pierres. »

« Il avait reconnu un ancien ouvrier, devenu acquéreur de biens nationaux et gros entrepreneur...

« Un mauvais grabat nous reçut à Vanzé, pillé de la cave au grenier par des gens venus de six lieues à la ronde. Nous mangeâmes notre premier festin sur une table de paysan, assis sur deux chaises d'emprunt. Et cependant depuis longtemps nous n'avions été si contents. Nous étions heureux surtout de la joie que nous témoignaient nos bons paysans. Ils venaient en procession nous apporter leur petite offrande d'œufs, de beurre et de poulets. Ils avaient, malgré les erreurs du temps, conservé pour notre famille un souvenir d'attachement et de respect. »

Dépouillés de leur fortune, M. et Mme de Falaiseau avaient retrouvé cependant à Paris le toit qui les avait abrités avant la Révolution. La maison de la rue du Doyenné n'avait pas été vendue (1). Ils s'y installèrent, et autour de leur foyer dévasté revinrent se grouper les parents, les amis dont l'exil et le malheur avaient consacré le dévouement.

« Avec quel empressement, écrivait Mme de Changy, nous nous retrouvâmes dans cette même maison de la rue du Doyenné! Si nous n'y avions plus le faste de nos parents, après les désastres qui avaient englouti notre patrimoine, nous y apportions cette même amitié plus éprouvée et aussi fidèle. M. et Mme de Falaiseau avaient fait de leur maison un asile pour tous leurs amis malheureux, et ce cercle, composé des mêmes sentiments et des mêmes infortunes, formait l'accord d'une douce intimité. »

(1) Elle était occupée alors par les officiers de la garde qui reçurent l'ordre du premier Consul de l'évacuer pour la rendre à M. de Falaiseau, son propriétaire. (*Mémoires anecdotiques sur l'intérieur du palais et sur quelques événements de l'Empire, pour servir à l'histoire de Napoléon*, par L. F. J. DE BAUSSET, ancien préfet du palais impérial, t. IV, p. 109.)

Les privations endurées en exil avaient resserré les liens d'affection en ouvrant les cœurs à la pitié. On mettait en commun les joies, comme on avait naguère partagé les peines, et c'était une touchante confraternité que celle qui régnait entre les survivants de l'émigration, unis par le souvenir des misères et des épreuves. A force de souffrances, on s'était détaché des richesses qu'on ne connaissait plus. On se faisait des bonheurs des moindres choses, et l'on était content de peu, parce qu'on avait appris à se passer de tout.

Une femme revenue de l'émigration, la marquise d'Eyragues, écrivait alors à son neveu, Louis de Saporta :

« Vous voilà enfin arrivé heureusement dans votre patrie, après neuf ans d'absence. Quels changements cette révolution a opérés en tout ! Vous vous en apercevrez tous les jours davantage. Vous ne pouvez vous faire une idée de l'insouciance que cette révolution a donnée plus ou moins à chaque individu. Pourvu qu'on ait un morceau à manger, on se trouve heureux en comparaison de ce qu'on a souffert. Moi, par exemple, qui avais tout perdu, je me trouve arrivée au suprême bonheur d'avoir ma maison et 2,000 livres de rente. Nous vivons bien petitement ; ainsi ne vous attendez pas à faire grand'chère, mais à avoir bon visage d'hôte (1). »

(1) FORNERON. *Histoire des émigrés,* t. II, p. 401.

Le marquis de Vérac, de retour à Paris en 1800, logeait rue de Lille, dans une chambre de domestique, ayant pour tout mobilier une chaise et un lit à tiroirs.

La baronne de Montmorency, née Goyon-Matignon, femme du chef de cette illustre maison, lavait et repassait elle-même sa robe de mousseline. Elle louait un cabriolet, de moitié avec Thibaut de Montmorency, son beau-frère. Le cabriolet cessant de lui appartenir lorsqu'elle dépassait minuit, elle regagnait à pied son gîte, coiffée d'un capuchon et ayant à ses pieds des galoches (1).

Elle était alors bien pauvre, cette aristocratie française dont l'éclat avait ébloui l'Europe. Elle offrait l'image de la ruine la plus complète. Privée des châteaux et des hôtels vendus aux enchères de la Révolution, elle ne pouvait plus fasciner les yeux par le prestige de la richesse. Mais ces familles se régénéraient par les épreuves. Les dures nécessités de l'existence les soumettaient à la grande loi du travail, que ne méconnaissent pas impunément les classes et les individus. Elles gardaient enfin, dans leur simplicité nouvelle, la dignité morale qu'ignorent les époques où la fortune voit se courber devant elle tous les fronts, et où les jouissances matérielles remplacent les plaisirs de l'esprit et les délicatesses du cœur.

(1) *Le marquis de Vérac et ses amis* (1768-1858), par le comte A. DE ROUGÉ, p. 126.

II

M. et Mme de Falaiseau, entourés des amis du malheur, se livraient aux joies de l'intérieur, les seules qui
leur fussent laissées, joies mêlées de larmes, assombries
par des préoccupations toujours renaissantes et des souvenirs toujours vivants. Une seconde fille (1) était venue,
le 6 novembre 1802, réjouir leur foyer et consoler ses
deuils. L'enfant, née sur la terre de France, devait
briller par la vivacité d'esprit et la chaleur d'âme qu'elle
conserva jusqu'à la fin de sa longue existence, commencée avec le siècle, achevée presque avec lui. Elle
était parée des cheveux blancs de l'aïeule quand je l'ai
rencontrée sur le chemin de ma vie. Elle n'avait de l'octogénaire que la mémoire de ceux qui ont vu passer
beaucoup d'événements. Sa mère, qui nous est apparue
dans ces pages, était restée pour elle l'objet d'un véritable culte. Quoiqu'elle l'eût perdue de bonne heure,
le souvenir de cette mère si tendre et si malheureuse
demeurait gravé dans son cœur, sans que de nom-

(1) Jenny-Charlotte-Joséphine de Falaiseau, mariée en 1825 au
vicomte de Romanet de Beaune, garde du corps de Louis XVIII, aide-
maître des cérémonies de Charles X. Elle est morte au château des Feu-
gerets en 1890, laissant une fille, la comtesse Adrien de Semallé.

breuses années aient pu l'effacer ni l'affaiblir. Elle se faisait honneur de suivre ses conseils, de se montrer fidèle aux mêmes amitiés. Elle en avait l'énergie morale. Grâce à cette vaillance de cœur et au charme d'un esprit toujours jeune, elle put porter légèrement le poids de la vieillesse, et vit venir la mort avec une sérénité chrétienne.

Sa naissance avait été pour ses parents une promesse de bonheur, un nouveau gage d'avenir. Mais lorsqu'ils voyaient ces jeunes têtes sur lesquelles reposaient tant d'espérances, comment ne pas regretter l'ancienne opulence et ne pas gémir de la stricte économie à laquelle ils étaient réduits ? En réunissant les épaves du naufrage aux affectueuses libéralités de quelques parents, M. et Mme de Falaiseau jouissaient d'un revenu de 5,981 francs; c'est le chiffre à l'aide duquel ils parvenaient à équilibrer ainsi leur modeste budget :

Nourriture.	2.920 francs.
Entretien de deux personnes et de trois enfants. .	901 —
Deux cordes de bois pour toute l'année.	268 —
Luminaire	61 —
Voitures et menus plaisirs	88 —
Maîtres pour Charles et Adèle	434 —
Une femme pour tout faire.	222 —
Ports de lettres.	93 —
Frais de maladie	313 —
Charités, étrennes, cadeaux.	285 —
Dépenses diverses.	328 —
	5.913 francs.

Avec des prodiges d'économie, six personnes vivaient en 1807 à Paris pour huit francs par jour, et l'on trouvait moyen d'économiser sur le revenu de l'année 68 francs qu'on gardait avec soin pour les besoins de l'année suivante.

On était loin des cinquante mille livres de rente et de l'existence de 1788. Des nombreux serviteurs d'alors il ne restait personne. Qu'étaient devenus Lapierre et Marianne? Je n'ai pu le savoir. Nous avons entrevu ces figures modestes et dévouées devant lesquelles on s'arrête avec sympathie. Les vertus des humbles traversent le monde sans bruit et disparaissent inconnues. Obscures aux yeux des hommes, elles attirent sur elles le regard de Dieu.

M. de Falaiseau alla, au mois de juillet 1807, chercher en Hollande son fils Charles qui revenait d'Angleterre, où il avait été élevé, et en rapportait un accent qu'il garda toute sa vie. M. de Falaiseau ne le reconnut qu'à sa ressemblance avec Alexis, et ce souvenir fit couler ses larmes. Ne sachant pas écrire en français, l'enfant adressa de Rotterdam à sa mère quelques mots d'anglais, et son père les accompagna de cette lettre où il exprime à Mme de Falaiseau la joie qu'il brûlait de partager avec elle :

« Eh bien, tu ne reverras pas ton fils, n'est-ce pas? Non, ce n'est pas lui qui t'écrit! C'est moi qui lui ai dicté ce bel anglais! A présent dormiras-tu? Oui, Madame, il m'est arrivé hier à Marcelens, à trois lieues de Rotterdam. J'ai été le chercher. Il était à l'auberge avec d'autres passagers. Nous ne nous connaissions pas ; mais il ressemble tant au pauvre Alexis que je l'ai appelé sur-le-champ. Il est venu m'embrasser en pleurant. Il était tellement ému, le pauvre petit, qu'il ne pouvait parler. Il m'a cependant dit de suite qu'il voudrait bien te voir. Quand je lui ai parlé d'Alexis, il s'est mis à fondre en larmes. Il a été malade de la mer horriblement. Aussi l'ai-je fait coucher à sept heures du soir, et il ne s'est réveillé ce matin qu'à neuf heures.

« Il m'a donné une lettre de son oncle (1) que je te communiquerai et une autre pour la mère. Ma rate paternelle s'est épanouie. Il entend le français, mais il a de la peine à le parler. Il est pieux et me paraît avoir reçu une bonne éducation. Il aime la lecture et il lit bien le français. Pour la figure, je ne t'en parle pas ; il ressemble à Alexis. Il est maigre ; il a les yeux bruns et il est très petit pour son âge. Je trouve aussi qu'il a quelque chose d'Adèle. Il paraît fort doux. Enfin, tu le verras si tu veux le recevoir. Que Mlle Adèle s'apprête à être sa gouvernante.

« Ne m'écris plus. Je compte partir demain pour Bréda. Adieu. Peste, jure, sois sur les épines si tu veux, mais tu n'en feras jamais autant que j'en ai fait dans ce

____

(1) M. Floyer.

genre-là. A ton tour actuellement! J'ai envie de le mener à Paris par Genève pour allonger le temps. »

On sent déborder dans cette lettre les sentiments qui remplissaient le cœur paternel. Mais les difficultés de l'existence revenaient aussitôt avec leurs préoccupations journalières.

La plupart des émigrés étaient sans ressource et sollicitaient des emplois (1). M. de Falaiseau obtint en 1808, à Tonnerre, la place de receveur principal des droits réunis, par l'intervention du comte Eugène de Montesquiou (2) auprès de l'impératrice Joséphine. C'était à la fois pour M. de Falaiseau une faveur et un sacrifice, car ces fonctions ne l'éloignaient pas seulement de Paris, où il laissait tous les siens; elles lui imposaient un genre de vie contraire à ses habitudes et à ses goûts. Le désir de pourvoir à l'éducation de ses enfants, et de réparer à force de travail et de privations les désastres de sa fortune, lui donnait le courage et la résignation.

Le journal de Mme de Falaiseau a été interrompu pendant plusieurs années, soit qu'elle ait cessé de

(1) On comptait, en 1806, 40,009 familles d'émigrés sans moyens d'existence. (THIBAUDEAU, *l'Empire*, t. II, p. 295.)

(2) Marié à Mlle d'Harcourt, il fut tué en 1811 pendant la guerre d'Espagne. Son frère, le comte Anatole de Montesquiou, avait épousé la fille du vicomte Henry de Montesquiou et de Mlle Dupleix de Bacquencourt.

l'écrire au milieu de cruels tourments, soit qu'on en ait détruit ou dispersé les pages. Elle reprend la plume, le 1er janvier 1808, pour peindre les nouveaux aspects de sa vie, dont les épreuves étaient alors tempérées par de douces consolations :

« Je commence cette année d'une manière heureuse pour mon cœur. Puisse-t-elle s'écouler de même et être suivie de semblables jouissances et d'un peu plus de fortune ! Je me trouverais pleinement satisfaite.

« Je suis réunie, pour la première fois de ma vie, à mes trois enfants et à mon mari. Je suis dans ma patrie, dans ma ville natale, dans ma maison, avec mes amis. Ma mère (1) et ma famille sont, comme moi, à Paris. M. et Mme de Vergennes, M. et Mme de Changy et nous ne formons qu'une famille, qu'un ménage. Nous sommes tous liés d'amitié, de principes, d'opinions, de services réciproques, de soins journaliers, de goûts, de confiance, de souvenirs, de regrets et d'espérances.

« Notre situation pécuniaire est très médiocre. Quelquefois nous manquons du nécessaire, les uns ou les autres ; alors les plus aisés partagent avec les autres. Nous nous sommes trouvés quelquefois n'avoir que dix ou douze francs et les partager.

____

(1) Mme de Kerjean survécut à Mme de Falaiseau. Elle mourut en 1814 à Saint-Germain en Laye, où elle passa dans la retraite les dernières années de sa vie.

« Nous travaillons le matin dans notre ménage ou à nos affaires. Nous revenons dîner et passer la soirée ensemble. En nous contant nos peines, nous les adoucissons. Nous allons ensemble à l'église, à la promenade. Nous réunissons nos enfants. Leurs études, leurs caresses, nos amis, nos espérances, notre union, nous font encore, malgré notre infortune, une douce vie.

« Nous passons ordinairement notre semaine entre nous, la médiocrité de nos fortunes ne nous permettant guère de sortir, par le mauvais temps surtout. Nos enfants, dont nous surveillons les études, et nos affaires, occupent nos matinées. Nous déjeunons à neuf heures en famille. Nous concertons le plan de notre journée. C'est le moment des réflexions et des projets. Les études de mon fils et de ma fille durent jusqu'à quatre heures. Nous dînons, avec nos voisins, à quatre heures et demie. Le soir, nos maris font assez souvent une partie de whist, et là ils oublient les peines de la journée. Nos enfants jouent ensemble.

« Le dimanche, nous nous réunissons le soir chez moi et nous recevons nos amis et connaissances. Quelques tasses de thé, un whist ou une bouillotte font passer agréablement la soirée et nous permettent de rendre à peu de frais quelques politesses à ceux de qui nous en recevons.

« Le dimanche, le seul jour où je ne m'occupe pas

d'affaires et où je ne me livre qu'à des devoirs ou à des délassements très doux, est un jour de fête pour moi, pour mon mari et mes enfants. Le déjeuner s'y prolonge davantage.

« Une messe basse les dimanches ordinaires et une lecture de piété, la grand'messe les premiers dimanches du mois, les saluts aux grandes fêtes, nous entretiennent dans les devoirs de la religion, qui donnent toujours de la consolation dans les peines, de l'espérance dans les malheurs et de la persévérance dans les vertus.

« Le reste de la matinée s'emploie à la promenade ou à rendre quelques visites d'amitié. Notre dîner réunit ce jour-là tous nos voisins ; c'est le seul où nous nous permettions d'y joindre un ou deux étrangers, choisis parmi nos parents ou nos amis, ce qui nous conduit gaiement à l'heure de la société. Nos toilettes sont plus recherchées, notre maison est parée, nos enfants invitent ceux de leur âge, nos domestiques ont leur liberté une partie de la journée.

« Nous jouissons tous de ce jour de repos, qui donne à l'esprit et au cœur une espèce de nourriture aussi nécessaire que l'est celle du corps à des gens fatigués du travail. C'est une habitude que nous avons contractée pendant l'émigration, où la semaine entière était souvent occupée par des travaux manuels, et où ce jour entier réunissait la grande famille des émigrés, d'abord à la messe, ensuite à la promenade, quelquefois à un dîner de campagne, puis à la réunion du soir, qui se terminait souvent par la musique et la danse, le tout à peu de frais et gaiement.

« C'est cette habitude de se voir toujours, comme les membres d'une grande famille, qui nous a fait contracter celle de nous chercher toujours, de nous intéresser les uns aux autres, de nous secourir mutuellement et de mettre en commun nos maux et nos ressources.

« J'ai si souvent été obligée ou consolée par cette fraternité que je me suis promis de la conserver toujours. Jamais je n'ai calculé les besoins du lendemain quand je pouvais en secourir de plus pressants que les miens. J'ai trouvé le plus souvent que cette réciprocité de services était à mon avantage. J'ai été plus obligée encore que je n'ai obligé. Par esprit de calcul même, un seul individu gagne à se mettre de la grande famille, et ses légers services sont placés à un gros intérêt, lorsqu'ils lui rapportent en échange ceux de tous ses entours. Il y a donc plus de profit que de mérite à cette conduite, sans compter la douceur intérieure que l'on éprouve par le bonheur d'être utile. »

Dans cette existence remplie à la fois de privations matérielles et de jouissances morales, nous retrouvons Mme de Changy, l'amie des bons et des mauvais jours. Elle décrit à son tour l'union et la paix qui régnaient entre ces familles confondues sous le même toit, où se continuait leur inaltérable attachement.

« Nous sortions très peu, dit-elle; et pour nous c'était une vie très douce, avec un entourage d'une intimité fraternelle. Mme de Falaiseau, si bonne, si aimable, était pour nous une amie aussi sûre qu'agréable. Mme de Vergennes, beaucoup plus jeune, me témoignait une véritable affection. Son mari, d'une société paisible, faisait, le soir, la partie de whist avec les nôtres, et tous étaient vraiment heureux de cette réunion, où chacun rapportait les nouvelles du jour, le récit de ses visites et de ses rencontres.

« Presque toutes nos relations nous étaient communes, et le dimanche une très bonne compagnie, sans grands airs ni prétentions, se retrouvait autour de la table à thé. La conformité de nos opinions nous rendait cette intimité d'une extrême douceur. C'était Mme de Vergennes qui tenait la table du dîner de notre communauté, où nous avions, pour trente sous par tête, un fort bon ordinaire, avec la faculté d'y renoncer en la prévenant d'avance, quand nous voulions dîner en ville, ce qui nous laissait liberté entière. Chacun déjeunait et se tenait le matin dans son particulier, et le soir nous nous retrouvions au salon (1). »

(1) *Souvenirs inédits.*

Ces satisfactions, goûtées dans le calme des années
où il était permis d'espérer un avenir meilleur, furent
bientôt troublées pour Mme de Falaiseau par le départ
des deux enfants, que les exigences de l'éducation enle-
vaient à la maison paternelle. Charles, alors âgé de
seize ans, fut mis au collège des Irlandais, avec demi-
bourse, et Adèle entra au couvent des Anglaises. Mme de
Falaiseau, à qui l'absence avait fait déjà verser tant de
larmes, pleura sur cette séparation. Plus elle avait été
privée de ses enfants, moins elle se résignait à vivre
sans eux.

Elle eut bientôt après un autre sujet de tristesse. Son
mari la quitta pour aller à Tonnerre exercer ses nouvelles fonctions. Elle confie alors à son journal ses pensées, ses projets, ses joies et ses peines :

« *Février* 1808. — C'est le 2 février que notre existence a pris une direction nouvelle et que mon mari,
après avoir passé la première moitié de sa vie dans
l'opulence, la considération de la noblesse et de l'état
militaire, les jouissances d'un grand propriétaire, fut
enfin obligé, par la nécessité, de subvenir à l'éducation
de nos enfants, d'entreprendre une nouvelle carrière et
d'accepter une place médiocre dans les droits réunis,
de s'arracher à sa famille, de s'assujettir à un travail de
bureau, d'être subordonné enfin à des supérieurs probablement au-dessous de lui. Mais il trouve la force

nécessaire pour ces sacrifices dans son amour pour ses enfants, dans le désir de leur procurer une éducation plus soignée et des chances de fortune et d'établissement plus avantageux par la suite. »

« *Mai* 1808. — Je profite d'un jour complet de bonheur pour en faire la peinture. Ces jouissances sont courtes ; on les prolonge par le souvenir. Mon mari est arrivé aujourd'hui, samedi 9 mai, après avoir passé trois mois à Tonnerre depuis sa nomination à la place de receveur des droits réunis, seul, triste, occupé huit heures par jour d'un travail nouveau, peu fait pour lui, assujettissant et fatigant. Il a apporté sa recette à Auxerre et a obtenu huit jours de congé pour venir se reposer au milieu de sa famille et de ses amis.

« Il a trouvé encore Mme et Mlle de Berghes et Constantin de Vergennes qui partaient pour des directions différentes, Mme de Vergennes, M. et Mme de Changy, à la veille aussi de leur départ. Nous avons envoyé chercher nos enfants : Charles et Adèle. Jenny est avec moi.

« Ce moment a été d'une douceur et d'une satisfaction parfaites. Nous avons tous déjeuné ensemble, y ayant joint Louis et Frédéric de Vergennes et leurs enfants. Que de santés nous avons bues à notre réunion actuelle et à notre réunion future! Nous les portions avec du vin de Tonnerre, premier fruit du travail de mon mari. Nous étions tout affection, joie et espoir. C'est là le bonheur. Mon mari jouit de celui de se trouver chez lui, avec sa femme, ses enfants, ses amis, d'être libre et sans occupation forcée, de parler à cœur ouvert de tout ce qui nous intéresse, de nos espérances, de nos calculs.

« Il nous rend compte de son nouveau genre de vie. Il court chez toutes nos connaissances. On le fête, on lui souhaite du bonheur : il est heureux. Nous le sommes tous en ce moment. Il a eu du plaisir à nous montrer le bordereau de ses trois mois de travail, à nous rapporter cinquante bouteilles de vin payées par lui, douze louis en or, fruit de son travail. Il ne nous manque que de pouvoir lui en procurer autant. Ce ne serait pas une fortune; mais avec trois ou quatre mille livres de rente que nous avons nettes et deux mille francs de sa place, nous réunirions cinq ou six mille francs par an. Nous aurions le nécessaire, nous et nos trois enfants. Enfin, nous y mettrons tous nos soins et toute notre espérance. Si je suis assez heureuse pour y réussir, je me reposerai un moment. Nous attendrons alors, sans impatience, que quelque circonstance heureuse nous apporte une bonne place qui nous mette à même de créer une fortune pour l'établissement de nos enfants. Ce qu'il nous faut, c'est la cessation de cette vie vraiment pénible. Être la moitié de l'année à se priver des choses les plus nécessaires pour attendre le terme de notre trop modique revenu, être obligés souvent d'empiéter d'un quartier sur l'autre avant qu'il soit échu, c'est un travail d'esprit et une privation continuelle qui sont vraiment bien pénibles. Mais jamais la Providence ne nous a abandonnés dans les circonstances les plus fâcheuses. Elle nous a offert des ressources, après de longs travaux, il est vrai, mais enfin cette idée soutient mon courage.

« Je regarde la vie comme une tâche ; remplissons chaque jour celle que le devoir et les circonstances nous imposent ; ne nous rebutons pas des difficultés. Livrons-nous à l'espérance dans le travail, à la résignation dans les peines, et à la jouissance au moindre succès. Une jouissance est un baume salutaire qui vivifie le cœur et le corps. C'est une provision pour le voyage. Partageons-la avec nos entours ; ils nous feront part aussi des leurs, et l'on double ses biens et ses ressources en les mettant en commun.

« Nous avons passé un jour chez nous, un au bois de Boulogne, un chez M. Briois, qui a pour mon mari, son ancien élève, un cœur de père, et un chez ma mère, où nous avons trouvé réunis nos cousines de Valori, les Perdiguier et les Changy. Cette soirée a encore été heureuse. Le lendemain a été triste : c'était la veille du départ.

« Mon mari est parti le dimanche 15, à dix heures du matin. Ses adieux à M. de Changy ont été pénibles, ne sachant quand ils se reverront. Pour moi, je ne puis exprimer ma douleur de le voir partir seul pour travailler à gagner sa vie loin de nous. Mon cœur se serre, mes souvenirs d'ancienne prospérité me suffoquent. Je pleure sur lui ; j'admire son courage ; je prie Dieu de le conserver et d'adoucir notre sort. Je l'espère et j'y travaille sans relâche. Mes enfants sont partis le même jour. C'était celui où je reçois le soir. J'ai été triste toute la journée. Demain, je reprendrai courage.

« Mme Alphonse de Vergennes, sa sœur Charlotte et son neveu, Louis de Lentilhac, sont venus occuper l'appartement de leur oncle Constantin pendant son absence. J'allais me trouver absolument seule. Ce rapprochement est une douceur et rentre dans mes idées que nous avons souvent dans nos peines des consolations sur lesquelles nous ne comptons pas.

« Mme de Changy, son mari et sa fille sont partis le 18 pour retourner chez eux en Nivernais. Depuis dix-huit mois, nous vivions ensemble avec les Vergennes, et nos trois ménages offraient l'image de l'union parfaite.

« Constantin est revenu le 22 passer deux jours ; je

ne sens pas encore l'isolement. Il se retrouve ici en
famille avec moi et ses nièces. Nous mangeons ensemble. Ils projettent de nous quitter cet hiver ; mais c'est
avec regret, et j'espère que nous trouverons les moyens
de prolonger un rassemblement d'amitié qui dure depuis
douze ans, et qui nous a procuré à tous bien des jouissances et des consolations.

« Rien n'adoucit les maux, les caractères et n'augmente les jouissances comme la vie en commun, surtout
entre personnes qui sont égales entre elles, et qui ne
sont pas en droit d'exiger plus l'une que l'autre. Les
différentes nuances se fondent, et l'on finit par ne plus
en souffrir du tout, surtout en observant de ne jamais se
blâmer, se gêner et surtout se moquer les uns des
autres. J'ai vécu avec bien des caractères différents, et
j'y ai toujours été heureuse en les rendant heureux, par
ce seul soin de laisser la liberté aux autres et de conserver la mienne...

« Je ne reçois que des éloges de mon Adèle. Maîtresses et religieuses, toutes ont dit : « Nous ne pouvons
« citer un meilleur exemple. Nous n'avons pu la pren-
« dre en faute une seule fois... » Mon fils est aussi un très
bon sujet. Il a de l'intelligence, de l'application et l'envie de bien faire. Ses maîtres l'aiment et en sont con-

tents. Ma petite Jenny montre de la bonté et de la docilité. Nous serons heureux par nos enfants. Puissions-nous rendre leur sort aussi heureux qu'il était destiné à l'être ! J'y travaille sans relâche, et leur père aussi. Je tâche au moins de leur donner un esprit de résignation qui se contente toujours de la situation où l'on se trouve, sans envier celle qu'on ne peut atteindre. Je les rends aussi heureux que possible dans leur enfance, leur accordant toutes les jouissances qui sont en mon pouvoir. Cette manière d'être les accoutume, je crois, à être heureux partout, à modérer leurs désirs et à jouir toujours du présent sans rêver à l'avenir, tandis que les enfants qu'on prive de tout se repaissent de chimères, d'espérances ou de regrets. Ils ne vivent jamais que par leur imagination, qui souvent les mène plus loin que la vérité, et ils s'accoutument à sacrifier le certain pour l'incertain, le présent pour l'avenir. Ils désirent ou regrettent et ne jouissent jamais.

« Je me suis réglée à voir mes enfants une fois par semaine. Ils sortent le jeudi, tous les quinze jours. Le jeudi dans l'intervalle, je vais passer la journée avec eux, quelquefois le dimanche que j'aime à leur faire consacrer à notre réunion de famille. Le jour où ils sortent est un jour de délices. Dès le matin, je les envoie chercher : ils déjeunent avec moi. C'est ordinairement le jour où arrivent les lettres de leur père. Nous les lisons en commun ; il semble que cela nous le rende présent. Nous le regrettons, nous nous occupons de nos plans pour le rapprocher ; nous songeons à lui écrire le lendemain, à le consoler de son exil.

« La matinée se passe à causer, à lire, à travailler et jouer. Nous dînons en famille. Le soir, nous allons chez ma mère nous promener, et je ramène mes enfants à neuf heures. Leur grande jouissance, c'est de se retrouver *chez eux*. Ce goût inné de la propriété leur fait préférer l'intérieur à toute autre dissipation. La confiance la plus entière anime l'entretien. Notre frugal dîner leur paraît un repas splendide. Ils sont aussi heureux que possible et retournent avec résignation à leurs études. L'idée de remplir leurs devoirs, la certitude d'en trouver la récompense dans le repos d'une bonne conscience et dans mon cœur, leur donne toujours une force suffisante.

« C'est le jeudi 23 juin, jour de l'octave de la Fête-Dieu, qu'Adèle a fait sa première communion au couvent des Anglaises. J'ai eu le bonheur de faire mes dévotions à la même messe. Ma mère, mon fils et Jenny y assistaient. La sainteté de la cérémonie, la dévotion qu'y apportait ma fille, la présence de ces trois générations se réunissant comme pour se conduire ensemble à l'éternité, nous causaient un bonheur extrême.

« J'ai donné à mes enfants l'habitude précoce d'assister à des offices proportionnés à leur âge, à des prières courtes, mais sincères. Je me suis souvent appliquée, dans leur enfance, à leur faire sentir la progression de leurs relations avec les individus de toute espèce, à rapporter leurs premiers devoirs à Dieu, à leurs père et mère, frère et sœur, parents, amis, domestiques, bienfaiteurs, camarades et enfin étrangers. En suivant cet ordre absolu, tout est à sa place, rien n'est oublié et personne ne souffre. On fait le bien sans amour-propre, et on le fait à tous, en tout et toujours. »

M. de Falaiseau exerça en 1809 à Corbeil l'emploi dont il avait été pourvu à Tonnerre, et il y joignit celui de secrétaire du Corps législatif. Mme de Falaiseau vint partager sa chétive existence. Ses journées étaient consacrées aux soins de l'intérieur et à l'éducation de ses filles qu'elle avait auprès d'elle, tandis que son mari faisait de fréquents voyages à Paris et à Versailles, où il allait porter ses recettes.

Leur vie était encore pleine de privations et de sacrifices; mais on entrevoyait un sort meilleur. L'horizon si sombre depuis longtemps s'illuminait de quelques rayons de soleil ; ils pénétraient dans l'humble logis où le travail et l'économie luttaient contre les difficultés de chaque jour. Si l'on n'était pas heureux, on espérait l'être, et l'espérance, c'est déjà le bonheur.

Sous cette impression, Mme de Falaiseau écrit :

« *Corbeil, octobre* 1810. — Je ne sais si la Providence a marqué cette époque comme celle de la fin de nos malheurs si longs et si cruels ; mais jamais depuis qu'ils nous ont accablés, nous ne nous sommes trouvés si près d'un avenir heureux, si remplis d'espoir et d'incertitude. Ces deux sentiments existent au même point dans nos esprits, et nous ôtent la faculté de nous livrer à une peine, ni à une joie entière. Je ne me permets pas de désirs, tant j'ai été accoutumée à les voir trompés, tant je crains d'en former d'inutiles ou d'aveugles. Enfin, les moyens de fortune qui semblent nous arriver dans ce moment sont tellement contraires à ceux auxquels nous avions donné nos soins jusqu'à présent, et si étrangers à la carrière que nous avons parcourue, que tout semble rêve ou illusion.

« Je ne me suis jamais trouvée si résignée à ce qu'il plaît à Dieu d'ordonner, et je prononce du fond du cœur avec plus de confiance que jamais : Je suis la servante du Seigneur. Qu'il soit fait selon sa volonté ! Bien déterminée à suivre sans résistance et sans effort la destinée qui me sera offerte, et à supporter les événements heureux ou malheureux qu'il plaira au souverain arbitre de m'envoyer, avec la même soumission et la même confiance. »

Lorsque Mme de Falaiseau reprenait sa harpe pour distraire son mari et ses enfants, après le travail de la journée, il lui semblait entendre vibrer le passé dans les airs d'autrefois. Elle se rappelait avec mélancolie le temps de la prospérité, les réunions brillantes où elle recueillait les applaudissements de ceux qui l'écoutaient. Mais le calme de ces soirées écoulées dans l'intérieur modeste où se trouvaient réunis ceux dont elle avait été tant de fois et si longtemps séparée, avait pour elle quelque chose de consolant, quand elle le comparait aux jours d'orage et aux heures de détresse dont le souvenir la reportait vers ces douloureuses étapes de l'exil : Bruxelles, la Haye, Amsterdam, Hambourg.

Le recouvrement d'une créance avait permis d'acquitter les dettes contractées par la ruine. Ce n'était pas encore l'aisance ; c'était la médiocrité, et elle paraissait bien douce, auprès des années de misère.

Le comte de Montesquiou était président du Corps législatif, et sa constante amitié ne resta pas inactive. L'Empereur, à sa demande, nomma M. de Falaiseau président du collège électoral de Fontainebleau. C'était le désigner à la députation.

On était au mois de janvier 1811. Mme de Falaiseau monta, joyeuse, dans la chaise de poste qui conduisait son mari à Fontainebleau, où il allait présider le collège électoral et poser sa candidature.

« Enfin arriva le grand jour qui allait décider de notre sort, écrit-elle dans son journal. A huit heures, l'officier de gendarmerie et le secrétaire du sous-préfet vinrent chercher M. de Falaiseau. Il fit porter le portefeuille, dépositaire de sa mission, et qui allait devenir celui des opérations si importantes pour nous. Mon cœur trembla en l'embrassant. Je le suivis. Je voulais entrer dans la salle de la mairie qui était celle du collège. Je croyais la sanctifier par une élévation de cœur à Dieu. Je la trouvai ornée d'une estrade où était un fauteuil et un bureau recouvert d'un tapis sur lequel le portefeuille fut posé. Mon mari prit place sur le fauteuil d'une manière noble et aisée. Plus bas étaient placés deux bureaux pour les secrétaires et scrutateurs.

« J'allai me réfugier à l'église, seul abri des cœurs inquiets. Des jeunes filles vêtues de blanc y portaient le cercueil d'une de leurs compagnes. Je crus voir une vierge éternellement heureuse intercédant pour nous. Je priai pour elle, pour mon Alexis, pour tous mes parents morts, surtout pour ceux tenant à la famille qui nous protégeait (1), et je crus entendre leurs vœux se

(1) Celle du comte et de la comtesse de Montesquiou.

réunir aux miens. Je rentrai chez moi plus satisfaite, et me reposant sur les espérances qu'on m'avait données. »

Ces espérances ne furent pas trompées. M. de Falaiseau fut nommé candidat par soixante-quatorze voix sur quatre-vingt-cinq. En l'affranchissant de la nécessité de garder un emploi qui l'aidait à vivre, les fonctions de législateur, auxquelles était attaché un traitement annuel de 10,000 francs, devaient lui rendre un peu de cette fortune qu'il avait perdue, et ramener l'aisance à son foyer. Mais il restait encore à vaincre beaucoup d'obstacles. Il y avait de nombreux compétiteurs pour les sièges de députés réservés à la nomination du Sénat. Il fallait donc faire agir sur les sénateurs les influences dont on pouvait disposer.

M. et Mme de Falaiseau revinrent à Paris, où les attendaient les félicitations de leurs parents et de leurs amis pour ce premier succès. Mais allaient-ils pouvoir atteindre le but si désiré, l'emporter sur des concurrents soutenus par de puissantes protections, et triompher de la défaveur dont restait alors frappé tout émigré qui briguait les suffrages d'hommes hostiles aux idées et aux souvenirs que ce nom seul leur rappelait?

Les anxiétés de Mme de Falaiseau redoublent en voyant approcher le jour décisif, et sa plume traduit les sentiments qui l'agitent :

« *Avril* 1811. — Voilà le moment arrivé des nominations du Sénat au Corps législatif. Ah! c'est à présent que notre sort va se décider. J'avoue que j'ai beau tâcher de me mettre en état de résignation parfaite, je ne puis m'empêcher de désirer vivement un succès, de regarder comme un grand malheur un revers de cette espèce, surtout pour mon mari qu'un tel coup accablerait et dont les forces physiques s'affaiblissent au point de rendre de nouveaux revers alarmants. Dieu veuille nous seconder et le faire jouir enfin d'un sort heureux et tranquille, après tant d'années d'orage, de travail et de chagrins!...

« Il se trouve sept compétiteurs très forts pour trois places à donner : M. d'Haussonville, chambellan, M. Sedilles, ancien tribun, M. le Fèvre, chancelier de la Légion d'honneur, M. d'Assy, très riche et soutenu par l'archichancelier (1), M. Perrier, ancien législateur, un sous-préfet et M. Grabousky, Polonais fort riche. Chacun a un patron puissant, et nous sommes sans propriétés, étrangers au département. Aussi on craint pour nous. Nous semblons affaiblis. On redouble d'efforts, mais c'est encore incertain. Rien n'égale l'angoisse de ces quinze derniers jours. Voir trois cents sénateurs qu'on ne connaît pas, chercher leurs entours, connaître

____

(1) Cambacérès.

les chefs des différents partis, concilier tous ces suffrages, faire jouer tous les ressorts et sentir que si l'on échoue, l'on retombe dans le néant où nous avons langui si longtemps, passer sans cesse de l'espérance à la crainte, rêver à de nouvelles démarches, c'est une angoisse terrible.

« J'avais envoyé mes filles à Corbeil pour être plus tranquille; mais j'ai été les chercher la veille de la décision. J'avais besoin de leur présence.

« 8 *mai*. — Nous nous sommes couchés sans espérance. Ah! quelle nuit que celle où l'on se dit : Aujourd'hui, il y a encore une chance de bonheur; demain, elle n'existera même plus. Comme on voudrait arrêter le temps, les heures, les minutes! Comme on se reprocherait d'avoir négligé une seule démarche! Dieu m'est témoin que je n'en ai pas épargné une, que j'ai même été au delà de mes forces, que j'ai tâché de conserver l'espoir, d'en redonner à mon mari quand je n'en avais presque plus, enfin de ne pas nous laisser abattre et d'employer nos moments à agir, au lieu de nous affliger. »

Les émotions qui s'expriment ici ont quelque chose de touchant, car elles ne sont pas causées par une ambition vulgaire. Il s'agit d'une femme et d'une mère qui dans le succès voit un adoucissement au sort de tous les siens, après de cruelles épreuves et de longs malheurs. Plus ses anxiétés avaient été grandes, plus sa joie fut vive en apprenant que ses vœux étaient exaucés.

M. de Falaiseau, élu législateur (1), résigna les fonctions qui l'avaient retenu à Corbeil. Il s'apprêta dès lors à quitter cette ville, et je rouvre le journal de Mme de Falaiseau à la page où son cœur s'abandonne à la confiance et à la sérénité :

« *Corbeil, 15 mai* 1811. — Nous voilà donc à notre dernier voyage de Corbeil, jouissant du plaisir d'aller respirer l'air de la campagne, sans aucun mélange d'inquiétude. Nous partons tous ensemble, mon mari, moi et mes filles. Nous allons nous reposer l'esprit et le corps de nos longues fatigues, de nos pénibles travaux. Nous jouissons avec délices de cette tranquillité, de cette situation, de la fixité de nos projets, de la certitude d'un succès qui nous aura coûté tant de démarches, de l'assurance d'avoir au moins pendant cinq ans de quoi pourvoir à nos besoins, du bonheur de pouvoir former des plans agréables, des espérances d'un avenir encore meilleur pour nous. Et plus que tout cela, je jouis de voir mon mari heureux, satisfait, de le lui entendre dire et répéter, me remercier de mes soins, de ma persévérance, de l'appui de ma famille. Oh! Dieu soit béni!

____

(1) C'est le nom qu'on donnait alors aux membres du Corps législatif.

« Quel charme de pouvoir se dire : Enfin, nous sommes heureux; tout ce qui m'entoure est heureux, et j'ai eu le bonheur d'y contribuer...

« Je me couche tranquille; ma première pensée est douce; c'est un remerciement à l'auteur de toute chose; c'est un acte de reconnaissance envers la Providence; c'en est un envers les êtres qui nous ont procuré nos succès. Que Dieu les bénisse! Qu'il leur conserve et leur bonheur et cette précieuse disposition à le répandre autour d'eux!...

« Nous éprouvâmes en arrivant à Corbeil un nouveau plaisir des témoignages réels de la part que tous les habitants avaient prise à cet événement. Tous vinrent nous féliciter et nous dire que c'était une joie universelle dans la ville, lorsqu'on en apprit la nouvelle. Oh! que ceux qui regardent comme indifférents des suffrages étrangers se détrompent! Qu'ils se persuadent qu'il ne faut jamais perdre l'occasion de rendre quelqu'un content de soi, et que l'on gagne plus qu'on ne donne dans ces procédés journaliers qui vous attirent la bienveillance universelle...

« Le charme de la campagne me paraît encore plus grand depuis que je puis m'y livrer avec abandon et sans la crainte qui m'obsédait toujours d'y perdre des moments précieux pour notre sort. Mon premier soin, en arrivant à Corbeil, fut d'aller à l'église faire notre remerciement

à Dieu dans ce saint lieu où j'avais été souvent le prier
d'avoir pitié de nos maux, ensuite chez le bon curé qui
avait consolé nos consciences et fait renaître quelquefois
en nous l'espérance, qui enfin avait tant prié pour nous
et nous avait prédit le succès...

« Mon mari avait encore quelques moments pénibles
à passer. Une de ses terres (1) était en vente, celle bâtie
par son père, celle où s'est écoulée sa jeunesse, où j'ai
été après mon mariage. Il crut devoir prendre des ren-
seignements sur son prix, sa valeur actuelle, se montrer
dans le pays, s'y montrer surtout après une faveur du
gouvernement. Il eut le courage de partir pour s'y
rendre. Ce voyage était pénible. Aller revoir des lieux
que l'on a possédés et qui vous ont été enlevés, dont
on était le maître et où l'on se trouve étranger, des
arbres qu'on a plantés, un château qu'on a vu bâtir, des
fleurs qu'on a vues croître pour soi et dont tout le charme
existe pour un autre, c'est un mélange d'anciens, de
doux et cruels souvenirs. Mais il en a eu le courage. Il
a pris en détail et de l'acquéreur même le relevé des
revenus actuels, des charges, du prix de cette terre. On
la fait 400,000 francs. Elle se monterait à près de
450,000 francs. Elle rapporte maintenant environ
15,000 livres de rente, et c'est du bien national. C'est

____

(1) La Revaudière.

plus que sa valeur, même pour un acheteur ordinaire, à plus forte raison pour l'ancien propriétaire.

« M. de Falaiseau ne l'a pas laissé ignorer aux propriétaires actuels et en a reçu la parole que s'ils se déterminaient à un prix plus modéré, ils l'en instruiraient. Cette démarche peut toujours être utile, en ce qu'elle établit dans le pays la volonté et la possibilité de rentrer dans son bien, ce qui peut éloigner des acquéreurs délicats ou les engager à traiter avec lui pour un dédommagement.

« Il avait fait le voyage avec son fidèle Collignon, son ancien jardinier qui a été deux fois à pied de Montargis à Corbeil pour lui dire que sa terre de la Revaudière était à vendre. Il a été voir Mme d'Autry, son ancienne voisine, à la Mi-Voie, et de là à Pannes, dans la famille de son brave serviteur...

« Nous voulûmes faire un remerciement général à la société de Corbeil et des environs dont nous avions reçu des politesses et des marques d'intérêt, et à laquelle nous n'avions jamais rien pu rendre. Il était impossible de recevoir tout le monde, dans le dénuement de meubles où j'étais. Je pensai à louer une salle de bal et à inviter pour la veille de mon départ. Cette idée parut faire grand plaisir, et la fête fut charmante.

« Mon mari termina ses comptes; nous fîmes nos adieux et reçûmes les regrets et les félicitations de tous...

« J'ai consacré ma dernière journée à mes préparatifs de départ. Adèle et moi l'avons commencée par un acte de reconnaissance envers Dieu, en allant entendre la messe et voir notre bon pasteur; envers les pauvres, en allant visiter les Sœurs de l'hôpital et leur remettre notre petite offrande. Ces religieuses font vivre trente personnes avec 3,000 francs de revenu, et sont heureuses du bien qu'elles répandent.

« Nous faisons quelques adieux, payons nos dettes et allons passer nos derniers moments avec nos paisibles voisins de Saint-Germain (1) et jouir encore de cette belle campagne que nous quittons toujours avec regret.

« Nos cœurs sont pleins de sentiments doux et consolants, et de reconnaissance envers la Providence. »

C'est par ces lignes que se termine le journal de Mme de Falaiseau. Commencé dans l'inquiétude, continué dans les épreuves, il s'achève par des actions de grâces rendues à Dieu pour des jours de bonheur.

Mais le bonheur, lorsqu'il visite une demeure, ne s'y arrête pas longtemps. Il y vient comme un voyageur, toujours prêt à partir.

(1) Le comte et la comtesse de Tourdonnet, avec lesquels M. et Mme de Falaiseau s'étaient liés pendant leur séjour à Corbeil.

III

En quittant Corbeil, Mme de Falaiseau alla au château
de Courbetton, près de Montereau, chez la comtesse de
Saint-Aulaire, son amie d'enfance, dont il a été question
au commencement de ce récit. Mme de Saint-Aulaire
avait conservé son goût pour le monde, et réunissait
autour d'elle de nombreux invités, parmi lesquels se
trouvaient alors Mmes de Montalembert, de Podenas et
M. de Clermont-Tonnerre, ancien évêque de Châlons.
Mme de Falaiseau tomba dangereusement malade sous
ce toit hospitalier où elle évoquait avec son amie les
souvenirs de la jeunesse.

Dès que ses forces le lui permirent, elle prit le chemin de Paris, et peu de temps après son retour dans la
capitale, elle ressentit les atteintes du mal qui devait
l'emporter. Elle ne put éloigner de funestes pressentiments, en accueillant les vœux qui saluaient son dernier
jour de fête. Mais elle se rattachait à l'espérance, en
voyant près d'elle son mari et ses enfants s'efforcer par
leurs soins de prolonger sa vie.

« Nous étions tristement assis près de ce lit de douleur, dit la comtesse Adèle de Falaiseau, dans la relation qu'elle a consacrée à la mort de sa mère, regardant cet objet si cher qui ne pouvait proférer une parole, et en pensant que celles que nous venions d'entendre étaient peut-être les dernières...

« Le prêtre arriva; c'était le premier vicaire de Saint-Germain-l'Auxerrois, le même qui avait administré mon frère Alexis, douze ans auparavant. Cette triste circonstance nous frappa tous. Ma pauvre mère s'en aperçut. Elle nous dit qu'elle aimait à recevoir les derniers sacrements de la main de celui qui les avait donnés à son fils qu'elle appelait son bon ange. « Je suis bien sûre, dit-elle, qu'il prie pour moi et que Dieu aura égard à sa prière. »

« Elle avait auprès d'elle le crucifix d'Alexis. Mon frère était dans le fond de l'alcôve pour la soutenir en cas de besoin. Elle nous avait fait mettre toutes deux à genoux devant son lit. Mon père était auprès, mais de manière qu'elle ne pût le voir, car il craignait de ne pouvoir se modérer...

« On commença par faire des prières, puis on l'interrogea sur sa croyance aux vérités de la religion. Elle répondit elle-même et avec force. On lui demanda si elle était prête à quitter ce monde avec courage. Elle nous regarda les yeux pleins de larmes, puis elle éleva ses regards vers le ciel et reprit son calme...

« Le lendemain, 25 avril, elle fut un peu moins faible. Elle profita d'un moment d'absence de mon père pour demander son écritoire et une feuille de papier pour faire son testament. Elle écrivit pendant une heure et demie, et fut obligée de se reposer plusieurs fois. Lorsqu'elle eut fini d'écrire, elle dit à Charles de lui lire. La première partie parlait des biens qu'elle laissait à mon père, la seconde de tous ses parents, amis, domestiques, etc. Elle demandait qu'on fît un service tous les ans à l'anniversaire de sa mort, où elle priait tous ceux qui se rappelleraient d'elle d'assister... Nous ne pûmes nous empêcher de fondre en larmes et de l'embrasser, en exprimant l'espoir qu'elle ne nous quitterait pas.

« Elle pleura aussi et nous dit : Il en arrivera ce qu'il plaira à Dieu. Je suis résignée à tout. Pour vous, mes chers enfants, soyez unis ; pratiquez toujours vos devoirs avec exactitude envers la religion et envers vos semblables. Vous en trouverez la récompense dans la tranquillité d'une bonne conscience. Pensez quelquefois à moi, et priez pour moi...

« Il fallait que son âme fût bien belle et exempte de tout reproche pour voir arriver la mort avec autant de tranquillité. Elle ne montrait pas la moindre terreur et ne proférait pas une seule plainte. Elle disait, quelques jours avant sa mort : « Je sens bien que je vais mourir. Je suis soumise à tout ce que Dieu voudra ; mais, du moins, je le bénis de m'avoir donné le temps de mettre mes enfants dans une situation plus heureuse. Je ne regrette pas la santé que j'y ai perdue...

« Mon père était dans un état inquiétant, tantôt ne proférant pas une parole, tantôt donnant des marques du plus affreux désespoir (1)...

« Le mardi 5 mai 1812, à minuit, elle fit un mouvement et rendit le dernier soupir. Ces yeux qui n'exprimèrent jamais que la bonté, se fermèrent pour toujours. »

Cette fin chrétienne et résignée de Mme de Falaiseau nous la montre courageuse devant la mort comme elle le fut dans l'adversité. Elle n'était faible que pour les souffrances de ceux qu'elle aimait. Deux sentiments la dominèrent et l'inspirèrent constamment : l'amour conjugal et l'amour maternel. Femme du dix-huitième siècle par le charme et la grâce, elle eut la vaillance de cette génération qui supporta sans défaillir la proscription et la misère, et regarda sans pâlir l'échafaud.

La force d'âme de Mme de Falaiseau ne fut pas faite de stoïcisme, mais de ces croyances qui adoucissent la mort et consolent la vie. Elle n'eut à aucun degré l'incrédulité qu'on rencontrait fréquemment dans les rangs élevés, avec ce vernis d'élégance et cette légèreté d'esprit qui la rendaient plus séduisante et plus dange-

____

(1) Le marquis de Falaiseau mourut en 1826. Il avait été fait chevalier de Saint-Louis à la Restauration.

reuse que l'impiété grossière et l'athéisme persécuteur.

Si en honneur qu'ait pu être alors l'irréligion, elle fut cependant moins universelle qu'on ne pense. On a trop jugé l'ancien régime par des noms retentissants et par des exemples d'autant plus funestes qu'ils venaient de haut. On s'est attaché avec trop de complaisance aux corruptions de cette société, pour justifier sa chute par le spectacle de ses fautes, ou pour mériter la faveur qu'obtient la peinture du scandale.

Les vertus n'ont jamais été absentes, même aux époques où le vice a paru triomphant. Il s'est toujours trouvé des vies pures et de beaux caractères dont les rayons bienfaisants brillent à travers les ombres. Ces vertus, nombreuses encore malgré la dépravation du règne de Louis XV, revivaient encouragées par son successeur. Elles se montraient à la cour sous les traits de femmes comme la duchesse d'Ayen, Mme de Tourzel, Mme de Montagu, Mme de Lafayette. Des hommes comme le comte de Virieu dont l'attachante et curieuse physionomie a été retracée avec autant d'autorité que de talent (1), avaient d'exquises délicatesses de sentiment, et rachetaient de leur sang des erreurs commises dans les premiers entraînements de la Révolution.

Une plume aimable et féminine, en ressuscitant le

____

(1) *Le roman d'un royaliste sous la Révolution*, par le marquis COSTA DE BEAUREGARD.

duc de Nivernais (1), a prouvé quelles intimes et profondes affections de famille habitaient des intérieurs qu'on aurait pu croire troublés par les enivrements de la Cour. Dans combien d'autres ne retrouvait-on pas intacts l'honneur et la dignité du foyer, surtout en province, parmi ces races qui conservaient leurs traditions antiques sur le sol où elles se perpétuaient avec plus de mérite que d'éclat !

Ce qui défend la société d'autrefois mieux encore que les souvenirs de gloire, c'est l'inébranlable fermeté avec laquelle on la vit accepter la pauvreté et recevoir la mort.

Aurions-nous aujourd'hui le même courage pour supporter les mêmes épreuves? Le bien-être n'a-t-il pas amolli les corps et l'indifférence affaibli les âmes?

Les découvertes de la science, les progrès de la vie matérielle, ont augmenté les besoins plus qu'ils n'ont élevé les sentiments. Le naturalisme fait le succès d'une littérature qui abaisse les esprits, en les accoutumant à la contemplation des pires vulgarités. L'idéal est banni, au nom de la réalité, comme si l'homme n'était pas condamné par son origine et sa destinée à poursuivre constamment ici-bas ce qui lui échappe sans cesse, et ce qu'il ne peut atteindre que dans les régions éternelles !

____

(1) *La fin du dix-huitième siècle. Le duc de Nivernais,* par Lucien PEREY.

Il y a souvent moins de vraies jouissances dans les biens qu'on possède que dans ceux qu'on imagine. Les illusions donnent à l'enfance des plaisirs que ne peut plus goûter l'âge mûr. La religion nous attire par ses mystères, et nous devons ses plus grandes consolations à l'espérance.

Le réalisme, en tournant toutes les aspirations vers les choses positives, a remplacé par l'amour des richesses les ambitions nobles et les passions désintéressées. Il a glacé les sublimes élans de la foi, éteint la poésie qui fleurissait la route et dorait l'horizon.

Si l'ancienne France, en disparaissant dans de sanglantes catastrophes, opposa l'héroïsme aux proscripteurs et aux bourreaux, elle le dut à ces fiers sentiments, à ce culte de l'honneur qui fut la seconde religion de nos pères. Elle put, grâce à eux, succomber avec grandeur, et léguer à ses survivants un héritage plus précieux que l'or.

La hauteur d'âme était alors si générale qu'on a signalé comme des exceptions ceux qui ne se montrèrent pas supérieurs à l'infortune, pendant la Révolution et à travers ce poème de misère qu'on appelle l'émigration.

Les périls avaient surexcité les courages ; le malheur, en développant la compassion, rapprochait ceux qui souffraient des mêmes maux, et la communauté des

épreuves créait des liens plus forts et plus durables que
ceux qui datent des jours de prospérité. La nécessité
avait enseigné le travail à des classes proscrites et
dépouillées. Ayant tout perdu dans le grand naufrage de
la société française, on n'avait plus rien à attendre que
de l'effort individuel. Cette lutte contre l'adversité était
pénible et douloureuse ; mais elle avait sa noblesse, et si
dur que soit le joug qu'impose la pauvreté, il est plus
profitable à la nature humaine que l'esclavage de la
fortune.

Mme de Falaiseau était bien de cette époque où la
force morale surpassa tous les revers ; elle en personnifie
les sentiments, le caractère, et plus d'une famille
reconnaîtra son histoire dans celle dont j'ai rassemblé les feuillets épars.

Au moment où je l'achève, les premières ombres du
soir enveloppent le vieux château où ont vécu tant de
générations. Le son lointain d'une cloche m'arrive ; sa
voix, aux accents mystérieux, est restée la même au
milieu des institutions et des sociétés changeantes ; elle
accueille l'homme à son berceau et murmure des prières
sur sa tombe.

Tandis que le laboureur, oublieux des révolutions,
continue de creuser son pénible sillon, le grand combat
des idées se poursuit et prépare les destinées d'un siècle
nouveau.

J'ai remis dans le coffret qui les renfermait, le journal et les lettres d'où s'est échappé le récit qu'on vient de lire. Pieux souvenirs, je ne remuerai plus vos cendres. Que rien ne trouble votre silence, ombres du passé ! Pardonnez à celui qu'intéressèrent vos malheurs, d'avoir soulevé le voile qui cachait vos souffrances et vos vertus.

FIN.

TABLE DES MATIÈRES

CHAPITRE VI

PARIS. TYPOGRAPHIE DE E. PLON, NOURRIT ET Cⁱᵉ, 8, RUE GARANCIÈRE.